新媒体时代下高校思想政治教育研究

易永平　范馨元　陈曾敏　著

山西出版传媒集团
山西经济出版社

图书在版编目（CIP）数据

新媒体时代下高校思想政治教育研究 / 易永平, 范馨元, 陈曾敏著. -- 太原 : 山西经济出版社, 2023.12

ISBN 978-7-5577-1197-9

Ⅰ.①新… Ⅱ.①易… ②范… ③陈… Ⅲ.①高等学校—思想政治教育—研究—中国 Ⅳ.①G641

中国国家版本馆CIP数据核字(2023)第206266号

新媒体时代下高校思想政治教育研究

著　　者:	易永平　范馨元　陈曾敏	
责任编辑:	李慧平	
装帧设计:	万典文化	
出　版　者:	山西出版传媒集团·山西经济出版社	
地　　址:	太原市建设南路 21 号	
邮　　编:	030012	
E－mail:	scb@ sxjjcb. com（市场部）	
	zbs@ sxjjcb. com（总编室）	
网　　址:	www. sxjjcb. com	
经 销 者:	山西经济出版社有限责任公司	
承 印 者:	山西新华印业有限公司	
开　　本:	787mm×1092mm　1/16	
印　　张:	15	
字　　数:	358 千字	
版　　次:	2023 年 12 月第 1 版	
印　　次:	2024 年 4 月第 1 次印刷	
书　　号:	ISBN 978-7-5577-1197-9	
定　　价:	88.00 元	

PREFACE ———— 前 言

时代是一条河，奔腾不息；思想也是一条河，永远向前。新媒体的出现，催生了新的科学技术，也孕育了新的教育理念。新媒体时代，圈层化社群日益壮大，用户导向思维凸显，生态型平台逐步丰富。新媒体技术的发展与普及，给高校思想政治教育工作的发展注入了强劲的创新活力。新媒体技术的融入拓展了思想政治教育的实践场域、改变了主客体之间的地位和互动方式、重塑着人们的思维方式和观念，对高校青年大学生这一特殊群体产生着重要影响。新媒体在为高校思想政治教育工作发展带来新机遇的同时，也带来了严峻的挑战。作为反映时代思想主题的、解决教育对象的思想道德品质与社会发展客观要求之间的矛盾的思想政治教育也必须做到审时度势，"与时俱进"，随着汹涌澎湃的时代潮流前行，将新媒体时代新的教育理念与大学生的成长特点相结合，不断汲取时代不竭的滋养，积极构建思想政治教育工作新机制，提高思想政治教育工作的精准性和实效性，才能真正焕发出不息的生命力。

本书从新媒体与高校思想政治教育概述入手，首先针对新媒体时代下高校思想政治教育的理论与媒介影响进行了分析研究；接着对新媒体时代下高校思想政治教育的目标、原则、方法、模式、内容进行了阐释；然后对新媒体时代下高校思想政治教育的载体与资源整合、新媒体时代下高校思想政治教育机制建设、新媒体时代下高校思想政治教育的实践提出了一些建议。旨在摸索出一条适合新媒体时代下高校思想政治教育工作的科学道路，帮助思想政治教育工作者在应用中少走弯路，运用科学方法，提高效率。

本书由湖南女子学院易永平、陕西省委党校（陕西行政学院）范馨元、天津天狮学院陈曾敏著。具体撰写分工如下：易永平负责第六章至第八章撰写工作（共计16.3万字），范馨元负责第一章和第二章撰写工作（共计7万字），陈曾敏负责第三章至第五章的撰写工作（共计12.5万字）。易永平负责全书的统稿和修改。

本书在创作过程中参考了相关领域诸多的著作、论文、教材等，引用了国内外部分文献和相关资料，在此一并对作者表示诚挚的谢意和致敬。由于新媒体技术发展迅速，需要探索的层面比较新，作者在撰写的过程中难免会存在一定的不足，对一些相关问题的研究不透彻，提出的一些观点也有一定的局限性，恳请前辈、同行以及广大读者斧正。

CONTENTS

目 录

第一章　新媒体与高校思想政治教育概述

第一节　新媒体的特点与组成

新媒体可以概括为：相对性、技术性、媒介性、服务性。相对性指的就是新媒体是相对于传统媒体的一种形式，是继广播、电视、报刊等传统媒体之后发展起来的新的媒体形式。技术性指的是新媒体在实现其功能的过程中利用了数字、网络、移动等技术得以实现。媒介性指的是新媒体借助各种媒介，例如互联网、无线通信网、卫星等媒介实现传播，借助电脑、手机、数字电视机等客户端实现信息接收、上传。服务性指的是新媒体作为一种媒体形态，向用户提供信息分享和互动娱乐的服务。在整个过程中，新媒体表现出自主开放、平等交互、即时快捷、信息海量共享且丰富多样等特点。

一、新媒体较之传统媒体

新媒体自产生之初就表现出异于传统媒体独有的特点，新媒体时代的来临也赋予了信息传播明显的时代特征，突出表现为信息内容更加丰富、信息形式更加多样、信息价值更加多重、信息来源更加隐蔽、信息检索更加便捷、信息真伪更加难辨。同时，随着科学技术的迅猛发展，加之各种各样的新媒体形式的层出不穷，新媒体特有的便捷性、互动性更加深刻地影响着人们的生活，这种影响与高校结合后，使得高校教育活动，特别是对高校大学生的思想观念、道德评价、价值判断的形成和发展都有着极为重要的意义和影响。因此，现阶段了解新媒体的特点，把握和利用新媒体优势，对促进大学生思想政治教育活动的顺利开展具有重要意义。

对于新旧媒体而言，虽然二者在内涵和外延方面不尽相同，但新媒体对传统媒体传播形式和内容的改造与发展是不容置疑的。因此，基于传统媒体基础上的改造和发展都可以作为新媒体的特点。美国著名理论家保罗·莱文森认为，具有新旧相继性的媒体之间，其中居后的媒介都是对先前媒体的边缘性或本质性的补充，这种边缘性或本质性的补充的区分要看是不是产生历史性的价值。后来，这种论断也被称为"补偿性媒介理论"。从这种理论出发我们可以看到，在媒体发展历史过程中，报纸的出现是对人们口口相传的小道消息的平面化和文字化，广播的出现则弥补了报纸缺乏实时性和现场感的缺陷，电视的出现和发展以图像的形式将信息更具价值观地呈现给受众，给受众极大的视觉冲击。根据保罗·莱文森的理论，当今时代以互联网和智能移动终端为主要载体的新媒体，的确完成了对传统媒体的"补偿"，而且这种"补偿"具有历史性和划时代的意义。这种补偿还体现在其传播方式和传播内容上，呈现出以下几大特点。

（一）迎合人们休闲娱乐、学习时间"碎片化"的需求

随着社会发展的高速化，加之人们生活节奏的快速化，人们很难抽出时间来集中娱乐、学习与消遣。新媒体的出现正好迎合了这种"碎片化"时间消费的趋势，这种迎合体现在三个方面：首先，新媒体打破了地域的限制，使得信息的传播超越了地理条件的制约，无论是城市还是乡村，信息伴随着各种媒介出现在大众面前，使得在信息面前"人人平等"的局面出现。其次，新媒体打破了时间的限制，人们可以随时随地获取信息。伴随着无线网络的普及，这种趋势会更加明显，新媒体的"碎片化"特征或许更为明显。再次，借助于客户终端的多样化，受众可以借助形式多样的新媒体实现"碎片化"的时间消费，例如现今比较流行的微博、推特、脸书，这些形式都迎合了受众的"碎片化"状态。

（二）满足随时随地互动性表达、娱乐与信息需要

传统的报纸、广播、电视等的传播方式是"中心化"，是一对多的圆锥形传播。但是新媒体则完全"去中心化"，实现点对点、面对面的传播。这样就有利于受众针对不同的信息进行自我化、个性化的"评头论足"。同时受众还可以借助各种客户端实现远程视频、远程图片的交流，使得交流的形式更具多元化、多样化。这些优势是传统媒体所不具备的，也是传统媒体所"望尘莫及"的。这种智能化、网络化的信息交流与传播进一步扩大了社会的透明度和民主度，有利于现代社会文明的建设。

（三）人们使用新媒体的目的性与选择的主动性更强

在传统媒体条件下，个人试图向公众发言是处处受阻的。这种阻力被称为进入的高门槛，人们如果要在传统媒体上发表意见，往往需要付出比较高的代价，这种代价有经济方面的，有社会地位方面的，还有个人水平方面的，没有一定的代价是无法进入传统媒体的视野的。

新媒体技术的发展彻底改变了受众被动接受、传播信息的局面。随着以互联网为主的新媒体等手段的发展，受众可以借助各种形式的"话筒"发表自己的个性化语言。现在比

较流行的形式有论坛、微博、微信、邮箱等。这些新颖的信息传播工具的出现，一方面给受众带来了极大的便利性，受众可以持各种观点进行交流、探讨；另一方面也伸张了民主，有利于民主权利的普及和社会主义文化建设。新媒体确实降低了信息接收和传播的门槛，这对传统的媒体产生了不少冲击，传统媒体也是想方设法去迎合这种"低门槛"的趋势，拿出自己的看家本领。的确，新媒体的出现开辟了一种民主、平等的平台。

（四）新媒体的使用使市场细分更加充分，内容选择更具个性化

新媒体已经对传统媒体的所有方面进行了全面的融合，应用日益广泛。即时通信早已由文字聊天发展到了语音聊天、可视化聊天；博客也已经发展到利用语音甚至图像传播信息；手机媒体更是有一种融合所有传统媒体的势头。新媒体多种多样的载体媒介形式能够很好地供使用者更替使用，同时也使网络资料得到不断更新和扩充。新媒体融图形、文字、声音、动画等为一体，提供点对点的信息传播服务，使每个人都可以用一个私有的可信赖的传播载体，而信息传播者针对不同的受众提供个性化的服务，在传播形式上，它具有很强的直观性、形象性和娱乐性。

二、新媒体传播的特点

（一）传播行为更加个性化

原型的概念是由荣格提出的，被誉为人类心灵的集大成之理论。人类的存在可以划分为一些模式，如父亲和母亲，成功者和失败者，情人、丈夫和妻子，年老者和年轻者等人格角色和模式。这些原型先天就存在于人们的头脑里。虽然每个人有着不同于他人的想法和观点，不容易抓住共性，但其实都有着相同的原型。这也就解释了每个进行创造性活动的人都会发现自己总是不可避免地受到某个类型影响的这种现象。"个性化"被认为是一个终身发展的过程，由此引导个体达到表示基本完整的人格整合。按照原型来思考新媒体传播个体的个性化行为具有实际价值。新媒体通过借助科技化的力量实现了更加自我化和个性化的传播。新媒体环境下，博客、播客、移动终端这些新媒体实现的手段使得每一个个体都可能成为信息的发布者，并且每一个个体都可以随意地借助其来表达自己的观点，传播自己相关或关注的观点。这样，使得传播内容以及传播的形式等完全实现个体化和自我化。当然，这种个性化的传播行为也带来了一定的负面影响，无限制化的自我化个体内容使得个人隐私得以泛滥，传播内容更加良莠不齐。这也给新媒体下的信息管理带来了不可小觑的挑战，当然对受众的信息筛选能力也提出了前所未有的要求。

（二）传播速度实时化

相比较传统的媒体，新媒体在现代技术的辅助下可以实现信息传播的实时化。与传统媒体的复杂的剪辑和烦琐的后期制作和排版相比，技术的简单化和便捷性使得信息可以在全世界范围内实时传播。借助科技的力量，在网络生活中，即使慢腾腾的人写好一个微博估计也只需要三分钟的时间，而转发的时间也就是点击一下鼠标的时间。转发、评论等各种信息的传播速度已经完全不同于乡村大喇叭的扩散速度，它瞬间就会扩散到互联网各个角落。

（三）传播方式多元化

传统媒体的传播方式依旧是点对点、点对面的传播，这种传播是单向的、线性的、不可选择的。它集中表现为在特定时间内信息发布者向受众传播信息，受众扮演的是被动的接受者，信息发布的整个过程没有信息的反馈。整个静态的传播过程使得信息不具有流动性，当然这种单向的传播方式，使得信息管理者更加容易去处理信息。相比之下，新媒体的传播方式更加多元化，这种多元化展现的是一种多点对多点的方式，并且整个过程是双向的、互动的。这就使得信息的发布者和受众都成了信息的发布者。例如许多网上论坛贴吧发展十分迅速，原因就是文字的互动和交流，使得每一个个体成为自己信息的主人，这就增加了信息发布者的归属感，同时，这种文字的互动性也提高了受众交流的积极性，使得信息变得更有价值。信息传播的多元化使得信息参与者互动性和积极性高涨。

（四）接收方式移动化

移动接收，即信息受众可在任何时间（Anytime）、任何地点（Anywhere）处理与其相关的任何事情（Anything）。这种全新的移动化信息接收模式，可以让信息受众摆脱时间和空间的束缚。信息可以随时随地通畅地进行交流互动，工作将更加轻松有效，整体运作更加协调。利用移动端的移动信息化软件，建立移动端与电脑互联互通的应用系统，摆脱时间和场所局限，随时进行随身化的交流和沟通，有效提高信息接收和管理效率。

传统媒体信息的接受比较固定，在时间和地点上不具备选择性。新媒体时代，随着移动终端和互联网的发展，受众可以在不同地点、不同时间对信息进行接收，实现真正的接收信息的移动化。

（五）传播内容交融化

与传统媒体相比，新媒体在传播内容方面更加丰富，将文字、图像、声音、影像等多媒体化成为一种趋势。随着无线网络的普及和移动设备的发展，移动终端在承担基本的功能外，还把浏览网页、视频通话这些功能集为一身，而这些功能的实现则是以互联网、通信网、广播电视网等多重网络的融合为基础的。另外，相对于传统媒体，新媒体使得传统的四大媒体（报纸、杂志、广播、电视）之间的界限被打破而变成交融的一体。

三、新媒体时代的特点

新媒体时代是相对于传统媒体时代而言的，是继报刊、广播、电视等传统媒体之后发展起来的新的媒体形态，是利用数字技术、网络技术、移动技术等新的技术支撑体系，通过互联网、无线通信网、卫星等渠道以及电脑、手机、数字电视机等终端，向用户提供信息和娱乐服务的传播形态和媒体形态。严格来说，新媒体应该称为数字化媒体。新媒体时代使得我们置身其中，很多信息能够在第一时间被获取和传播。

（一）"能发声"的时代

随着新媒体相关技术的发展，特别是网络技术的发展，每一个人都能够借助网络平台去表达自己的心声，每个人都可以成为传播信息的渠道，都可能成为意见表达的主体。有人曾经形容这个时代为"能发声"的时代、"大众麦克风"的时代。互联网成为不同利益群体进行利益表达。

（二）平等的时代

社会的公平正义是围绕社会秩序、社会价值为核心的方法论概念。新媒体的公平正义应该体现在：如何保障新媒体成员实现其价值平衡。只有保证网络社会中的信息基本对等，才能保证社会存在的意义。在这个意义的前提下，作为社会成员的现实工具——人，才会继续参与新媒体背景下平衡的可持续发展。可以认为新媒体环境下的公平正义是纯粹按照规则与契约的形式进行的。同时，可以发现，在新媒体环境下，各成员有着如罗尔斯所论述的"无知之幕"一般的原始状态，及通过社会规则而达成的"契约形式"。也就是说，新媒体时代有天然的公平正义讨论的基础。当然，随着社会或科技的发展，在许多领域都可能会遇到同样的"非平常社会"的特殊公平与正义问题。

新媒体时代传统的社会群体结构和人际互动方式得以根本改变。加之网络时代的来临，因特网将世界上数以万计的计算机、网络互联在一起，既互通信息，共享资源，又相互独立。由于因特网没有中心，没有领导管理机构，因此也就没有人比其他人享有更多的特权，每个网民都可能成为中心，人与人之间的联系和交往趋于平等，个体的平等意识和权利意识也进一步加强，不再受传统社会等级制度的控制，最大限度地体现了人际交往的平等性。可见，互联网所表现出的开放、自由、互动体现了一种与生俱来的平等性。互联网空前的开放和自由，不仅使其拥有了无限的信息量，也使网络中的每一个成员可以平等地共享这些信息。人们可以利用互联网所特有的交互功能，互相交流、制造和使用各种信息资源，以及进行人际沟通。

(三) "全媒体"的时代

"全媒体"即"Omnimedia"，源自美国一家名叫 Martha Stewart Living Omnimedia（玛莎斯图尔特生活全媒体）的家政公司。十多年来，随着科技发展日新月异，传播手段层出不穷，传统媒体与新媒体之间日益融合互通，"全媒体"的概念尽管没有获得学术界的共识，却在传播领域的实践中日复一日丰富发展着它的内涵。"全媒体"的"全"不仅包括报纸、杂志、广播、电视、音像、电影、出版、网络、电信、卫星通信在内的各类传播工具，涵盖视、听、形象、触觉等人们接受资讯的全部感官，而且针对受众的不同需求，选择最适合的媒体形式和管道，深度融合，提供超细的服务，实现对受众的全面覆盖及最佳传播效果。全媒体的概念并没有在学界被正式提出，它来自传媒界的应用层面。媒体形式的不断出现和变化，媒体内容、渠道功能层面的融合，使得人们在使用媒体的概念时需要意义涵盖更广阔的词语，至此，"全媒体"的概念近年来得到很大的发展，引起了越来越多的重视，并开始在新闻传播、远程教育等领域广泛运用。其具有动静结合、深浅互补、全时在线、即时传输、实时终端、交互联动等特点。

现阶段，传统媒体和新媒体是相互融合发展的阶段，既有体制内舆论场也有民间舆论场。体制内舆论场包括党报、国家电视台和网站新闻，民间舆论场包括口头舆论场、网络和"自媒体"。在剖析两个舆论场关系时有人曾经这样描述：两个舆论场重叠的部分越大，舆论引导的针对性和有效性越强；两个舆论场重叠的部分越小，舆论引导的针对性和有效性就越弱。如果两个舆论场根本不能重叠，主流媒体就有丧失舆论影响力的危险。所以，如果传统媒体失语，互联网、手机和无线电足以撼动社会。

(四) 民主彰显的时代

在新媒体时代，任何一个有条件上网的人，都有可能曝光一场丑闻，发动一场声势浩大的舆论，因为在新媒体世界里，每一个人都可以成为记者，每一个人都可以成为媒体，新闻与传播再也不是由专业机构垄断的一种自上而下的过程，而越来越成为大众广泛参与并集思广益的活动。在新媒体时代，政治管理者将感受到前所未有的压力，处处感觉到有一双双眼睛在监督自己，任何事情都难逃公众的眼睛，身处网络时代的人更能深刻地感受到"法网恢恢"的含义。各阶层包括公共知识分子、中等收入阶层、成功人士、草根阶层、政府和官员、媒体记者、辟谣者、境外媒体和互联网上各色人等都可以发言，因而互联网经常成为展示伤痕和相互取暖的地方，这也更加彰显了民主的含义。

（五）公平正义的时代

传统媒体时代，民众对信息的接收和传播处于被动地位，这就造成了一系列非公开性的因素，影响了社会的公平正义。传统媒体时代，社会司法制度不透明，司法监督不到位；官员贪腐现象普遍，且不能得到有效监督和遏制；民众的"话筒"被控制，上访制度成为形式。新媒体时代，信息的自主性完全掌握在民众手中，借助于新媒体技术，民众可以反映自己的意见，借助司法手段，民众可以维护自己的切实利益和合法权利。同时，针对官员的贪腐现象，民众能够及时有效地进行监督，从而减少了社会"蛀虫"的危害，彰显了社会的公平正义。传统媒体的舆论监督功能持续弱化，而兼具便捷性、时效性和广泛影响性的互联网成为老百姓最便捷地表达利益诉求和赢取公众支持的通道。

新媒体成为突发公共事件的第一信息源。借助互联网技术，民众一方面可以洞悉事件发生的真相，另一方面可以针对事件形成个性化的评论。网民深度搜索的欲望和网络信息获取能力的强大，使得"关联性"话题层出不穷。互联网已成为突发公共事件第一信源，2/3 的信息来自互联网，仅 1/3 的信息来自传统媒体。微博已成为重要的网络舆论载体。

四、新媒体的组成

（一）智能手机

智能手机是指像个人电脑一样，具有独立的操作系统/独立的运行空间，可以由用户自行安装软件、游戏、导航等第三方服务商提供的程序，并可以通过移动通信网络来实现无线网络接入的一类手机的总称。智能手机具有以下特点：一是具备无线接入互联网的能力，即需要支持 GSM 网络下的 GPRS 或者 CDMA 网络的 CDMAIX 或 4G/5G 网络；二是具有 PDA 的功能，包括 PIM（个人信息管理）、日程记事、任务安排、多媒体应用、浏览网页；三是具有开放性的操作系统，拥有独立的核心处理器（CPU）和内存，可以安装更多的应用程序，使智能手机的功能可以得到无限扩展；四是人性化，可以根据个人需要扩展机器功能。根据个人需要，实时扩展机器内置功能，以及软件升级，智能识别软件兼容性，实现了软件市场同步的人性化功能；五是功能强大，扩展性能强，第三方软件支持多。

（二）微博

微博是微型博客（Micro Blog）的简称，是一种通过关注机制分享简短的、实时信息的广播式的社交网络平台。微博是一个基于用户关系信息分享、传播以及获取的平台。用户可以通过 WEB、WAP 等各种客户端组建个人社区，以 140 字（包括标点符号）的文字更新信息，并实现即时分享。微博的关注机制分为可单向、可双向两种。微博作为一种分享和交流平台，其更注重时效性和随意性。微博更能表达出每时每刻的思想和最新动态，而博客则更偏重于梳理自己在一段时间内的所见、所闻、所感。

（三）微信

微信作为时下最热门的社交信息平台，也是移动端的一大入口，正在演变为一大商业交易平台，其对营销行业带来的颠覆性变化开始显现。微信商城的开发也随之兴起，微信商城是基于微信而研发的一款社会化电子商务系统，消费者只要通过微信平台，就可以实现商品查询、选购、体验、互动、订购与支付的线上线下一体化服务模式。

微信具有以下功能。一是聊天，支持发送语音短信、视频、图片（包括表情）和文字，是一种聊天软件，支持群聊。二是添加好友，微信支持查找微信号。三是实时对讲功能，用户可以通过语音聊天室和一群人语音对讲，但与在群里发语音不同的是，这个聊天室的消息几乎是实时的，并且不会留下任何记录，在手机屏幕关闭的情况下仍可进行实时聊天。

此外，新媒体还有 QQ、播客、抖音、搜索引擎等等，这里不再过多介绍。

第二节　高校思想政治教育的概念与特点

新媒体时代，我国高校承担着人才培养和服务社会两项重要责任，而高校的人才培养对我国社会主义现代化建设有着举足轻重的作用，因为我国高等院校是培养和造就高素质创造型人才的摇篮，是培养和造就社会主义事业建设者和接班人的重要阵地。如何结合高校发展的特点，进一步明确高校的思想政治教育的内涵建设，从而实现教育与发展的互动机制，更好地为社会建设服务，是高校力求解决的重要问题。因此高等院校必须重视思想政治教育，加强思想政治的内涵研究，充分发挥思想政治教育服务个体、服务社会的能力，加大思想政治教育成果的显性教育意义的转化，充分发挥高校育人功能，优化人才培养机制和人才培养模式，从而实现高校科学性、系统性、和谐性发展。

一、大学生思想政治教育的概念

"思想政治教育"反映了党由革命到建设再到发展的整个过程中对思想政治教育工作的不同认识。思想政治教育这一概念的确立过程可以反映出任何理论的产生都需要一个从实践上升到认识的过程，都需要一个从认识上升到理论的过程。这也为以后我们丰富和发展思想政治教育这一理论做出了榜样。

这就要求我们在丰富关于思想政治教育概念的内涵时，既要注重与概念的演进史之间的联系，又要注意克服概念发展史的局限，坚持事实判断与价值判断的统一、社会需要与个体需要的结合、教育内容与教育目标的一致，这样才能使思想政治教育的概念更加合理和完善。

从目前研究的情况看，尽管学者们对大学生思想政治教育所涉及的要素表述不尽相同，但对于大学生思想政治教育的内涵，学者们都给予了自己的见解和表达，归纳起来，较为集中的有以下几点：

活动说：即表明大学生思想政治教育作为一种活动的规定性。张耀灿在力图弱化大学生思想政治教育的阶级本质的基础上，阐明大学生思想政治教育是"使他们形成符合一定社会、一定阶级所需要的思想品德的社会实践活动"。

科学说：即从定性学科的角度去研究大学生思想政治教育的属性。在国家文件《国务院学位委员会、教育部关于调整增设马克思主义理论一级学科及所属二级学科的通知》中其定义为"大学生思想政治教育是运用马克思主义理论与方法，专门研究人们思想品德的形成、发展和大学生思想政治教育规律，培养人们正确的世界观、人生观、价值观的学科"。

系统内容说：即大学生思想政治教育包含自己独特的内容，邱伟光认为大学生思想政治教育的内容的选择是"受社会经济政治文化的制约和影响的，包括思想教育、政治教育、道德教育。

二、大学生思想政治教育的特点

高等教育作为改革开放以来发展起来的一种特殊类型的教育形式，既有教育的共性，同时又有自己鲜明的个性特色，不仅是专业特色，还包括其他各个层面的特色，尤其是高等教育阶段学生思想政治教育的特色。要想做好高等教育阶段学生的思想政治教育工作，必须正确认识和把握高等院校学生思想政治教育的特殊性，同时兼顾大学生个性心理发展特点，以此为依据才能制定正确的思想政治教育的目标、任务和方针，从而进一步促进高等院校的思想政治教育工作取得实效。大学生思想政治教育过程作为一种相对独立的教育过程，也有其发展特色，在这一方面，思想政治教育的研究者已经形成共识。具体而言，有下面几种突出的特点。

（一）大学生思想政治教育具有明确的计划性和鲜明的正面性

哲学将世界分为物质和意识，那么就可将环境分为物质环境和精神环境。在社会发展过程中，精神环境表现为一个国家和社会的精神状态、社会面貌、社会风气、进取精神等现象，是一个国家和社会中最活跃、最有潜力、最富有生气的动态系统，是社会发展的整体性精神力量，是社会进步与发展的精神资源，是人全面发展的精神基地，建设一个良好的精神环境是一个国家对人民最基本的价值承诺。物质环境以及精神环境构成了影响人类生存发展的两大环境。其中对人类影响更大的是精神环境，其突出表现就是精神环境对人的思想道德发展的作用最大。在现实生活中精神环境和物质环境纵横交错，交织在一起，相互叠加。环境对人的影响具有随意性，对人影响的过程往往是盲目的、无序的、随意的，如不加以控制，很难把握环境影响的方向性，当然其影响的后果也是难以预料的。思想政治教育作为精神世界的组成部分，对人的影响却是积极的、有序的、有计划的、条理的。因为思想政治教育是指社会或社会群体用一定的思想观念、政治观点、道德规范，对其成员实施有目的、有计划、有组织的影响，使他们形成符合一定社会所要求的政治思想和道德品质的社会实践活动。简言之，进行思想政治教育，目的就是将外在的社会要求内化为受教育者的内心信念并推动其产生良好行为。思想政治教育活动的计划性表现在以下几个方面：一是目的性。思想政治教育的目的明确，就是培养社会主义现代化建设者和接班人。二是组织性。思想政治教育由一系列的组织单元构成，这其中包括教材、思想政治工作教育者、思政部门等，通过制订完备的教育计划，努力营造良好的环境氛围，使思想政治教育过程更有成效。三是针对性。大学生思想政治教育针对的是受教育者，也就是大学生，并且能够根据大学生精神世界发展的需求及其思想品德发展的实际以及心理发展特点进行教育。

与计划性密切相关的另一个特征是正面性。所谓正面性是指思想政治教育影响总是选择积极的价值内容和最有利于受教育者发展的教育方式。思想政治教育鲜明的正面性要求思想政治教育的内容选择和教育影响都应是积极的、有价值的。中国共产党在不同的时期始终坚持思想政治教育的正面性，形成中国人和中国社会发展的强大动力，推动中国社会改革与发展。

思想政治教育的正面性就是促进人的全面发展，即思想政治教育要体现出人的个体价值和社会价值。坚持思想政治教育内容的正面性，表现在大学生思想政治教育过程中，就是教育工作者应该积极弘扬社会主义主旋律，向大学生传达社会主义核心价值体系的相关内容。坚持思想政治教育手段的正面性，大学生思想政治教育的发展必须处处体现公正和公平，这种特质在思想政治教育手段上应该鲜明体现。教育手段的正面性是维系思想政治教育正面性的重要标志，舍此便无所谓思想政治教育。因此，在思想政治教育过程中，应始终旗帜鲜明地坚持积极的、正面的思想、政治、道德价值的选择和引导。

（二）大学生思想政治教育具有突出的复杂性和广泛的社会性

大学生思想政治教育的本质性任务是促进大学生群体的全面发展。大学生思想政治教育是组成我国思想政治教育的重要一环，是促进我国现代化建设的重要力量，是培养高素质合格人才的根本保证。与高等教育其他内容相比，思想政治教育工作的时间、空间、方法和手段是不同的，具有显著的复杂性特征。大学生思想政治教育的复杂性体现在两个方面：一是大学生群体的开放性、自主性。考量到大学生思想政治教育的主体的个性心理发展特点的开放性和自主性，这不得不使思想政治教育变得更为复杂。由于在教育过程中注重个体性的同时还必须注重个体的社会性，这使得高校思想政治活动必须做到"因人施教"。二是高校的整体性。高校在发展的同时还要帮助个体成长。哲学中强调的是部分与整体的关系。所以在处理大学生思想政治教育的过程中，也应该考量整体性发展。与思想政治教育同为高校部分的专业教育，在与其发展的过程中既有竞争，又互相提携，这使得高校思政工作变得异常复杂。

大学生思想政治教育还体现出广泛社会性的特点。其表现在两个方面：一是在思想政治教育的内容上具有广泛的社会性；二是在思想政治教育的方法上的选择具有广泛的社会性。当然，在发挥社会性特点的同时，还要结合大学生思想政治教育的政治性展开。

复杂性与社会性是思想政治教育的两个重要属性。两者在前提、地位以及实现功能上存在着差别，思想政治教育的复杂性和社会性是相互联系、有机统一的。在实践中，我们要合理地把握思想政治教育的社会性与政治性之间的关系：加强思想政治教育的政治性，防止思想政治教育的"泛社会化"；合理利用思想政治教育的社会性，提升思想政治教育的实践效果；正确结合思想政治教育的复杂性和社会性的特征，实现两者在现实功能上的有效整合。

（三）大学生思想政治教育具有积极的引导性和明显的长期性

大学生思想政治教育是一项育人工程，它的好坏关系到我国现代化建设质量的好坏。大学生思想政治教育工作具有明显的正面引导性。这种引导性体现在思想政治教育的内容、手段、方针等各个方面，要求对大学生的思想、政治、道德等方面的发展做到正面引导。积极的正面引导有利于大学生形成高校的道德情怀，有利于构建大学生科学的世界观、人生观、价值观。

大学生思想政治教育还是一项长期性和坚持性的教育活动。大学生思想政治教育是在长期生活实践中逐渐形成的，是一个渐进的过程。这种长期性一方面要求教育者坚持大学生思想政治教育活动的系统性和连续性，另一方面要求受教育者坚持将教育内容本身化，并将这一活动坚持下去。

当然，在大学生思想政治教育的发展完善过程中还会呈现出新的特点，需要我们时刻把握思想政治教育的发展动态。

第三节　高校思想政治教育的过程及规律

一、大学生思想政治教育过程的含义

大学生思想政治教育是一种特定的信息传播活动，是以中国特色社会主义理论体系为核心内容的价值观念的信息传播，是以提高大学生的思想政治素养为特定目的的思想政治教育的信息传递过程。大学生思想政治教育过程是大学生思想政治教育者根据一定社会的政治思想品德要求和大学生思想政治素质形成发展的规律，通过对大学生施加有目的、有计划、有组织的教育影响，把一定的社会的思想观念、价值观念、道德规范转化为大学生思想品德的过程。大学生思想政治教育过程是思想政治教育过程的一个子集，是专门针对大学生这一特殊群体所进行的探寻。

学术界对"思想政治教育过程"含义界定中，比较具有代表性的观点有：

"思想政治教育过程，是指在一定环境的影响下，教育者根据本阶级的政治目的和社会指导思想的要求，对受教育者有组织地进行有目的、有计划的教育，帮助他们形成正确的思想政治品德所经历的程序"。在第一种观点的基础上，该观点强调了思想政治教育过程中的环境因素。

"思想政治教育过程是教育者组织教育活动，通过有目的、有计划、有组织的影响，把社会要求的政治观点、思想体系和道德规范，转化为受教育者的思想政治品德，它包括教育者施加影响和受教育者接受影响这两个方面的活动"。这是提出思想政治教育过程的概念最早的一个观点，说明了思想政治教育过程是一个双向互动的过程。

"思想政治教育过程是教育者根据一定社会的思想品德要求和教育对象的思想品德形成与发展规律，借助一定的思想政治教育物资和思想政治教育中介与受教育者发生互动，通过教育者对教育对象施加有目的、有计划、有组织的教育影响，促使教育对象内在的思想品德产生矛盾，使教育对象养成符合社会与人协调发展所要求的思想品德的过程"。这一概念把思想政治教育过程应遵循的规律和要求都界定在概念之中，使概念更加完善，从中可以看出思想政治教育过程是一个有目的的过程，需要教育者和受教育者的共同参与完成，这是目前学界比较认同的观点。

以上几种观点都认为，思想政治教育过程包括了教育者自觉地施加教育影响和受教育者能动地接受教育影响这两个方面的教育活动，它是教育者和受教育者相互作用、相互影响的过程。不同的是，在后来的研究中，学者们把影响思想政治教育过程的环境、思想政治教育的价值、遵循的规律、采取的教育方法以及思想政治教育的本质内容等也概述在其中，使思想政治教育的概念得到了不断丰富和完善。

根据以上诸家对"思想政治教育过程"含义的界定，总结出大学生思想政治教育过程应该包含以下四个过程。

第一，大学生思想政治教育过程是一种双向互动的活动过程，是思想政治教育主体与思想政治教育者之间交流的过程。

第二，大学生思想政治教育过程是一种目的性突显的活动过程，就是要培养受教育者形成符合一定社会所期望的思想品德的过程。

第三，大学生思想政治教育过程是教育者和受教育者共同参与、相互作用的过程。

第四，大学生思想政治教育过程是教育主体实现个体价值与社会价值的过程。

二、大学生思想政治教育过程的构成要素

思想政治教育过程理论是思想政治教育学理论体系的重要组成部分，而思想政治教育过程的构成要素则是研究思想政治教育过程不可回避的一个重要问题。自思想政治教育学原理诞生以来，理论界一直都在对这一问题进行探讨并取得了可喜的成绩。但是，直至今天，学界对思想政治教育过程构成要素的认识还存在分歧，在对某些要素能否成为思想政治教育过程构成要素认识的分歧还较大。

思想政治教育过程的构成要素归纳起来主要有以下两种。

一种认为是教育者、受教育者和社会要求的思想政治品德规范，具体为：一是思想政治教育工作者及其教育活动；二是教育对象及其接受、内化、外化教育信息活动；三是教育者与教育对象之间的中介物即教育手段，包括教育内容、途径、方法等。还有一种观点认为构成思想政治教育过程的要素主要有四个，即教育者（主体）、受教育者（客体）、思想政治教育的内容和方法（介体）、社会环境及其所提供的教育支撑条件（环体）。

综上观点，我们采取后一种观点进行论述。

教育主体，是指在思想政治教育过程中有目的地对受教育者施加教育影响的个人或群体。既可以是各种组织团体即团体代表，像家庭、学校、机关、企业、社团、群团各级组织、共产党各级组织等，又可以是各类的教育工作者即个人，像教师、专家、学者、英模、老党员、老军人、老干部、老工人等。

教育客体，是指在思想教育过程中有目的地被教育者施加教育影响的对象，这里指高校学生。大学生学习的过程就是受教育的过程，在这一过程中大学生具有对教育影响的理解性、判断性和自主选择性。

教育介体，包括教育内容和教育方法等，是指在思想政治教育过程中，教育者用来影响受教育者形成一定社会所要求的思想品德规范以及教育活动的各种方式和手段。

教育环体，是指对人的思想即思想政治教育有推动或阻碍作用的环境。环境对思想政治教育的影响是自发的、潜移默化的。其中既有积极正面的影响，也有消极负面的影响，优良的环境会促进思想政治教育过程的顺利进行，而恶、劣、衰、败、差的环境会阻碍思想政治教育过程的前进，影响或推迟思想政治教育目标的最终实现。因此，在思想政治教育过程中，要努力营造优良的社会及自然环境，为思想政治教育目标的实现提供环境支持。

三、大学生思想政治教育过程的基本规律

思想政治教育过程有其自身固有的规律。其规律就是思想政治教育过程中诸要素之间的本质联系及其矛盾运动的必然趋势。规律具有客观性。思想政治教育过程的规律同样是不以人的意志为转移的，不管人们是否意识到它，它都在起作用。规律是事物发展中本身所固有的、必然的、本质的、稳定的联系，决定着事物发展的必然趋向。规律具有客观性，人们不能随意创造和改变规律，只能发现、把握和利用规律。

大学生思想政治教育过程规律就是指高校在进行思想政治教育的过程中各要素之间固有的、本质的、稳定的、必然的联系。大学生思想政治教育的规律所揭示的就是各要素之间矛盾运行及其发展的必然轨迹。它可具体表述为：教育者的教育活动一定要适合受教育者的思想品德状况的规律，简称为"适应超越规律"。它包括两个方面的内容：一方面，大学生思想政治教育的层次性要求根据教育主体的个性心理发展特点和思想道德状况来决定，不同的教育主体应该采取"因人而异"的教育方式；另一方面，大学生思想政治教育工作者与教育主体之间存在互动关系。

具体地理解大学生思想政治教育规律，至少应该包含以下几点：

第一，思想政治教育的对象具有广泛性的特点，大学生思想政治教育规律只存在于对大学生这一特殊群体进行思想政治教育的过程中，这主要说的就是思想政治教育对象的"唯一性"。所谓思想政治的唯一性指的就是思想政治教育客体的唯一，这是针对思想政治教育的广泛性而言。大学生思想政治教育的特点，决定了大学生思想政治教育必须是"多对一"的关系，即教育内容、教育方法、教育者服务的对象只能是高校大学生群体。超出这一群体，或者超出这一群体的思想道德发展水平的教育都违背了教育的唯一性。

第二，大学生思想政治教育过程规律是教育主体、教育客体、教育环体、教育介体之间的相互联系或相互关系。大学生思想政治教育过程研究的是教育主体、教育客体、教育环体、教育介体之间的相互联系或相互关系。在实际的思想政治教育活动中，教育主体在教育介体中，借助教育环体对教育客体施加影响。其中，教育主体与教育客体通过间接的方式进行互动联系。教育环体与教育介体的优劣都或多或少地影响教育效果的发挥。因此在进行思想政治教育的过程中，一定要善于利用教育介体和教育环体。要想发挥大学生思想政治教育过程中教育主体、教育客体、教育环体、教育介体的作用，应该做到以下两点：一是要注重发挥教育主体和教育客体的主体性。在思想政治教育实践活动中，无论是教育主体，还是教育客体，都是具有一定社会意识和行为活动能力的人，都具有主体性，在思想政治教育过程中，应该积极促成教育者与受教育者的双向互动。二是要积极发挥教育环体和教育介体的积极性，做到"趋利避害"。

第三，大学生思想政治教育的过程是内化与外化相统一的过程。关于内化与外化的含义，理论界已做出了精辟的阐释。外化就是把内化要求的"我要这么做"化为"我已经或者正在这么做"。内外化目标的实现不可能一蹴而就，要分阶段进行。内化分盲从、认同和信奉阶段；外化分明确问题阶段、选择合适的行为方式和实践并养成习惯三个阶段来完成，而且对于内化、外化的顺利实现，还需要一定的内外部条件。内化的实现途径主要是从注意教育者的影响和选择合适的教育方式这些实现内化的外围方面来探讨，外化的实现主要是在教育者的引导下，调动教育对象的主动性，组织各种形式的社会实践活动，进行强化行为训练。高校思想政治过程是一个整体，一个完整的思想政治教育过程包括内化与外化两个环节。在思想政治教育过程中，内化和外化是辩证统一的。内化是前提，外化是目的，内化是外化的基础，外化是内化的归宿，没有外化，内化就会失去意义；没有内化，外化显得"捉襟见肘"。外化存在于内化中，教育客体思想政治素养的形成来源于自身的外化来的社会实践；内化中也有外化，教育客体进行实践的依据就是来源于内化的思想政治素养。

第四，注重部分与整体关系，整合各种因素形成合力，发挥系统作用的规律。大学生思想政治教育过程是一个整体，这个整体是由教育主体、教育客体、教育环体、教育介体四部分构成。它们之间相互协作，和谐相处，有利于思想政治教育过程的整体发挥。在思想政治教育的过程中应该积极发挥各方面的合力，调节各方面活动的积极性。《中共中央国务院关于进一步加强和改进大学生思想政治教育的意见》提出了"思想政治教育首位、合力育德的'大德育'整体观念，思想政治教育的整体观是思想政治教育的'主导'观念"。这就要求我们发挥各方面诸多因素积极进行思想政治教育的整体性构建。

第五，理论创新和方法创新相统一的规律。兼具理论性和实践性是大学生思想政治教育的重要特点。思想政治教育理论要突出实践性，这不仅是时代的需要，更是大学生健康成长的需要。大学生思想政治教育过程中教育理论的研究要充分实现该理论的价值，而理论价值得以实现的最有效的方式就是要将其投于实践。"实践是检验真理的唯一标准"。因此，针对思想政治教育理论的缺失，我们可以尝试将思想政治教育理论与高校实践相结合，在检验理论的同时发展和丰富理论。同时，大学生思想政治教育也要紧紧依靠理论，借助理论的"先知"推动思想政治教育实践的深入研究。这不仅是思想政治教育理论的创新，也会引发思想政治教育实践的发展和创新。

思想政治教育活动是一项理论性很强的社会实践活动。我们要牢牢坚持这一实践活动和理论活动不动摇。高校在进行思想政治教育实践的过程中，应该将理论与实践结合，不断丰富和发展理论，创新理论内容和形式。在实践过程中要紧紧把握理论的科学性、现代性、专业性的特点。理论创新和方法创新相统一的规律，是思想政治教育的一条重要规律。

第六，把握好大学生思想政治教育规律与思想政治教育过程规律、思想政治教育工作规律之间的辨别和区分。大学生思想政治教育规律与思想政治教育过程规律、思想政治教育工作规律的联系在于它们都属于思想政治教育规律体系范畴，教育过程中的内容、方法、手段之间存在共性。它们既有联系，又有区别。

大学生思想政治教育过程规律与思想政治教育工作规律的差别表现在：大学生思想政治教育过程规律与思想政治教育过程规律的教育、研究对象不同；思想政治教育过程规律的研究对象涉及范围较广，包括社会生活中的诸多群体，诸多阶层；而大学生思想政治教育过程规律涉及对象具有针对性，只针对大学生群体而言。所以，高校思想教育政治过程规律包含于思想政治教育活动过程中，两者是特殊与一般的关系。

大学生思想政治教育过程规律与思想政治教育工作规律的差别表现在：思想政治教育工作规律是从教育主体的角度出发，站在教育主体角色上通过整合各种思想政治教育的资源，有针对性地开展思想政治教育活动。而大学生思想政治教育过程并非从教育主体一个角度出发，而是从多角度出发，进行规律总结。

四、大学生思想政治教育的价值

大学生思想政治教育的价值是指大学生思想政治教育传播和发散的教育内容的作用和意义。它是由大学生思想政治教育在整个教育体系中的地位及其在两个文明建设中所起的作用决定的，其价值主要体现在对具有创新精神和实践能力的高素质人才的培养和对社会主义物质文明与精神文明的协调。

大学生思想政治教育价值是指大学生思想政治教育的属性、功能对大学生的需要满足的效用。思想政治教育的价值形态结构是相对应存在的，主要有理想价值和现实价值、正面价值和负面价值、直接价值和间接价值、绝对价值和相对价值，个体价值和社会价值及目的价值和工具价值。另外，思想政治教育还有广泛的社会价值，即政治价值、经济价值、文化价值和管理价值。

（一）政治价值

政治价值在大学生思想政治教育社会价值中居于首要地位，要从整体上认识和把握思想政治教育的政治价值，应主要从以下三个方面去研究和理解：其一，净化社会风气，弘扬主旋律。大学生作为社会中的精英阶层，通过适当的政治教育可以净化大众精神生活，实现为社会经济基础和政治制度服务。其二，为推动政治发展提供思想基础、精神动力和方向引导。政治价值的实现有利于保障我国政治发展的马克思主义方向。其三，实现社会和谐稳定，对于化解社会矛盾，维护民生和社会稳定，促进社会和谐起着十分重大的作用。

（二）经济价值

经济价值即促进经济发展，满足人们物质生活需要的价值。具体来讲，大学生思想政治教育的经济价值体现在三个方面：一是大学生思想政治教育为经济发展提供智力支持，大学生思想政治教育通过激发和调动大学生参与社会生活的积极性促进经济的发展和社会的进步；二是大学生思想政治教育在一定程度上保障了经济发展的方向，大学生思想政治教育反对种种"私有化"的倾向，它能够使我国市场经济与社会主义基本经济制度、政治制度相结合；三是大学生思想政治教育营造了经济发展的有利环境，在大学生思想政治教育过程中，通过法制教育、道德教育可以塑造大学生良好的参与经济的道德基础和法制基础，这样有利于经济快速、和谐、健康发展。

（三）文化价值

文化是中国的软实力，大学生思想政治教育的文化价值具体体现在两个方面。一是具有文化选择功能。通过大学生思想政治教育，培养了大学生对不同文化的甄选和判断能力，对于优秀、积极向上的文化，大学生群体能够吸收并积极发扬，营造出良好的文化氛围；二是具有文化创造、再生功能。大学生思想政治教育总是渗透到社会生活的方方面面，因此大学生与文化进行发酵后，能够创造出正能量的文化因素。通过传播主导的政治文化，尤其对亚文化进行主导文化的渗透，使其沿着正确的方向发展。创造出优秀文化，培养出具有个性特征的个人。

（四）管理价值

管理主要分为硬管理和软管理两个方面，硬管理是指依靠法律、规章和制度等强制性手段进行管理；而软管理也称柔性管理，是指利用文化教育进行熏陶。思想政治教育的管理价值主要体现在两个方面：一是有利于降低管理成本，切实提高了管理的效率。二是在管理过程中培养了未来政治的管理者。大学生思想政治教育过程中通过大学生的自我管理，锻炼了一批有能力、讲素质的实干型管理人才，他们进入社会后，能够更加娴熟地运用各种管理手段，参与社会管理。

思想政治教育四个方面的社会价值体现了思想政治教育最本质的价值，只有它们之间相互作用才能更好地发挥出思想政治教育的价值，满足人们对思想政治教育的期望和需求。

第二章　新媒体时代下高校思想政治教育的理论与媒介影响

第一节　新媒体时代的大学生思想政治教育的理论阐释

一、大学生思想与新媒体的激活理论

（一）大学生对新媒体的需求

长期以来，大学生对媒体工具有一定的需求，在新的时期针对大学生的思想政治教育更需要新媒体对其进一步地激活。也就是在大学生对新媒体的需求之中产生了思想政治教育新媒体化的趋势，进一步激发了新时期的教育工作。

（二）新媒体对大学生思想的刺激作用

大学生处于 18～24 岁，正是人精力最旺盛、思想最活跃的时期，这一阶段，大学生们在生理与心理上逐渐趋于成熟，渴望投身到社会当中去锻炼自己，将多年以来学到的理论知识运用到实践当中，从而实现自己的人生目标，证明自己的人生价值。而新媒体对大学生的影响像一把"双刃剑"。如何树立一个正确的导向，帮助大学生树立积极向上的思想，同时引导大学生抵御负面消极内容的影响，成为大学思想政治教育工作需要认真思考并执行的任务。

新媒体技术速度快、覆盖面广，能够提供丰富、即时的信息，能够为宣传党和国家的路线、方针和政策提供良好平台；新媒体虚拟性高、掩饰性强，能够为大学生提供宣泄不良情绪的交流平台，有助于及时解决个体心理困惑；新媒体技术的运用，还加速了信息的传播速度，拓宽了信息传播范围，缩短了学生与外部世界的距离，有利于培养学生的世界眼光；新媒体技术的参与互动平台是塑造学生责任公民人格，培养学生民主观念的优良场所。新媒体技术不仅给大学生带来生活上的便捷，也为大学生提供了更加广阔的交际领

域，提供了一个有别于现实生活的展示自我的舞台，让大学生容易获得为人处世的成就感和满足感，建立现实生活中可能没有找到的自信。以互联网为代表的新媒体技术常常以简便、快捷的新闻代替深度报道，大学生在接受信息的同时极容易随着媒体的倾向思维，缺乏独立思考；网络信息丰富而良莠不齐，易造成大学生思想混乱，新媒体技术在给大学生活、学习、思想带来积极影响的同时也容易带来很大的负面影响。

在新媒体之前，几乎所有的媒体都是大众化的。而新媒体却能够面向更细分的受众甚至到个人。与传统媒体受众只能被动接受阅读或者观看一样的内容有所不同，新媒体时代每个人都可以定制自己所需要的内容，也就是说，每个新媒体受众最终接收到的内容组合都是因人而异的。因此，高校思想政治工作者可以利用新媒体这一特性，针对个体学生开展思想政治教育，增强教育的有效性和普及性。高校思想政治教育工作者应该努力引导大学生合理、适度使用新媒体，趋利避害，使之助力学生思想进步、健康生活和学习成长，塑造大学生健全的人格和健康的身心。但是，对于高校思想政治教育而言，适应新媒体时代的变化并不仅仅意味着只走"大众化"的路线，取悦大学生也并非思想政治教育的首要目的。相反，教育者应谨记自身的原则和使命，坚守自身的价值取向，在不断自我丰富、自我完善的过程中把握思想政治教育的主动权，从而引领新媒体的发展。

1. 新媒体受众选择性增多，可以实现充分调动学生学习的积极性

从技术层面讲，新媒体打破了只有新闻机构才能发布新闻的局限。新媒体时代，人人都可以接收和发布信息。这就使新媒体区分于"主导受众型"的传统媒体成为"受众主导型"。受众有了更多不同的选择，既能自由阅读也可以放大信息。高校思想政治教育工作如果能够有效地利用新媒体这一特性，将在很大程度上改变传统的灌输式教育，从而提升学生自主选择、自主学习和独立思考的能力，充分调动学生学习的积极性。

2. 新媒体表现形式多样，可以实现增强高校学生思想政治教育内容的丰富性

新媒体具有两大特点：首先是形式多样，可以融文字、音频、画面为一体，使信息内容更生动；其次，新媒体还具有易检索的特点，既可以随时存储内容，也方便查找以前内容和相关内容。高校思想政治教育工作可以利用新媒体丰富的传统思想政治教育内容，改变纯文本纯说教的方式，代之以图片、影音等形式。同时可以实现学生选择自己喜欢的内容进行学习，实现殊途同归的最终教育目的。

3. 新媒体信息发布实时，可以实现增强高校学生思想政治教育的及时性

相比于广播、电视，新媒体真正具备无时间限制的特性，可以随时加工发布。利用强大的软件和网页呈现内容实现了 24 小时在线。同时新媒体具有很强的交互性，使信息传播者与接受者的关系走向平等，受众可以通过新媒体的互动，影响信息传播者。这就为高校学生思想引领提供了全方位、全天候的教育途径，同时也可以针对学生对信息的反应，及时加以正确的引导和教育。

新媒体对于大学生的益处显而易见，但同时也具有不利的一面。大学生思想不够成熟和对社会认知度不够深入，积极向上的热情中也包含了许多具有不确定性的因素。其突出表现就是大学生对于情绪的控制能力仍然有限，由于缺乏社会经验，大学生在遇到一时难以解决的困难与挫折的时候，往往感到焦虑、挫败、沮丧，严重的甚至会出现抑郁的倾向，这也是在一些突发事件中总能找到大学生身影的原因之一，同样反映出大学生思想存在稚嫩的一面。在新媒体环境下，信息变化纷繁复杂，其中难免存在许多消极的因素，如果大学生被这些消极信息所影响，对于其健康的成长和发展是非常不利的。

（三）新媒体对大学生思想的激活作用

相较于枯燥的传统思想政治教育，新媒体时代大学生的思想政治教育更有活力，我们称之为"思想政治教育的激活理论"。

1. 新媒体让思想政治教育实现了信息交流双向化

新媒体时代使得信息接受者和传播者的交流更加紧密，并且参与者不仅是信息的浏览者也是信息的生产者。网络新媒体正式成为舆论新格局的重要组成部分，成为思想文化信息的集散地和社会舆论的放大镜。当代大学生通过网络媒介及时有效地关注公共事务以及时事热点，并通过网络发表自己独特的看法和见解，积极地参与到社会的发展中。这种参与公共事务的方式更加方便也更有活力，同时又能给社会带来其不可估量的正面效应。

2. 新媒体给思想政治教育注入了新的知识源泉

众所周知，创新是新媒体发展的主要动力，而思想政治教育也离不开创新精神，因此思想政治教育可以有效地借助新媒体发展过程中体现出来的创新意识和先进思想并以新媒体为依托，顺应时代的潮流，思想政治教育定将焕发新的活力。思想政治教育工作者在对大学生思想政治教育过程中若能够立足实践进行创新，创新教育内容、创新教育方式，契合大学生自身的特点，这样的教育方式就会更加贴近实际，并且能够拓宽知识来源，加强对知识的内化和吸收。

3. 新媒体为思想政治教育创造动力条件

新媒体创设了虚拟与现实共存的环境，所以其具有的开放性和共享性为提供教育动力创造了条件。虽然新媒体因其本身的虚拟性会存在一定的局限性，但是它的虚拟是建立在与现实相联系、反映现实的基础上的。学校可以利用新媒体这一特性，充分发挥其作用，更好地利用资源对大学生进行思想政治教育，并能够积极探索新媒体环境下大学生思想政治教育的特点，开发与大学生身心相适应的思想政治教育模式，使思想政治教育更能体现时代的特性，焕发新生的活力。

综上分析，大学生离不开新媒体，并深受新媒体的影响，同时新媒体的信息量大、交互性强等特点也为开展思想引领工作提供了更为丰富的渠道和方法。作为高校思想政治工作者，必然要利用这一天然的契合点，正确引导大学生树立科学的发展观与成才观，引导他们走上正确的人生道路。高校思想政治教育工作者们必须全方面地了解大学生的实际情况根据大学生自身的特点，通过新媒体激活思想政治教育的相关内容，引导他们对新媒体有正确的、客观的、全面的认识，并学会运用新媒体为自己综合素质的提高服务，自觉抵御不良信息的干扰，客观评价事物及个体的属性，形成自我的全面发展。

二、新媒体与思想政治教育的主体性理论

（一）新媒体主体的双重统一性

1. 新媒体使传统思想政治教育的主客双方发生质变

学生也可以成为老师，老师也可以成为学生，两者都必须成为教育的主体。近年来提出的"以生为本"教育理念就是在强调在教育过程中要尊重学生的主体性，以学生为主体。新媒体时代对教育主客体双方提出了全新意义的理解和变革。首先，通过新媒体构建的思想引领系统已经没有绝对意义上的施教者和受教者，两者之间再没有任何天然的界限，学生是受教者的同时也可能是施教者，因为新媒体为他们提供了"原创"的机会。其次，现阶段，从某种意义上可以说，学生比教师更走在新媒体潮流的前面，教师在新媒体时代面前更多扮演的是被动方和被推方的角色，成为传统意义上的"受教者"。

2. 新媒体促使教育者的角色发生转变

在传统的思想政治教育体系中，教育者通常使用强制式、命令式的方法灌输所谓的价值标准，这种"填鸭式"的教育模式通常为人所诟病。根据美国社会心理学家库尔特·卢因的观点，在群体传播的过程中，存在着一些信息的把关人，只有符合群体规范或把关人价值标准的信息内容才能进入传播渠道。在思想引领领域也是如此，思想政治教育工作者（教育传播过程中的"把关人"）将符合特定价值观的经验、知识和情感等通过教与学的过程传递给学生。在这一过程中，学生因为被动参与接受思想教育者"把关"知识的过程，因此对教育者较为依赖，缺乏自身思考和筛选的过程。但是，新媒体所具有的数字化、网络化特征在一定程度上改变了学生获取知识时对教育者的依赖。学生和教师具有同等面对知识的机会，有时候甚至学生所接触的知识教师都不一定熟悉。因此，新媒体时代

的思想政治教育工作者不再扮演"把关人"的角色，转而成为学生思想引领的帮助者、引导者和促进者。

3. 新媒体促使大学生角色发生改变

传统思想政治教育中，学生通常都是被动的和机械的，他们被视为等待填充的"容器"，无条件接受老师认为重要的东西。而新媒体为个体参与传播过程提供了一个双向通道，学生在该过程中既是教学信息的接受者也是信息的发布者。情境认知理论认为，学习是通过个体参与实现的，是一个与学习伙伴共同创设的过程。该过程的参与者会通过相互之间的合作与沟通而发生改变或转化。因为新媒体使学生与他人一起形成、发展和创造关于某一事物的共同知识和符合情境的个体知识，学生也从一个被动的知识消费者转变成为主动的知识创造者，这就表现为学生接受资讯的同时，能够及时、自由、流畅地进行自我表达，与他人（包括教师、专家、同学朋友等）分享观点，虚心接受他人的评价，并在某段时间与他人保持持续对话。就在这样的对话与交流过程中，学生可以深入挖掘思想政治教育的深刻内涵，对其形成更为深入的了解。此外，新媒体数字化和互动性等特征为学生学习提供了便利，可以不受时空限制获取资讯，调配资源，甚至可以及时得到教育者指导或学伴支持。通过直接嵌入思想政治学习资源的互动提示、实时或虚拟的帮助策略模型的引导，学习者可以随时随地畅快学习，并且可以自动记忆下先前学习进度，更好地载入学习数据。新媒体时代大学生角色转换为思想政治教育工作带来的影响是深刻而久远的，而角色转换也带动了大学生学习方式的悄然改变。综上所述，新媒体对学生的影响可以概括为：支持和尊重学生学习兴趣、需求、想象力和求知欲，学生在参与式学习过程中将承担更多学习责任。

4. 新媒体满足不同学习能力和学习风格学生的个性发展要求

新媒体带来了海量资讯，学生可以根据自身需求获取不同的信息和知识。尽管这些资讯的表现形式各不相同（如文本、视频、图片或录像等），但这在一定程度上扩充、表现和阐述知识的内部多样性，实现传递思想、观念、情感、信息和知识的目的，满足了具有不同学习能力和学习风格学生的个性发展要求。同时，新媒体带来的多元教育传播模式也能够因材施教，如偏好感官刺激的学生可以选择多媒体组合方式呈现教学信息；视觉型学习者则偏好采用图片、图表、录像、试验演示等展示形式进行学习。如此一来，学生可以根据喜好自由选择物理、虚拟或混合的多样化学习环境，极大地提高了学习效率。

5. 新媒体有利于教师根据学生学习反馈情况提供及时诊断和指导

基于新媒体的学习，能够有效改善传统教育中反馈缺乏或者滞后的现象。这就类似孔氏教学中所谈到的"因材施教"，教师针对不同的学习者，设计、管理和维持以学生为中心的多维度的学习环境，而非一味灌输枯燥的道理。同时，教师也极力摆脱说教者的角色，使之成为学生学习的促进者、帮助者和引导者，为学生提供强大的智力支持和补救指导。因此，新媒体能够记录并反馈学生的学习情况，让教师了解学生学习进度，根据需要适时提供适应性帮助和支持，保证学习的连贯性和完整性。

（二）新媒体主体交互的多重性

网络交互行为更具有宽泛性。传统媒体的传播通道是线性的，仅仅由发出端和接收端两端组成，较为保守和呆板。新媒体的传播通道是非线性的，独特的多对多的传播方式使得传播层级更为泛化，实现了"所有人面向所有人"的传播，消解了权威，激活了互动，打破了地域、阶层、文化、心理等方面的障碍，使每个人都拥有话语权，开放、自由地互动交流。随着网络的普及和影响的日益推广，虚拟社群已经成为司空见惯的社会生活关系。网络交互行为也不再是原始的交互反馈，而是趋向一种更宽泛的维度。在新媒介中所触及的这些元素，通常更多地出现在非计算机领域的现实生活中。网络虚拟体验并不是和自己的同类在竞争而是和现实生活中所有的体验在竞争。

从媒介形态演化和人类行为学角度出发，我们可以把新媒体思想教育发展看作是人们行为的互动。新技术的不断涌现使教育者看到了尝试新的思想教育方式的无限可能性，借助各个媒体形态的交替，综合表现的过程也正是思想政治教育自身追求"大思想政治教育系统"最终的形式的过程。媒体之间的交叉并置，相互映照，衍生出更为宽泛的交互深度。交互的实质是"多个参与者交替听、想、说的循环过程"，或者是"在两者之间（无论是生命体还是机器）连续作用和反应的过程"，往往思想教育过程的交互的目的在于制造交互的事件而并非交互的结果，过程教育则是新媒体思想教育交互认知的焦点。

网络中的交互行为能促进人际关系的发展。由于在网络中没有性别、年龄等可视特征，交互行为并没有任何社会包袱和压抑感，所以网络交往具有"匿名性"，人们似乎都躲在屏幕后面少了很多顾忌。这种面具的互动无疑给网络人际交往带来巨大的活力；一方面，信息发出者"有选择地展示自我"；另一方面，信息接受者由于"传播暗示"和"潜在的非同步传播"的减少，理想化对对方的认识。所以，以网络为阵地开展的思想教育过程较于此前的媒介能够有力促进网络人际关系的发展。因为阅历尚浅且心智不成熟，他们的心理和性格较为复杂多变。因此，思想政治教育工作者要与时俱进，尊重00后大学生的学习主体地位和个性发展，改变传统思想政治教育中说教式的理论灌输，转变以教师主体、学生被动接受的旧局面，接受新媒体并利用新媒体的优势实现教育角色的转换，变单向灌输为双向互动；以教育对象为主体，使教育转化为平等的思想交流，消除师生交往的心理障碍；把握学生的需求和关注点，增强师生间的沟通，增强学生学习的自主性，营造一种开放性、交互性强的学习氛围，通过师生的思想沟通、情感共鸣，提升思想政治教育的亲和力。当前大学生由于把应用于虚拟世界和现实世界的道德判断标准割裂开来，导致认知上的偏差，所以他们的新媒体素养普遍欠缺的原因并不是其自身的道德素质不高。高校是新媒体用户上网的聚集地其在思想政治教育理论课教学实践中，可适当增加新媒体素养这一板块，以帮助大学生提升自身新媒体素养，让他们时刻保持清醒的头脑，批判地解读新媒体信息。

新媒体下的思想政治教育过程发生的交互活动变成一种强调沟通与协调的社会性活动。在思想政治教育过程中，反馈与控制是一种简单的交互方式，在新媒体时代的思想政治教育过程中，教育者提供的是一个平台，交互活动在指定的框架结构内进行，访问者不断地利用其社会经验保持着交流的顺畅。超文本根据用户的选择链接到不同的地址，指引用户以自己独特的方式进行自我创造。

在新媒体思想政治教育设置的交互过程中，系统与受教者产生互动，这导致人的意识产生转化，通过教育者有效的设计，外在表现为可控制的、可供专用的、容易变化的，同时也能满足思想政治教育的目的。受教者对教育者的要求不再仅仅是教育的内容，而是扩展到更为契合教育主题的环境、空间场景的总体策划和设计，更为注重潜移默化式的影响而非"填鸭式"的灌输。因此，高校思想政治教育越来越强调主体与客体交互内容，不仅需要满足人的需要，还应该将人的价值凝练其中——对设计内容的体验不会被认为过分依赖冰冷的科技，也不会让人觉得一味说教缺乏人情味。所以，高校思想政治教育工作者必须创造形式更为丰富多样的交互体验以帮助受教者去交流、理解甚至自主创作教育本身，同时，教育者的思想和观念作为事件的主体也必须通过交互体验去传递和表达，所以这种交互的主体具有多重性。

（三）新媒体主体参与的群众性

1. 公众—媒介—公众模式

传统的议程设置理论将媒介议程视为自变量，以此来研究媒介议程如何影响公众议程，但这无法解释媒介议程来源，于是我们将媒介议程作为因变量，考察是谁设置了新浪微博的媒介议程。新浪微博用户在微博平台上发布、分享、评论各种信息，用户与用户的互动过程实质上是公众在设置议程，新浪微博的编辑们将关注度高的议题，统一列在"微话题"的平台中，这时议题进入所谓的媒介议程，使得议题显要性从公众议程转移至媒介议程，也即为媒介可以设计议程，干涉其变化。所有新浪微博用户可以通过浏览"微话题"，知晓近来的重大事件，这个环节与公众接触传统大众传播媒介所产生的效果一样，议题显要性从媒介议程转移至公众议程。整个议程设置过程中，议题显要性从公众议程转移至媒介议程，再转移至公众议程。

2. 媒介—公众模式

新浪微博首页的滚动图片是网络编辑设置的议程，与传统媒介一样，这些由编辑直接来设置的议程（不参考受众关心的话题），经由新浪微博传播，议题显要性从媒介议程转移至公众议程。新浪微博上的这两类议程设置模式是彼此关联的。第一类模式中的后一环节与第二类模式是相同的，即第一类模式包含第二类模式。而第二类模式运行的结果，是使议题显要性进入公众议程，议题被广泛关注后，进入"微话题"平台，再次进入媒介议程。所以说第二类模式运行的结果是使议题显要性进入第一类模式。

新媒体赋予受众主动权与主体性。新媒体之前的传播模式将信息接收端统称为"受众"，无论是主动接受信息还是被动接受信息的人都被涵盖在其中。而新媒体时代的到来则具体、细化了原有的传播模式。例如，即时通信工具 QQ 支持多人聊天模式，所以被称为"群"，各类虚拟社区也有着千千万万的板块，这在一定程度上也是"群"的概念，用户按照自身喜好聚合其间，对某个特定的话题展开讨论。由此可以看出，与传统媒体强调宽覆盖、广包含的目的不同，新媒体引领了一种由"众"向"群"的传播理念。虽然从"众"到"群"是一种受众目标的缩小化，但同样也是一个个性化、定制化的过程。传统媒体将所有大众都当作接受信息的受体，覆盖面巨大且受众众多，但以泛化的群体为目标的传播是低效率的、缺乏主动性的。因为每个受众的感受和偏好是不同的，所以传统媒体单向度的传递信息过程无法做到面面俱到，如果以"总有人会关心"的借口和寄希望于庞大的受众基数的传播理念某种程度上是不负责任的。而"群"的出现虽然使得受众数量直线下降，但其实质上对于受众进行了进一步地细化区分。而有组织、有目的地将志同道合或是有着共同需求的受众组织成为范围更小、人员趋同性更高的传播网络，这样便可激发这一小网络中成员的活跃性。这里没有发出和接受对象的限制，针对某些话题的群友们既是信息源又是接受者。赋予受众选择权与主体性是新媒体的进步。

媒体通过对传者和受者的影响而实现对传播过程的改变。在教育领域，新媒体的出现和应用带来诸多变化，各种新型教材井喷式出现，微盘共享资料、班级 QQ 群共享授课课件、手机报温馨提示考试时间等功能，都可以看出教材逐渐走向现代化，不仅丰富了教学形式，还节约了环境资源，也在一定程度上改变了人们对教材传统意义上的理解。教师与学生之间利用新媒体创设了新型学习环境，使得互动、交流和合作连接而成一个统一的整体，环境的变化也影响了学习者的学习方式，从过去讲授为主的被动灌输向基于情境认知的社会建构模式转变。知识在传播方式上的改革也将为教育事业带来巨大的影响和改变，所以也成为近年来教育学和传播学领域研究者共同关注的热点问题，并不断对新媒体支持的教育传播过程及其模式进行探讨，使得师生之间的交互更加灵活，信息内容通过数字化形式传递信息反馈也是即时发生的。因此，新媒体教育传播模式同传统教育传播模式相比具有很多优越性。

三、新媒体对大学生思想的平衡理论

（一）新媒体的裂变式传播促进思想发酵

新媒体在传播模式上有很大的创新，信息的扩散不同于"个体对个体"的人际传播，"一个人对多个人"的群体传播，"推""拉"并存的网络大众传播，而是核裂变式的"链式反应"，具有基于人际网络之上信任链的病毒性传播特点和典型的多级传播属性。在新媒体传播环境下，话语权从主流大众媒体扩展到了普通百姓中，不同层次、不同背景的人都可以通过网络发布信息。这种发布信息权利的"易得性"在很大程度上实现了传播权力的自由化和分散化，导致信息量的无限激增及交叉重复。如今互联网新兴的媒介正渗透到社会文化的各个角落，并对舆论传播产生了举足轻重的影响。但伴随着新媒体兴起而来的有害信息大行其道、冗余信息泛滥、受众心理防线高企以及传播自由化和多媒体化所带来的传播问题，也是新媒体时代不得不思考和解决的问题，这些都需要给予充分的正视，并进行深刻的研究和探讨。

新媒体裂变式传播对于大学生的思想发酵起到催化作用，促使大学生的思想进一步酝酿传播，愈发成熟。现今一些高校利用新媒体平台发布信息或与同学产生交流互动，不仅让大学思想更加活跃有氛围，也让新媒体渗入到生活的方方面面。在此，我们要准确把握新媒体的传播方式，让"正裂变"更具正能量，"负裂变"更好更快地解决并转化为"正裂变"。随着信息在此过程中不断交流、碰撞、融合，大学生对事件的认知会不断加深，从而上升到思想的高度上，促进其思想发酵得更完整、更有深度。在正反双方声音充分吸收之后，大学生思想趋于辩证平衡。

（二）新媒体消弭"知沟"与话语位差

新媒体的平衡作用还体现在对于"知沟"的消弭作用，从而实现了不同知识阶层对于信息的平衡地位。所谓"知沟"，是关于大众传播与信息由于社会中的阶层分化而形成的"知识鸿沟"。美国传播学家蒂奇诺等人在一系列实证研究的基础上，提出了这样一种理论假说："由于社会经济地位高者通常能比社会经济地位低者更快地获得信息，因此，大众媒介传送的信息越多，这两者之间的知识鸿沟也就越有扩大的趋势。"这就是"知沟理论"的诞生。

在"知沟"形成过程中，大众媒体扮演了诱因的角色，尽管其并非导致"知沟"产生的根本原因，却是促进"知沟"加深的重要因素。如果仅仅增加传播中的信息量，而没有从根本上解决社会结构带来的传播技能和兴趣上的差距，不但无法消除"知沟"，反而会增大"知沟"。

改革开放四十多年以来，由于受惠于经济体制改革，我国的大众传播事业获得了极大的发展。报刊、广播、电视的普及程度不断提高，在接触大众传媒方面，城乡和地区的差距大大缩小。硬件基础上，我国业已形成以四大媒体和网络为主的多层次覆盖全国城乡的传播网络；软件技术上，近年来我国的信息化步伐明显加快，5G 网络蓬勃发展，物联网技术方兴未艾，三网合并推进迅速；从媒介形态上，无论是媒介设施、媒介体制还是媒介节目，都取得了长足的进步。

大众媒介的普及以及新媒体的出现，让更多的人能跟进时代的发展，在媒介上发表自己的看法。新媒体的便捷、迅速等特点也成就了一些草根名人，他们可以代表自己的群体说话，在法律允许的范围内发表看法。当世界越来越小、信息传送越来越快、媒体越来越普及的时候，"知沟"这一现状也会逐渐消失。

与传统媒体不同，新媒体拥有开放性、互动性和个性化等特点，所以其消解作用也更为明显。例如，新媒体在一定程度上弱化甚至消解了传统媒体之间、国家之间、社群之间、传者和受者之间的关系，使得公共话语平台向普通大众扩展，更为其在这些开放的平台上争取到了实质性的平等话语权。但是，新媒体和传统媒体绝非此消彼长的关系，而应该相辅相成、相互补充，正如电视作为强势媒体诞生后与传统的报刊和广播依然共生共荣一样，新媒体也需要探索与传统媒体共存的方式。但不可否认的是，随着新媒体强势崛起、竞争环境不断恶化，传统媒体微利化趋势日益明显却是一个不争的事实，所以新媒体与传统媒体的竞争与融合二元驱动势不可当。

高校在新媒体建设的时候一定要注意普及新媒体的基本知识，在新媒体使用方面也可以进行专家讲座培训，旨在让每一位同学对新媒体都能有个大致了解。新媒体的使用伴随着一定的知识和技能，及时进行知识的培养和教育，缩小社会"知沟"。

（三）新媒体提供"减压阀"，平衡思想力量

众所周知，在新媒体时代，公众不仅仅是被动的接受者，更是思考者、参与者和创造者。公众通过抒发自己的声音，在各自所属的群体中互动，使高层的决议精神变成"自己的""我们的"自觉行动。

大学生面临就业、升学、恋爱等生活压力，由于缺乏相应的、便利的心理疏导，必须通过微博及时寻求心理慰藉，平衡身心健康。随着微博、QQ、微信等新媒体平台逐渐深入人心，我们相信新媒体在高校的信息发布、信息传播等方面的运用会越来越多、越来越完善。当然，新媒体的应用既要聆听学生对学校政策和社会热点最真实，最急切的呼声与想法，又要使"对话"这样的活动最大限度上容忍、保留各方的想法、意见与观点的交锋，从而使得该新媒体平台真正成为每位用户真实思想的集散地。

新媒体对于大学生思想的平衡理论支持了高等学校发展和促进新媒体发展的必要观点，也对当前新媒体环境如何改善、提升，使之更适应于大学生思想平衡作用提出了新的课题，有待教育部门和高校进一步研讨。

四、大学新媒体思想政治教育的合力理论

新媒体与高校的合作形成了一些固定的套路，也因此结成紧密的联系。大学要进行思想政治教育，势必要联合多方的力量，整合多种资源形成合力。目前高校整合思想政治教育的合力主要体现在大学与学生及社会的公共关系维护、舆情制知规范和综合服务平台等方面。

（一）大学公关增强凝聚力

当今时代，新媒体逐渐成为高校的"媒介公关"的主战场，在高校展示风采形象中发挥越来越重要的作用。所谓的"媒介公关"，是指媒介组织通过一系列的传播沟通活动，以此协调和改善公众关系，增进公众对媒介组织的认可和接受，赢得公众的信任和支持，构建媒介组织良好的运作环境，从而树立媒介组织良好的形象。与社会媒介一样，校园媒体是新闻传播者与受众之间的中介，反映了在校学生的精神风貌，引领着学生的思想潮流，服务于学生的学习生活。在新媒体的推动下，公共关系进入大放异彩的时代。

通过媒介内部的公关，可以使媒介组织加强内部员工的凝聚力，使得组织内部上下一心，团结一致，为媒介的正常运行扫除内部障碍；而通过外部公关则能通过各种渠道与社会各界保持密切联系，一旦发现端倪则主动介入、积极协调，避免潜在摩擦发生的可能，增强媒介组织与受众、广告商及其他媒体等沟通，努力探求公众的理解，从而为媒介组织营造良好的外部环境；另外，一旦媒介与公众之间产生误解，或是媒介组织运作出现危机，此时公关便可通过各类传播活动来争取公众的宽容，尽可能减少摩擦或纠纷，降低损失程度。因此，公关是一个由系列公关活动组成并循序渐进的传播过程，通过控制公关活动的过程，完善管理，逐渐强化公众对媒体的正面印象，树立媒体品牌。若公关活动本身有创意、有亮点、有内涵，也可以成为媒体的"吸金石"，直接为其带来丰厚的收益，从

而达到营销的目的。

高校的校园媒体，其类别多种多样、形式独特，同样是大学生传媒群体的重要阵地，在高校发挥着传播的主导作用。当今高校媒体主要有校报、期刊、校电视台、校广播台、互联网、手机报等类别。校报作为高校党委和行政机关直接领导的媒体，在校园媒体中占主流地位。校报在引导舆论、宣传党政建设、繁荣校园文化、促进教学水平的提升等方面发挥着重要的作用；校园期刊大多由院系承办，其内容主题各异、定位不一，大多刊登在校大学生的优秀文章、诗歌作品等；校电视台在老师的指导下，大多由学生自己策划、录制，通过网络或者校园电视等方式播出；校广播台通过校园广播网络，成为校园媒介中传播最快捷方便的媒体；互联网大多以校园网为媒介，传播内容多样化、学生参与较积极；手机报是借助通信客户端，对覆盖范围内的用户进行信息传播。

高校媒介从发展初期就存在一个以内部公众为传播对象的特征，合理有效利用校园媒介，对于高校建设能起到形象提升作用，同时对于学校自身发展也可起到监督作用，不仅展示了高校的独特文化与风采，也成为高校向外界展示的重要途径。因此用好校园媒介也必须成为高校管理层注意的问题。

（二）规约舆情形成抵抗力

大学的舆情环境需要一定的抵抗力，抵御不良网络信息、微博谣言、非法贴吧对校园文化和大学生思想的侵蚀。只有通过新媒体进行舆情的引导和规约，才可以养成抵抗力，进一步协同校园文化和大学生思想的发展。伴随互联网技术的突飞猛进，媒体传播形态与传播格局不断发生变化、日益更新，引领社会步入一个以"微传播"为典型特质的新媒体时代。利用新媒体的交互性特点，思想政治教育交互平台，包括论坛、专家点评、师生对话等互动性较强的栏目，针对当前的社会热点、难点问题，从理论和实践结合上做出有说服力的回答，在重大思想理论问题上要划清是非界限、澄清模糊认识、抵制错误思想和错误观点。只有给大学生足够的空间去讨论、去思考，才能使他们成为理性和成熟的青年。

高校校园网络舆情，是指以在校大学生为主的群体对自己关心或与自己利益密切相关的社会公共事务，特别是校园公共事务，通过互联网表达和传播所表现出来的有一定影响力的、带有明显倾向性的综合的情绪、态度和意见，主要通过校园新闻网、学生网站、论坛、博客、QQ、MSN、微博、微信等载体形成舆论场。

传统媒体的信息由各个层级的"把关人"控制信息。可以说，"把关人"在传统媒体中处于决定媒介内容的支配地位。然而，以网络为代表的新媒体开放性的特征，使得其成为"去中心化"的"新型互动媒介"，这种趋势使得传播者和受传者的区别逐渐减小，而固定传播者，或者说信息权威发布者的局面受到巨大冲击，昔日的"把关人"失去了信息传播中的特权，"把关人"这一传统角色在来势汹汹的网络传播过程中被逐渐弱化。

网络论坛传播是一种更为典型的"去中心化"的信息流动。在网络论坛传播中，人们更偏向于通过及时便捷的交互方式接受信息，比如交流讨论、评价质疑和论辩等方式都创设了平等对话的平台，加之草根化的网络舆论意见领袖渐渐占据信息发布高地，使"把关"角色进一步被弱化。同时，网络传播信息的迅捷性和无障碍性也使得"把关"的难度进一步加大，这也在一定程度上考验了"把关人"的新媒体素养。网络论坛的限制较少，使得信息得以自由传播，因此个体化的传播主体冲击了权威信息发布者，而且信息发布点不只局限在某一处，而是在世界范围内扩散，这也使得谣言借助各种先进的传播手段进行快速、广泛地传播提供了条件。网络的迅捷性使得传播速度空前加快，论坛"把关人"可能根本无法做出及时响应，致使一些热帖在一夜之间便造成了不良的社会影响，"把关人"处境尴尬。

其次，网络论坛的海量信息也导致"把关"难度加大。虽然互联网的产生和出现，使得信息呈现出几何级数的增加和爆炸式增长，拓宽了信息来源渠道，极大地丰富了人们的生活。但是，过于海量的信息常常鱼龙混杂，各类良莠不齐的消息混淆着受众的视听，使人应接不暇，甚至长此以往会渐渐丧失最基本的真伪判断能力。而对于"把关人"，每日成千上万条帖子根本没有时间和精力进行完全阅读，最多只能草草浏览匆匆审核，漏网之鱼的出现也是意料之中的事情，所以论坛的海量信息又进一步降低了"守门"的可行性。

另一方面，当前，加强大学生新媒体媒介素质的培养，提高大学生明辨信息真假的能力显得非常必要。在网络虚拟社群中指定大学生党员担任"意见领袖"或"版主"，帮助大学生树立正确的网络观，提高分辨能力，使他们能在与各种不同的网络道德准则发生冲突时做出正确的判断和选择，控制信息传播效果。成立大学生党员网络舆情队伍，专门负责网络信息收集，做到主动发帖、正面跟帖，积极加入热点论坛，充分发挥他们的模范带头作用，这样不仅能加强学生党员和入党积极分子的自我教育、自我管理、自我服务的自觉行为，而且能有效地扩大正向的影响力。在网络舆情的萌芽阶段与发展阶段，意见往往是偏激的、零散的和低质量的，可能一条内容敏感的微博信息就会造成大学生思想上的混乱、理想上的动摇和信念上的颠倒。因此，一旦出现突发事件，校方及辅导员这些作为"把关人"的人员就应该在最短的时间内通过各种正规渠道向大学生讲明真相，表明态度，以获得学生的认同理解，并以身作则提高自身的新媒体素养，这便是新媒体时代透明度决定公信度的特征。

通过开设畅通、及时的信息反馈平台，大学生可以将自身或者学校发生的情况第一时间利用这个新媒体反馈平台反馈给第一线的思想政治教育工作者，高校思想政治教育工作者收到反馈后应立即进行关注和解答。在传统教育阵地与新媒体教育阵地共同作用下，构建大思想政治教育系统。

（三）综合服务形成吸引力

利用新媒体的超媒体性建立大学生思想政治教育综合服务平台。大学生思想政治教育综合服务平台的功能被开发成相对独立的模块，具有高效的拓展性和机动性，可以灵活方便地添加进整个系统中，并且更新便利，随着业务的发展，能够快速地添加新的应用功能。大学生在思想政治教育综合平台上，通过点击，不仅可以获得相关的文本信息，还可以获得相关的声音和影像信息，使思想政治教育要闻和党员信息、党史人物等信息立体化地呈现在用户面前。利用新媒体的超媒体性，在信息文本中含有指向其他文本的链接，大学生不需要顺序阅读，而是根据自己的兴趣和需求通过链接选择性地阅读文本信息内容，大学生完全掌握了信息的自主选择权。充分利用新媒体的超媒体性、交互性、超时空性、互主体性，搭建大学生立体化思想政治教育综合服务平台是必要和可行的。建立大学生立体化的思想政治教育综合服务平台，不仅可以有效地增强高校思想政治教育工作的渗透力、凝聚力和吸引力，发挥大学生党员的主体性，而且还可以提高高校思想政治教育工作的信息化和科学化水平，促使高校思想政治教育走内涵式发展道路。

利用新媒体的超时空性搭建大学生网络学习平台。网络学习功能通过租用或购买的服务器来实现，通过课件播放插件、考试插件的形式实现视频课程的下载和播放。建设网络学习平台，不仅可以使学生在不同地域仍受到相同的教育，而且可以通过视频进行网上谈话和网上交流，把现代信息技术真正运用于大学生思想政治教育中，提高高校思想政治教育信息化水平。利用新媒体的互主体性搭建学生自我教育的平台。随着时代发展，大学生群体对网络的依赖程度日渐提高，互联网上东西方文化碰撞交织，同时西方国家大力由新媒体途径进行文化渗透和价值输出，这使得青年学生出现抵触传统思想政治教育方式的迹象。高校思想政治教育工作者要更新观念、改变工作方法，并且需要培养与时俱进的学习精神，运用知识管理和网络治理的框架搭建大学生网络思想政治教育平台，凝炼设计原则，总结经验做法，把平台搭建成大学生愿意主动访问、自主学习和选择利用的知识服务体系，提升教育效果。高校思想政治教育工作者应该结合大学生群体成长成才的需要，把握工作的切入点和结合点，探索新媒体时代思想工作的新规律和新方法，增强工作吸引力，这也是一段充满艰难险阻的漫漫长路。

在增进凝聚力的基础上，借助抵抗力的作用，进一步增强自身的吸引力，总体上形成新媒体作用下的大学生思想政治教育的合力。改变传统思想政治教育依靠单项课堂教育的独力、寻找新时期思想政治教育的合力，是当前大学教育的突破之路。而新媒体在合力方面形成的助益，也将大力改善局面。

第二节　新媒体对高校思想政治教育环境的影响

高校思想政治教育环境是由社会环境、文化环境和技术环境构成的。这是因为，在推进高校思想政治教育的过程中，社会环境起着制约作用、文化环境起着补充作用、技术环境起着支撑作用，它们对思想政治教育能否顺利进行，都起着极为重要的影响作用。与以往相比，新媒体时代高校思想政治的社会环境、文化环境和技术环境已经和正在发生重大变化。

一、社会环境

新媒体技术对社会变迁的影响主要表现在两个方面：一是基于信息技术而形成新型社会形态，亦即网络化社会；二是由互联网架构网络空间或虚拟世界，亦称虚拟社会或赛博社会。基于新媒体时代的社会环境，高校思想政治教育主要发生了以下变化：

（一）社会空间"无屏障"

在新媒体环境下，由于媒体接近权的实现，不仅使人的感知范围和能力空前地提升，更使个体的传播能力和沟通能力得到加强。人们对世界的认识不再依赖单一、单向的信息来源，往往是在多信道中通过沟通和辨别米完成。在如此社会环境下，高校思想政治教育由原来的"点对面"的"封闭式"的单向传播得以改变，新媒体的即时互动性不仅使信息传播"时间无屏障""资讯无屏障"，更重要的是使得社会空间变得"无屏障"。如今人们利用新媒体已经做到了随时随地与人对话、交流，在有关站点公开发表自己对有关事物的意见和建议，有时还展现出更强大的舆论力量。高校思想政治教育工作者的作用日趋减弱，呈现出传播内容的极大开放性，受众的主体地位得到极大地彰显和提升。与此同时，给信息的真伪性的甄别带来很大困难，使得大学生容易受到虚假信息及不良信息的误导，也给大学生思想教育工作带来困难。

（二）社会舆论同化迹象严重

新媒体技术所带来的是传播内容全球化，但是，这种全球化并非双向，而是单向的。在如此单向传播的社会环境下，媒体舆论的格局发生了重大变化，即中心与边缘是否对称的，在海量信息特别是重大问题如国际相关事务问题面前，大学生们的观点或价值取向，往往是相似的甚至是舆论同化的，这种状况给高校思想政治教育带来了空前的难度。

（三）社会负面信息呈膨胀趋势

新媒体作为当代社会的一个开放系统，一方面它扩展了大学生获取信息的渠道，使大学生接触的信息面更宽，接触到的不同观点更多，获取的信息就可能太多太滥；另一方面，海量信息，鱼龙混杂，使得高校思想政治教育的环境变得更加复杂化。首先是多元的大众传媒形态，超时空、数字化的虚拟世界，光怪陆离、泥沙俱下的传媒信息，对于世界观、人生观和价值观正在形成之中的青年大学生来说，容易分辨不清，不可避免地带来诸多负面影响。其次是新媒体所具有的高技术与生俱来的渗透性，是一个不以人的意志为转移的客观存在。

二、文化环境

（一）网络语言盛行

新媒体的发展，带来了新型的思想交流方式，改变了人们的行为习惯和表达方式。网络发展促进了一种独特的话语体系的产生。网络语言是当今高校文化环境的一个极为重要的特征。网络语言是伴随着新媒体的发展而新兴的一种有别于传统平面媒介的语言形式。它以简洁生动的形式，一诞生就得到了大学生们的偏爱，发展神速。

（二）文化消费呈多维性和选择性

文化消费是一种直接影响人的精神、思想、心理、情感以及价值观、人生观的为人类所特有的社会文化现象。新媒体扩大了文化消费的内涵。随着信息产业的发展，媒体消费不单是一种文化产品载体，或者一种文化消费品，媒体消费已经融入人们的日常生活，逐步成为一种消费习惯和消费行为。当以电视为核心媒体的消费文化，利用难以计数的符号和形象流动生产出无休止的现实模拟的时候，消费者往往失去对现实的把握，人们在消费过程中逐步地迷失于"符号"的海洋里。20世纪末21世纪初，当以互联网为核心媒体的信息消费，利用便捷的信息传播通道和手段将信息传播的时空差别降低到最低，生活在如此文化环境中的大学生，媒体消费已成为他们日常生活中的一种基本消费，投入时间和资金在信息的获取上已经成为一种基本的、习惯性的消费。与以往的文化消费不同，新媒体文化消费呈现出新的特点：个性化特征更加明显，受众的自主选择性能够更加充分地发挥；互动性加强，信息传递从单向走向双向、多向互动交流；受众参与性增强，将受众从被动的接受者变成主动的参与者；更加便捷的新媒体扭转了文化消费的时空限制，文化消费可以更多地通过新媒体随时、随地发生；异地形象可视的文化消费活动、异域文化产品资源共享、远程文化消费操控等新的行为模式，成为新兴媒体引领的文化消费亮点。

（三）青年亚文化已成为高校文化环境的重要形态

在高校文化环境中，青年亚文化的存在一直与主流文化是相互伴生的。新媒体为青年亚文化提供了成长的温床，同时也促成了一种新的文化形态，即新媒体环境下青年亚文化。这种亚文化有别于传统的表达方式，大学生群体在张扬个性、宣泄情绪的同时，尤其显示出一种对主流文化、精英文化的抵抗和解构。近几年来，在高校流行的网络游戏、网络文学、网络音乐、网络恶搞和网络事件等形式，已成为高校大学生所追求的与主流文化、精英文化有偏离性差异价值观的生存方式。

网络游戏：又称"在线游戏"，简称"网游"。指以互联网为传输媒介，以游戏运营商服务器和用户计算机为处理终端，以游戏客户端软件为信息交互窗口的，旨在实现娱乐、休闲、交流和取得虚拟成就的，具有可持续性的个体性多人在线游戏。大学生亚文化群体借助于这种游戏形式，既舒缓了压力、表达了个性，同时也使他们对现实社会的挫败感和失落感都在网络游戏过程中得到了发泄。

网络文学：指新近产生的，以互联网为展示平台和传播媒介的，借助超文本链接和多媒体演绎等手段来表现的文学作品、类文学文本及含有一部分文学成分的网络艺术品。网络文学与青年亚文化存在着内在的姻亲关系。由于借助强大的网络媒介，网络文学具有多样性、互动性和巨大的自由性，因而成为大学生亚文化群体表达思想和情感的最便捷的工具，成为青年亚文化的一个表达空间。

网络音乐：是指通过互联网、移动通信网等各种有线和无线方式传播的音乐作品，其主要特点是形成了数字化的音乐产品制作、传播和消费模式。网络音乐主要由两个部分组成：一是通过电信互联网提供在电脑终端下载或者播放的互联网在线音乐；二是无线网络运营商通过无线增值服务提供在手机终端播放的无线音乐，又被称为移动音乐。网络音乐既能够表现大学生亚文化群体对自我思想的表达和对社会现实的讽刺与揭露，同时也能够充分体现他们对人生、社会、爱情、生活等方面的追求与理想，因而成为大学生亚文化的一种强有力的表达方式。

网络恶搞：是一种借助新媒体，为建立集体认同而采用符号的新风格化方式来挑战现实社会的手段。除了视频，还有图片恶搞、声音恶搞、软件恶搞等。网络恶搞所具有的张扬个性、颠覆经典、反讽社会、解构传统的特点，已成为大学生亚文化群体对主流文化抵抗的工具。

网络事件：是指通过网络或其他技术手段，利用信息系统的配置缺陷、协议缺陷、程序缺陷或使用暴力攻击对信息系统实施攻击，并造成信息系统异常或对信息系统当前运行造成潜在危害的信息安全事件。大学生亚文化群体十分关注网络事件，往往通过对事件的分析来表达自己的看法，他们对网络事件的表达本身就隐喻着青年亚文化的价值观。

新媒体时代青年亚文化对社会文化的发展有着独特的文化价值和社会价值。就文化价值来说，青年亚文化促成了文化传播方式的改变，从"单向"向"互动式"方向发展，充分体现了尊重文化自由平等地表达权利，使"个性文化"成为流行的主题，引领着社会文化朝着探寻真实的生命体验出发。就社会价值来说，青年亚文化已成为青年群体特有的生活态度和生活方式的依托，它不仅有利于从意识想象层面解决代际冲突，而且逐渐从虚拟空间开始影响到现实的社会生活。从社会交往方式的发展来看，青年亚文化作为一种新的生活方式，它打破了传统的社会交往模式，极大地丰富了社会生活交往的内容，预示着新的社会交往模式的发展。

三、技术环境

（一）信息传播海量化

一般来说，传统媒体信息量小、信息面向窄、信息途径相对单一，而新媒体依托高科技形成了一个覆盖面广泛、涉及领域全面的网状体系，不仅承载、传播了巨大信息量，而且信息更新的速度远远超过传统媒体。在新媒体时代，只要教育者掌握相应的互联网、手机短信、抖音短视频等新媒体终端的应用知识，就可以自由地获取大量的信息资源。一般认为，动态更新的消息、数字资源极为丰富的数据库，是新媒体传播最有价值的两种海量信息。比如，像搜狐、新浪等门户网站每天 24 小时可以滚动上万条消息，可做到重大事件即时报道出来。比如登录中国知网搜索，可以查看各行各业的知识与情报。网络上海量的信息为教育者提供了极为丰富的知识资源，使教育者足不出户就可了解自己所研究领域最新的知识，也为自己获得相关材料进行备课、教学提供了方便。信息传播海量化的技术环境，使高校思想政治教育实现了根本性跨越和对传统思想政治教育环境的彻底颠覆：大学生可以凭借新媒体随时随地获取所需的知识和信息，极大地提高了思想政治教育信息的传播效率；高校思想政治教育工作者借助新媒体技术，可以以声音、文字、图像等丰富多彩的表现形式，生动地表达思想政治教育内容，并在最短的时间内快速地将思想政治教育信息传达给受教育者，而且不需要受到制度、体制和其他繁琐程序的制约，从而增强了思想政治教育的及时性和辐射力，进一步拓展了思想政治教育空间。

（二）人际关系虚拟化

新媒体时代，由于新媒体技术的广泛运用，现实生活中的每一个人既可以成为一个传播载体或是消息源，也可以成为一个受众，传者和受众的角色大多是虚拟的，信息交流的对方均由未知的符号代替，因而使得新媒体信息变得复杂多变，人际关系极具虚拟化。这种虚拟化虽然大大削弱了门户对消息的控制，但对加强高校思想政治教育无疑是个机遇：它有利于大学生将内心深处的孤独、苦闷、迷惘等真实地倾诉出来；有利于教育双方可以通过短信、论坛、网络聊天等形式"毫无顾忌"地进行真实心态的交流，发表自己的意见，真正实现畅所欲言。高校思想政治教育工作者通过新媒体掌握大学生最真实的想法，针对他们所暴露的一些思想、学习和生活中的问题进行组织讨论，会收到传统思想政治教育方式不可比拟的效果，达到疏通、引导、教育的目的。

（三）教育平台多样化

传统的高校思想政治教育平台主要以课堂教育为主，教育手段也比较单一。新媒体技术为高校思想政治教育工作者塑造了全新的平台，提供了通路上的便利。从传播通道上来说，新媒体实现了从单向度、单维度向多角度、多维度转变；从传播内容上来说，实现了从静态、单一的形式向动态、多样的形式转变，信息的发布和传递更加自由，信息的接受与运用更加方便，从而彻底打破了传统思想政治教育载体的时空、速度限制，使得信息耗散与反馈失真的弊病得到了克服。在新媒体时代，熟练掌握新媒体技术的高校思想政治教育工作者，可以通过新媒体的多种技术，集文字、声音、图像、数据等为一体，形成集成性、同步性、交互性和形象性的教育新通路，使高校思想政治教育更加生动活泼、富于艺术性且更具亲和力。可以说，新媒体为高校思想政治教育创造了最佳的技术环境，不仅带来了工作场合和对象、教育方式与手段的改变，还使信息获取与传播的突破性得到改善，使传统的思想政治教育平台由单一性变为多样化和立体化；而且也极大地提高了思想教育信息的传播速度，增强了高校思想政治工作的生动性与感染力。

第三节　新媒体对高校大学生的影响

一、生活影响

新媒体时代各种形式的新媒体已深入渗透大学生日常生活的各个方面，对他们的衣食住行都产生了重大影响：以网购为例，现在大学生购物、买书、电话叫车、订票等主要通过网上形式完成。除了衣食住行外，QQ、微博、微信等的广泛应用，拉近了人与人之间的距离，方便了人们交往，使得新媒体时代大学生的交际领域也更为广阔。新媒体给大学生生活带来了很多便利，同时也带来了一些问题，主要反映在两个方面：

（一）生活方式的改变

在日常生活中，沉迷于QQ、博客、网络论坛、社区等新媒体形态，"离得开父母和朋友，却离不开网络或手机"，已成为当代大学生的主要生活方式。对新媒体的依赖，极大地减少了大学生现实生活和交往的时间，出现了这样一种生存状态：在网络虚拟世界，他们兴致勃勃、浪漫幽默，不停地转换角色，善于和许多陌生人打交道；在现实生活中，他们却沉默寡言、性格孤僻，躲避甚至害怕与他人进行感情的交流。这种虚拟的生活方式，容易导致大学生行为或思想逐渐固定化，产生讨厌生活、逃避现实、沦失自我等问题，长久下去，还会引起一系列不健康或亚健康疾病。

（二）人际关系的冷漠

新媒体时代人际关系出现了奇怪现象：一方面网络虚拟世界拉近了人与人之间的距离，为人际交往带来便捷；另一方面，现实生活中人与人之间越来越"老死不相往来"，心理距离变得越来越远了。在很多情况下，当代大学生人与人之间的感情联络、思想交流和嘘寒问暖不再是通过面对面的直接接触来体现了，而主要是由各种新媒体形式来代劳了。这种生活方式，缺少了人情味和真情实感，久而久之，很容易使人际情感弱化，进而导致人际交往关系的冷淡。这一现象还表现在与父母一辈的关系方面，随着代际共同话题的不断减少，对问题理解的差异也越来越大，代际隔阂日生，代际关系也发生了异化，对父母、长辈的尊重和孝敬也变得淡薄。此外，新媒体上的"个人空间"虽然满足了大学生个性化的心理需求，有助于提升个人自信心，但与此同时也缩小了在现实世界里与他人交往的空间，容易滋生排他心理。

二、学习影响

据武汉大学青年传媒（集团）开展的新媒体技术对大学生影响力调查：认为新媒体技术对大学生的学习方式、方法有着良好的影响，特别是对知识的积累有着明显的趋势；不少学生通过运用新媒体技术来达到辅助学习的目的。与以往没有新媒体技术相比，现在大学生们通过新媒体能够及时了解和掌握到所学专业领域的最前沿的知识和信息，对深化课本知识、拓展自己的知识面，确实起到了很好的帮助作用。尤其是现在许多高校教师借助计算机或者在线的网络教学使得课堂或者学习进程变得更加生动形象，改变了传统教学中学生只能依靠书本和老师传授的学习模式，对高校的现行教学模式改革也起到了积极的促进作用。

与此同时，新媒体对大学生的学习所带来的副作用也是明显的：一是新媒体知识和信息的传播往往是零散和不系统的，由于缺乏专业老师的指导，大学生容易对问题的认识和理解不得要领、一知半解。尤其是新媒体搜索引擎的便捷，在帮助大学生学习的同时，也容易使他们滋长惰性，养成依赖新媒体来完成作业的习惯，以至于造成学习研究能力下降，不利于学术功底的培养。二是大学生世界观还处于形成期，由于受知识、经验、思维认识的局限，他们对许多问题的认识和理解还不太成熟，面对新媒体带来的海量信息，往往看问题容易极端片面，缺乏必要的鉴别力，对他们的思维能力和辨别能力的提高有一定阻碍作用。三是由于缺乏必要的课堂交流与社会接触，仅仅通过新媒体学习，既不利于大学生创新能力的提高，也不利于大学生综合素质的提升。

三、新媒体对大学生心理的积极影响

（一）有利于大学生形成内涵丰富的自我

新媒体以其广阔的空间，丰富的信息资源，向大学生展示了一个全新的世界，为大学生个性的发展创造了自由的空间。它不仅满足了大学生对新生事物的好奇心，激发了他们的想象力、求知欲和创造性，而且思维得到了活跃和拓展，促进了心智潜能的开发。

（二）有利于促进大学生的心理健康

新媒体为大学生适时地转移、倾诉和宣泄自己的不良情绪提供了机会和场所。通过此种方式，他们可以宣泄被压抑的不良情绪，获得一定的心理自疗效果，让他们从日常的精神紧张中解脱出来，有利于促进他们的身心健康。

（三）有利于大学生更好地实现自我

新媒体传播信息的互联性和"无屏障性"，有助于大学生了解世界、思考世界，形成全球性的思维。由此，全球性思维视角已不再是少数精英的专利，普通大学生也能够参与，更好地实现自我价值。

四、新媒体对大学生价值观的积极影响

(一) 培养了"网络民主"意识

"网络民主"是新媒体时代的产物，是政治民主化的内在要求与网络技术普及融合的结果。美国学者马克·斯劳卡提出了"网络民主"一词，将网络与民主联系起来加以研究，肇始了新媒体时代对民主形式的新探讨。作为民主的一种全新形式，在网络空间里人们没有现实世界中的贵贱、尊卑之分，人与人不再有身份、地位的羁绊和制度、纪律的约束，相互之间的表达机会趋向平等，每个人都享有平等的话语权，都有坚持和保留自己观点的权利。这种"网络民主"形式，不仅有利于畅通政治参与的渠道，而且也扩展了民主的监督对象和范围，创造了全新的网络监督模式。现在越来越多的大学生热衷于接受和实践"网络民主"，在揭露"涉腐、涉富、涉权"三类事件中，他们积极参与、伸张正义，以"滚动散发性"的方式引发一波又一波舆论焦点和社会热议。在这一过程中，"网络民主"不仅为大学生民主意识的增强提供了众多的机会和渠道，也有利于他们民主意识的极大增强。

(二) 增强了主体意识

新媒体既为大学生群体提供了一个开放的、自由的、虚拟的话语空间，又为每一个人提供了个性化的表达方式。在充斥于网络的各种各样的论坛、空间里，大学生在新媒体环境中有了做主人的感觉，每个人随时都可以一种虚拟的身份用自己喜欢的方式就关注的政治事件表达自己的思想、发表自己的看法。应当说，在没有新媒体之前，人们对各种问题也会有自己的不同认识和议论，只不过那时没有可供发表的平台和渠道，让许多好的建议湮灭在萌芽状态。现在这个局面打开了，大学生们可以通过手机短信、论坛、聊天室、QQ、微信等工具，对自己感兴趣的各种话题发表看法、提出建议，充分表达和张扬了自我，第一次有了社会主人翁感觉。在参政议政的过程中，大学生们获取了现实生活中不容易得到的自信和满足，使得自我意识不断完善，主体意识也不断得到了增强。

(三) 强化了开放意识

新媒体拉近了人类地域之间的距离，使"地球村"变为现实。在新媒体时代，今天的人类思考问题，已经不再仅仅是考虑自己所在地域里的问题了，地球上许多问题都是相互关联的，例如入口问题、资源问题、环境和生态问题等，它需要地球人必须形成一种国际

意识、树立一种全球观念，通过全人类的共同努力才能有效解决。大学生是最易于接受新思想、新观念的群体，而新媒体恰恰又有助于拓展大学生的国际视野，促进他们的全球化价值观的形成。同时，借助新媒体所搭建的双向或多向交流的开放平台，大学生在了解世界文化、展示自己思想的同时，也有助于他们进一步强化自己的开放意识。

第四节　新媒体对高校思想政治教育工作者的影响

如同新媒体对高校大学生的学习、生活、心理等带来影响一样，新媒体对高校思想政治教育工作者的影响，主要反映在以下几个方面：

一、工作影响

（一）为高校思想政治教育工作搭建了新平台

教育主客体之间相互联系沟通，是思想政治教育工作者实现育人目标的首要前提。在传统思想政治教育环境中，教育主体对客体的思想状况的把握，主要是通过座谈会、个别谈话、班级骨干汇报等途径来完成的，受各种条件和因素的制约，往往情况不太真实或者把握不住问题的关键点，因而难以达到思想政治教育的效果。新媒体在为大学生提供学习和交流的新工具和新平台的同时，也为思想政治教育工作者开通了更多的了解学生思想状况的渠道。在虚拟世界里，大学生们可以无拘无束、敞开心扉，表达自己的喜怒哀乐，让高校思想政治教育工作者一览无余、尽在掌握之中。高校思想政治教育工作者可以根据大学生的各种心理需求，及时地进行先进思想文化的传播引导和正确的世界观、人生观、价值观教育，可以说，新媒体为高校思想政治教育工作者搭建了更加广阔的思想政治教育平台。

（二）为高校思想政治教育工作提高了时效性

传统思想政治教育主要是通过思政课、传统媒体等形式来实现的，信息传播的范围、速度都是有限的。新媒体凭借全天候、全时空、全方位的优势，不仅传播速度快，且具有极强的时效性。在新媒体时代，人们足不出户，通过新媒体便可以了解世界上政治、经济、文化、科技、体育等各种信息，同时也可以把自己制作的信息发布到世界上的每个角落，因而深受大学生的偏爱，成为他们了解世界、关注时事的主要渠道和来源。新媒体技术提供信息的丰富、及时和迅速，作为高校思想政治教育的一种新型载体，对思想政治教育工作者来说，无疑也提高了他们工作的时效性，使他们能够更加便利地获取丰富的教学资源，能够突破传统教学时间限制和其他繁琐程序的制约，更加便利地传播思想文化，更加及时地开展思想政治引导和教育。

（三）为高校思想政治教育工作增强了实效性

所谓思想政治教育的实效性，是指实际的功效或实践的效果，思想政治教育预期目标与结果之间的张力关系，是实践活动结果对于目的的是否实现及其实现程度，亦即实际效果问题。具体来说，大学生思想政治教育实效性表现在两个方面：一是思想政治教育的内在效果，就是要求思想政治教育能够顺利地内化为大学生个体的思想道德素质，具体针对的是大学生个体的发展和人格的完善；二是思想政治教育的外在效果，就是要求通过思想政治教育能够提升大学生的思想道德素质，以良好的行为举止影响社会，营造良好的社会氛围，推动社会全面进步，具体针对的是社会的整体效果。思想政治教育的内在效果和外在效果，是相辅相成的，但要取得最佳效果，内化最为关键。从新媒体信息容量大、资源丰富、传播迅速、交互性强、覆盖面广、形式多元等优势来看，新媒体为促进思想政治教育实现内在效果提供了机遇。新媒体丰富的共享资源，为高校思想政治教育工作者开展工作提供了充足的资源；新媒体的快捷性，为高校思想政治教育工作者大规模地、主动地、快速地传播正确的思想、理论和政策提供了方便，避免了信息传递过程中的衰减和失真；新媒体主体的平等性，促进大学生主动参与对话交流，实现了教育者与学生双方的随时互动交流，使教育者和学生之间的互动更广泛、更深入；新媒体传输的超媒体性，扩大了思想政治教育的覆盖面，将思想政治教育的课堂延伸到学生学习、生活的各个场所，促进了思想政治教育的社会化，使思想政治教育的实效性得到了大大增强。

（四）为高校思想政治教育工作强化了渗透性

隐性教育是相对于显性教育而言的。所谓隐性教育，是指在宏观主导下通过隐目的、无计划、间接、内隐的社会活动，使受教育者不知不觉地受到影响的教育过程。高校思想政治教育工作者在实践中常常感到，公开的、显性的思想政治教育，往往难以达到预期的效果；而采用隐性教育，通过"潜移默化""润物无声"的方式，更能够对受教育者的思想、观念、价值、道德、态度、情感等产生影响。新媒体隐秘性、虚拟化的特征，为高校思想政治教育工作者开展渗透隐性教育提供了可能。高校思想政治教育工作者可以借助于新媒体技术，利用博客、微博、网络论坛、网络聊天、严肃游戏等形式，将实现教育目的于日常生活中，渗透教育过程于休闲逸致间，潜移默化地对大学生进行思想教育，以达到思想政治教育的实际效果。

二、主导地位影响

（一）有利于高校思想政治教育工作者掌握工作的主导性

在传统的高校思想政治教育环境中，从表面上看，高校思想政治教育工作者始终是掌握着工作主导性的，但实际上由于无法真实把握大学生的思想动态和真情实感，加上思想政治教育的形式又比较单一，思想政治教育是很难收到较好效果的。新媒体时代，新媒体为高校思想政治教育工作者掌握工作的主导性增添了助力：一是新媒体的交互性，使思想政治教育工作者能够掌握到大学生的思想动态，及时了解到他们关注的热点，这为思想政治教育工作者更好地发挥主导性创造了条件。尤其是对大学生中出现的倾向性问题，能够及时有效地加以引导、处理，使问题在萌芽状态得到解决。二是新媒体信息资源丰富，许多新潮语言层出不穷，经过思想政治教育工作者的加工处理，能够很快丰富和转化为思想政治教育教材，成为思想政治教育工作者掌握话语权的重要资源。三是新媒体形态多样，有助于思想政治教育工作者发挥创造性，将立体的文化传播形态集翔实的文字材料、悦耳的音乐旋律和精良图形图像于一体，引入大学生思想政治教育之中，使大学生们更乐于接受。

（二）有利于高校思想政治教育工作者增强工作的互动性

思想政治教育能否成为一个互动的系统，做到主客体之间的互动与交流，这是思想政治教育取得实效的关键。总结高校思想政治教育工作的经验与教训，教育主体与客体之间不平等，两者之间存在对立与隔阂，不能做到互动与交流，应当是其中一个重要教训。新媒体时代，网络的虚拟性和匿名性使得思想政治教育工作者居高临下的姿态不再，他们以平等的姿态与大学生互动交流，建立起了一种新型的主客体关系。这种新型关系的建立，有利于创造教育者与教育对象之间的和谐环境，有利于他们和谐相处、相互尊重、互动交流，有利于尊重和维护高校思想政治教育工作者的主导地位，也有利于在比较宽松的新媒体环境中对大学生进行潜移默化的教育，从而增强了高校思想政治教育的渗透性和实效性。

（三）有利于高校思想政治教育工作者实现工作的高效性

长期以来，高校思想政治教育主要是通过课堂教学并辅以座谈、讨论、谈心、社会实践等形式来开展的。这种传统的思想政治教育形式，在社会日益快节奏发展的今天，越来越显得效率低下，不能适应新媒体时代高校思想政治教育的需要了。而在新媒体时代，新媒体所展现的快捷、灵活的优势，有助于改进高校思想政治教育效率低下的现状。高校思想政治教育工作者运用新媒体能够使正面的声音摆脱时空限制迅速传播；能够及时了解社会热点新闻，使教育者及时掌握教育对象的最新思想动态，进而发现问题，解决问题；能够更为方便和快捷地发布更具个性化的信息，在最短的时间里把教育内容迅速传递给受教育者，使思想教育更直接、更深入。通过新媒体，大学生改变了在规定的时间到规定的场所接受教育的方式，他们可以在任何一个地方、任何时间获取所需的知识和教育，从而达到高校思想政治教育工作者实现工作高效性的目的。

三、教育模式影响

（一）拓展了高校思想政治教育工作者的教育内容

与新媒体时代相比，传统思想政治教育时期，由于受到主客观条件的限制，思想政治教育的信息知识储备量、教育覆盖面等相对较小，影响了高校思想政治教育的效果。新媒体时代，高校思想政治教育工作者的教育内容得到了极大拓展。这种拓展，主要反映在四个方面：一是新媒体技术超大信息量的特点，使思想政治教育的内容变得更加丰富而全面，同时也使思想政治教育工作者在实施教育时更加具有可选择性和客观性；二是新媒体的广泛运用使得全球性信息资源共享变成可能，它对改变传统思想政治教育的信息知识储备量小、教育覆盖面窄等成为可能；三是新媒体信息的速度更迭，有助于高校思想政治教育工作者可以在短时间内完成思想政治教育内容的收集、筛选工作，选择那些时代性强、教育意义强的思想政治教育内容，从而大大提高思想政治教育工作的时效性，体现思想政治教育工作的时代要求；四是新媒体技术的多样性，使原本比较枯燥、抽象的教育内容，开始走向立体化、动态化、超时空化，思想政治教育工作者通过集声、色、光、画等为一体的新媒体技术演绎出来，使抽象变得形象、枯燥变得活泼，大大增强了思想政治教育的吸引力和实际效果。

（二）更新了高校思想政治教育工作者的教育方式

新媒体的广泛运用，极大地改变了传统思想政治工作的教育方式，它带来了"四个转向"：一是转向开放式教育。由于新媒体技术的广泛使用，改变了以往的封闭式教育方式，使得大学生接受教育的渠道变得更多元、更直接、更具体，因而趋向开放式教育成为可能。二是转向启发式教育。新媒体时代，高校思想政治的教育方式已经不适合采用灌输式教育方式了，这种教育方式已更新为以学生为主体、教师为客体，以启发诱导的方式来引导大学生的思想进步。三是转向双向互动式教育。新媒体时代，由于新媒体使得教育主客体之间真正实现了双向互动交流，教育者在进行授教的同时，自己也在同时接受着教育，因而从单向被动式教育向双向互动式教育转变成为可能。四是转向服务式教育。新媒体技术的运用使得传统的以"老师说，学生做"为主的教育方式失去了其优势。由于思想政治教育工作者在思想政治教育中所起到的作用更多的只是一种引导和指引，即通过引导和指引将强制性的信息灌输变为信息的选择利用和服务上，从而大大提高了思想"灌输"的实效性。

（三）丰富了高校思想政治教育工作者的教育手段

高校思想政治教育工作者在实践中深深感到，与新媒体技术相比，传统思想政治教育的手段比较单一，效果难以彰显，越来越不适应时代发展的需要。而新媒体丰富了高校思想政治教育工作者的教育手段。如博客、网络论坛、微博、QQ、微信、短视频平台等工具，运用在高校思想政治教育工作者的手中，都可以拓宽大学生思想政治教育的途径，成为新媒体时代开展思想政治教育的新手段。还比如充分利用现在校园流行的"QQ群"，高校思想政治教育工作者可以将思想教育的内容渗透到班级"QQ群"交流中，使班级在网络中也能呈现出交互性信息活动场所；又如通过运用"网络论坛"新手段，高校思想政治教育工作者可以克服课堂教学的时间限制，打破传统意义上的班级概念，借助网络论坛来传递信息、交流思想、聊天谈心，从而卓有成效地推动大学生思想政治教育。

第三章　新媒体时代下高校思想政治教育的目标、原则与方法

第一节　新媒体时代高校思想政治教育的目标

一、思想政治教育目的与教育目标的关系

目的通常是指行为主体根据自身的需要，借助意识、观念的中介作用，预先设想的行为目标和结果。作为观念形态，目的反映了人对客观事物的实践关系。人的实践活动以目的为依据，目的贯穿实践过程的始终。它是人们希望获得的最终结果，这个结果是整体性的，具有高度的概括性和抽象性。目标是个人、部门或整个组织所期望的成果，是目的和使命的具体化表现，是在一定时期内所追求的最终成果和希望的未来状况。任务是目标的具体化。任务作为具体的实践要求，回答了在某一时期、某一阶段人们应该做些什么事情。

思想政治教育的目的，是指通过思想政治教育活动，在受教育者的思想和行为方面所期望达到的结果。换言之，思想政治教育的目的是人们根据一定的主客观条件对受教育者思想品德方面质量的一种期望和规定。思想政治教育的目的是开展各项思想政治教育活动的依据和动力。思想政治教育的目的的实现是长期的、复杂的、艰巨的，可区分为若干阶段的过程。

思想政治教育的目标是指思想政治教育者通过思想政治教育活动，期望思想政治教育对象的思想品德、政治素养、心理素质和行为习惯等方面所能达到的境界或预期结果。思想政治教育的目标不是头脑臆造的结果，它深深地植根于社会土壤之中。它取决于社会发展状况和需要，取决于现实的人全面发展提升自身的需要。从以上可以看出，思想政治教育的目标是一个过程，是一个教育主体在实现其目的的过程，这一过程体现的就是某一群体的阶段性教育结果和状态。

关于思想政治教育的目的与思想政治教育的目标的关系，可以总结为一句话：思想政

治教育目标是实现思想政治教育目的的具体途径，思想政治的目标以思想政治教育的目的为依据。

高校思想政治教育的目标，是指高校根据社会发展的需要和大学生成才的要求，通过思想政治教育使大学生政治、思想、道德、心理、审美、法纪等素质在一定时期内达到预期效果。它是高校思想政治教育的出发点和归宿，是思想政治教育的首要核心问题，制约着思想政治教育的整个过程。正确的目标定位，不仅为有效实施思想政治教育明确了方向评估的依据，也为广大青年学生成才明确了可行性导向，在树立和落实科学发展观，全面构建社会主义和谐社会的时代背景下，进一步明确高校思想政治教育的目标定位，对培养合格的社会主义事业建设者和接班人，推进两个文明建设，乃至把建设中国特色社会主义事业全面推向新时代具有重要意义。

二、新媒体时代高校思想政治教育的目标

（一）高校思想政治教育目标应遵循社会进步和个人发展辩证统一的原则

社会发展向人提供物质的、精神的发展条件，决定着人的发展；个人的发展依赖于社会发展，社会发展促进个人的发展。个人发展对社会发展具有促进作用。

人本身的发展既是衡量社会进步的内在尺度，也是推动社会前进的内在动力。二者是一个双向同步的统一运动过程，统一的基础是社会发展。社会进步和个人发展应该达到高度的一致性。基于这种高度的认识，高校思想政治教育的目标定位，应该同时满足社会发展和个人发展，达到社会性和个人性的统一。

无论社会还是人，都必须求发展，把发展放在首要位置，这是无一例外的。社会发展与人的发展是不可分割的。任何社会的发展都以经济发展为基础，但社会发展不仅仅是追求经济的增长，其根本目的应是追求人的发展，实现人的全面发展。人的全面而自由的发展是理想性、现实性和革命性的统一，它像一座灯塔，指引着社会发展和人的发展的道路与方向，它不但是一种理想目标，而且是一个现实的历史过程，是一个要经历诸多艰难曲折和革命性变革去逐步实现理想目标的现实发展过程。中国现在已经进入了共产主义社会的低级阶段社会主义社会，而且在现阶段，中国社会的发展采取的主要对策是大力发展社会主义市场经济，这为人的发展开辟了广阔的前景。因此，要抓住机遇，更要自觉地创造条件，培育和塑造人应具有的素质与品质，逐步向未来共产主义社会人的全面而自由的发展迈进。个人发展与社会发展之间客观地存在着辩证统一性，这种辩证统一性是高校思想政治教育所遵循的。高校思想政治教育目标的制定应遵循从个人需要出发，又应从社会需

要出发，只有这样才能既促进个体发展又促进社会发展，使个人发展与社会发展之间形成一个良性循环。否则，单从个人发展出发或单从社会发展出发，都只能适得其反。

为保证其方向的科学性和正确性，满足社会发展进步的需要，高校的思想政治教育的目标定位要适应并服从于社会主义物质文明和精神文明发展的要求。要想做到科学性和正确性，必须理解"内化"与"外化"。"内化"与"外化"是大学生思想品德形成过程中的两个阶段，这两个阶段互相交叉，互相转化。在这两个阶段，"内化"起着重要作用。大学生在接受思想政治教育后，提高了道德自觉性，从而将外在的思想观念、道德规范、政治理念内化为自己的行为准则和道德良心，指导自己的活动行为，并形成自我监督的良性机制，最后完成个体整体素质的提升。在整个大学生思想政治教育活动中，思想政治教育内化占据着重要的地位。因为我们进行思想政治教育，其目的就是要使社会所要求的思想观念、政治观点和道德规范转化为大学生自己的思想意识，并用以指导自己的行为活动，而这个过程正是内化活动过程。大学生思想政治品德的养成要求把社会习俗逐渐"内化"为大学生的思想观点、理想信念，然后把这种内在素质"外化"为行为习惯的过程。在这种由"内"而"外"的过程中，大学生的思想政治素养得以提升。"内化"和"外化"的过程必须是以大学生个性心理特征和成长规律以及心理状况为前提的，通过这种前提性的保障，进而达到社会进步的需要和个人发展的需要的辩证统一。只有这样才能保证高校思想政治教育的科学性，达到高效思想政治教育的目标。

（二）高校思想政治教育目标应遵循继承与借鉴有机结合的原则

一方面，实现高校思想政治教育目标需要遵循继承与借鉴相结合的原则，应继承发扬高校在历史上形成的优良学习传统、马克思主义的学风和富有成效的学习制度，借鉴国内外学习型组织建设方面具有普遍意义的规律性认识，吸取近年来各个高校进行思想政治教育工作建设实践中积累的好做法、好经验。另一方面，要坚持解放思想、实事求是、与时俱进的工作思路，依据高校在新的历史时期、新的环境条件下学习目的、内容和组织形式的发展变化，不断有所发现、有所创新、有所突破。

横向借鉴，纵向继承。我党的一项重要的政治传统和政治优势，就是长期坚持不懈地开展思想政治教育。多年来，我们一方面在不断实践思想政治教育的内容，一方面不断积累经验，如正面灌输、实事求是、以身作则等，对于这些经验，我们不但不能放弃，而且要进一步继承和发扬，发挥它们在思想政治教育过程中的积极作用。思想政治教育并不是哪一个阶级的特殊行为和专利，而是一项普遍的社会实践活动，不仅我国需要，世界各国都需要。新媒体下高校思想政治教育工作表现出隐蔽性强的特点，基于这种认识，我们应该积极横向地借鉴不同高校甚至国外高校进行思想政治教育工作的经验，并以此为依据丰富我们的工作思路。继承中孕育着发展，借鉴中包容着提升，高校思想政治教育在我国已经发展了多年，这期间累积了丰富的思想政治教育工作经验，新媒体时代应该发扬"扬弃"精神，对传统经验进行批判继承。

（三）高校思想政治教育目标应遵循教育与管理相一致的原则

教育与管理是反映思想政治教育与其重要性平行的系统管理之间相互关系的范畴。思想政治教育是思想政治教育者对受教育者施加有组织、有计划、有目的的思想政治影响的实践活动，它主要靠说服教育，启发人们的自觉认知。管理是组织运用经济、行政、纪律、法规等手段规范人们的行为，以维护正常的生活秩序的实践活动。它主要靠规范约束，带有强制性。管理与思想政治教育是两种不同的活动，二者性质不同，功能有异，并且二者之间有着密切联系。只有二者实现有机结合，才能显示思想政治工作的强大威力，保证各项工作顺利进行。

当前的新媒体时代，随着网络技术的迅猛发展，各种新问题、新情况、新矛盾日渐显露，迫切需要强有力的思想教育做先导，更需要科学有效的管理措施做保障，这种保障和需要在高校领域更为突出。因此高校思想政治教育目标的制定一定要把握教育与管理的一致性。具体指：一方面高校要把思想教育贯穿于各项规章制度和教育教学的落实过程之中；另一方面高校要使思想教育领先于各种错误思潮；此外要把思想教育渗透到严格的学生管理之中。只有这样才能为高校思想政治教育工作提供精神动力和智力支持，同时也能顺利保障高校各项事业的顺利进行。

（四）高校思想政治教育目标应遵循针对性与实效性有机结合的原则

新媒体环境下加强思想政治教育要强化思想政治教育的针对性，切忌教条僵化和形式主义，增强实效性，做到有的放矢，坚持针对性与实效性相结合的原则。为适应新媒体环境下高校思想政治教育工作的要求，高校思想政治教育应着眼于为提高大学生思想政治能力服务，努力把提高大学生思想政治水平作为抓教育的出发点、落脚点。在制订高校思想政治教育计划时，要把思想政治教育放到高校全面建设的大局中来考量，把对上负责和对下负责统一起来，吃透上情，摸准下情，形成自己的教育特色。这种针对性体现在高校思想政治教育方针的针对性、高校思想政治教育内容选择的针对性、高校思想政治教育形式的针对性以及高校思想政治教育整体效能的针对性等方面。

新媒体背景下，借助网络技术的发展，大学生思想政治教育工作变得繁杂无序，这对思想政治教育的方式和手段都提出了近乎严苛的要求，照本宣科、不注意理论联系实际的教学方法是不会有实际效果的，因此要求高校思想政治教育工作的方法和手段应该做到与时俱进。在这一过程中，高校要针对新媒体环境条件下学生自主性和主体意识增强的特点，利用多平台，多载体，多方位，全方面实现高校思想政治教育的实效性，切实提高大学生的思想政治水平。

（五）高校思想政治教育目标应遵循思想政治教育与专业知识教育相结合的原则

赫尔巴特在"教育性教学"这一原则指出：德育过程应该贯穿于教育过程之中。新媒体环境下，高校思想政治教育应该注重"两结合"：一是注重将思想政治教育和专业教育相结合，发挥思想政治教育的辅助作用；二是注重专业知识和思想政治教育知识交叉教学。思想政治教育课是进行大学生思想政治教育的主要途径，其实高校思想政治教育的潜在平台很多，其中专业知识教学就是一处最大的潜在平台，借助这一平台，可以在高校思想政治教育课程之外的专业课程教学中，挖掘专业课程的德育意义，渗透思想政治教育的内容，这是当代各国思想政治教育的普遍做法。

博耶，美国著名教育学家，他提出专业课实现价值观教育的方法就是专业课的学习都要对三个问题做出回答：一是它所涉及的社会和经济问题是什么；二是这个领域的传统和历史是什么；三是要面对哪些伦理和道德问题。通过这种专业教育，更有利于高校思想政治教育目标的实现。有关这三个问题的回答可以直接或者间接地激发学生关心和思考与专业有关的社会理论问题，通过这种主动的探索积极地接受社会的价值观念。英国高等教育学者阿什比认为，除了要回答这三个问题之外，除了课程渗透思想政治教育内容外，还要充分发挥专业课教师在大学生思想政治教育中的积极作用。

（六）高校思想政治教育目标应遵循发展性原则

发展是事物从出生开始的一个进步变化的过程，是事物的不断更新，是指一种连续不断的变化过程。既有量的变化，又有质的变化；有正向的变化，也有负向的变化。发展性具体指的是主张学生在动态学习环境下，形成动态思维结构，达到情感能力的协调发展。这种发展是在开放思维条件下，全时空发展的学习方式。制定高校思想政治教育目标时，要充分考虑到发展性。这种发展性表现在两个方面：一方面要求教育目标应具有长期性；另一方面要求教育目标的制定应站在学生发展的角度，考虑大学生的发展性。著名的教育专家斯塔佛尔姆的"发展性"指的是倡导"四多四少"，即"多一点赏识，少一点苛求；多一点表扬，少一点批评；多一点肯定，少一点否定；多一点信任，少一点怀疑"。

三、新媒体时代高校思想政治教育内容体系构建的目标要求

改革开放以来，社会主义现代化建设取得了长足发展和举世公认的成就。但是我们也应看到：随着社会经济结构已经和即将发生的深刻变化，特别是新媒体时代的来临，新情况新问题层出不穷，社会利益关系更为复杂，中国社会正在经历一个重要而关键的转型时期。在社会主义现代化建设的进程中，我国各类高校培养的大量高素质人才为此做出了巨大的贡献。随着新媒体时代的来临和高等教育大众化时代的来临，更多的学子有机会接受高等教育，但是要将这些青年培养成建设和谐社会的中坚力量，对高校思想政治教育的目标定位进行与时俱进的调整就势在必行。明确的目标定位，一方面为进行思想政治教育提供了可靠的方向依据，另一方面也为广大青年学生的成才提供了可行性的导向。在新媒体时代背景下，进一步把握和明确高校思想政治教育的目标定位，有利于我国社会主义现代化建设，有利于培养合格的社会主义事业建设者和接班人。

（一）高校思想政治教育目标制定应该贴近实际、贴近生活、贴近学生

教育事业的蓬勃发展，为经济发展、科技创新、文化繁荣、民生改善、社会和谐、对外开放提供了有力支撑。提高质量是思想政治理论课发展最核心最紧迫的任务，贴近实际、贴近生活、贴近学生，是提高教学质量的内在诉求和重要突破口。把握"三贴近"的统一性原则、科学性原则与引导性原则，在教学理念和模式、教学方法和手段、学习方式和评价等方面贯彻"三贴近"，能够全面提高思想政治理论课的教学质量。

贴近实际、贴近生活、贴近学生，既是党在思想政治工作方面长期实践的经验总结，也是党的传家宝。高等学校作为培养人才的摇篮，要解决好培养什么人、如何培养人这个根本问题，必须始终不渝地全面贯彻党的教育方针，用"三贴近"思想方法来加强高校学生思想政治教育工作，提高针对性，增强实效性，关键问题是使大学生思想政治教育工作真正做到贴近实际、贴近生活、贴近学生。

在高校进行思想政治教育的实际工作中，应以大学生的责任感和责任意识为突破口，坚持以人为本，坚持思想政治教育引导的先进性和广泛性的统一，贴近实际、贴近生活、贴近学生，努力在提高思想政治教育的针对性、实效性、吸引力、感染力上下功夫，培养德智体全面发展的社会主义事业合格建设者和可靠接班人。同时还应该注意教育过程的科学性，"三贴近"具有管长远、管方向之效，所以必须围绕学生的思想去解扣子，区分不同大学生不同的心理个性特点，防止上下一般粗。最后还要强调引导性，高校思想政治教育工作者在教育过程中，应该注意正能量的传递，在与大学生进行交流、对话过程中对大

学生进行潜移默化的引导和思想的规范。

高校思想政治教育一定要在经常性思想教育的基础上，把握"三贴近"的原则。把解决大学生现实思想问题作为出发点和落脚点。

（二）高校思想政治教育目标应细化

政治教育规模与学生思想发展有着直接关系，往往规模越高、集中程度越大、力度越大，烙印就越深。一是教育的每个环节都要抓住。比如课堂教育，就应该好好地抓一下思想调查，引导思想政治理论课教师学会把学生思想摸透摸准，防止闭门造车；备课要备出质量，要广泛查阅资料，精心准备，必要时进行试讲；讨论要认真组织，把课堂内容消化好，防止简单议论，防止离题千里；补课要真正补起来，不能简单地补补笔记了事等。每个环节还要有具体的做法和要求。把这些基本环节抓好了，课堂教育不会没有效果。二是注意培养思想政治教育的小骨干队伍。把这些小队伍抓好了，就能在教育中起到很好的补充、桥梁、引路、放大、消化作用。三是做好条块和一人一事的工作。现在的学生，不同层次的人有着不同的特点，不同条块的人也有着不同的想法，所以教育者既要注意层次性，也要注意条块性，把不同类型人员的工作都做好。共性的问题解决了，个性的问题也不能放过。一人一事的问题往往具有典型性，影响比较大，所以教育者仍然要把谈心、一帮一等行之有效的方法抓住，使解决问题成为覆盖全体学生的共同目标和要求。

（三）高校思想政治教育目标定位应以培养大学生能力为先

高校思想政治教育的目标之一，就是培养大学生具备社会主义事业建设者和接班人所必需的思想道德素质，这内在地蕴含了对大学生各方面能力的要求。将大学生能力培养作为高校思想政治教育的重要目标，对大学生个人的发展和社会的进步具有重要意义。大学生能力包括道德能力、思想能力、独立生活能力、人际交往能力、应变能力等多个方面，如何培养大学生的实际能力，不仅仅是大学生专业课程的目标和任务，同时也是大学生思想政治教育的功能，应该在高校思想政治教育目标中有所体现。单纯地从智育的角度去培养大学生的能力，促进大学生发展，只注重知识的呈现和讲授，那么大学生思想政治教育就会丧失它应有的受关注度和被接受度。大学生思想政治教育研究其实质就是大学生实际能力的教育。

进行大学生实际能力的培养，应该从多方面入手。一方面，从大学生思想政治教育的内容和方法入手。创新思想政治教育的内容，不断将思想政治教育的内容与实际结合，与社会结合，同时开拓思想政治教育的方法，多元化的方法有利于思想政治教育的多元进行，使大学生思想政治教育切切实实地被学生接受进而内化，产生认同感，养成良好的能力习惯。另一方面，注重思想政治教育的教学内容和实践的结合。在实际教学过程中，一是可以开展理论交流，二是可以围绕理论主题相关的内容开展系列主题教育实践活动，培养大学生"走进来、走出去"的学习习惯，让大学生在实际的操作中饱尝思想政治教育带来的乐果，间接地提升和强化大学生良好道德行为和责任意识。

高校思想政治教育过程中要培养解决的是知识和能力的转化问题。能力和知识的作用是相互的。高校在进行思想政治教育的过程中，一定要注意思想政治教育的知识性与能力性的相互交流、沟通以及转化。学校培养就是要把学生学到的知识转化为能力，特别是转化为学生适应社会生存与发展的职业化技能。高校课堂是学生学习知识的殿堂，但知识不等于素质，素质不等于能力。知识的建构有助于能力的形成，反之，以能力作为基础知识的学习也将更加有利。因此基于以知识为基础，善于将知识进行积极转化的思想政治教育在高校中应该发挥重要作用。

（四）高校思想政治教育目标设定应彰显教育内容的感染力，提高教育内容的吸引力、增强教育内容的针对性

思想政治教育的过程，是教育者对受教育者的思想状态进行转化的过程，也是教育内容发挥作用的过程。因此高校思想政治教育目标的设定应该彰显教育内容的感染力，提高教育内容的吸引力、增强教育内容的针对性。

高校思想政治教育要想融入生活，就是要在生活的正常运行中，引导人们认识生命的价值，唤醒信念的生命，恢复思想的生命力，使每一个人在对事物、对生活的态度中积极地表现出他的世界观、价值观以及政治立场。以重大事件活动和庆典为契机加强和改进大学生思想政治教育工作，以彰显教育内容的感染力。

通过这种目标限定彰显了教育内容的感染力，提高了教育内容的吸引力、增强了教育内容的针对性。思想政治教育工作者在开展教育活动过程中，注意将大学生的个人体验融入教育的过程中，注重考量大学生的情感态度。

所谓针对性就是必须有的放矢地开展思想政治教育，包括问题的针对性和方案的针对性。问题的针对性要求我们对于受教育者的思想品德现状有充分的了解，知道他们存在哪些问题。而了解受教育者的思想品德状况既需要知道他们现在的思想观念、心理特点、行为习惯是什么，又要知道有哪些因素促成他形成现在的思想品德。这些因素包括宏观因素（经济环境、政治环境、文化环境、大众传媒环境）和微观因素（家庭环境、学校环境、社区环境、同辈群体环境）。方案的针对性是指制定的思想政治教育方案要有针对性，包括具体的目的、可行的步骤、恰当的方法等，只有这样才能够使思想政治教育获得良好的效果。在新形势下，大学生心理层面、思想认识都发生了深刻的变化。因此高校思想政治

教育目标设定应该更具有针对性和有效性，以使大学生具有坚定正确的政治方向和健康向上的价值观。

要做好大学生思想政治教育就不能不承认大学生思想政治素质的差异，并且按照这种差异给予区别对待，根据其不同思想特点选取不同的教育内容。首先，要对大学生阶层进行分层。大学生中有先进分子，他们大多数是党员、学生干部等。大学生中也有中间分子，他们大多数缺乏政治工作的积极性。大学生中也有落后分子。在进行思想政治教育的过程中，对于大学生中间的先进分子，加大马克思主义理论教育，巩固他们有关马克思主义的理想和信念。对于数量较多的中间分子而言，应该利用共同理想、爱国主义等教育内容，逐渐引导他们认识与理解马克思主义、走向马克思主义，加强社会主义核心价值观教育，笃定他们对共产主义的深刻认识。其次，要注意顺序性。思想政治教育的开展无论是从低年级到高年级，从本专科学生到研究生，都要注重顺序性。由于不同年龄层次的大学生的道德发展水平存在差异，其个性心理特征也着实不同，所以在进行教育的过程中，一定要注意顺序性。大学生思想政治教育工作者应对不同年级和不同身心发展阶段的学生，设计有区别、有重点、有连续的思想政治教育内容体系，有针对性地开展相应的教育内容活动。

第二节　新媒体时代高校思想政治教育的原则

一、主体性原则

主体性原则指的是在大学生思想政治教育工作中，教育者和受教育者在新媒体时代所形成的新型主客体间的关系要切实体现出来。随着新媒体技术的迅速发展与普及，青少年的各种意识得到快速发展，包括自我意识、民主意识和成长意识等，他们展现出了前所未有的崭新的精神面貌，更加善于对人际关系进行处理，注重双方的沟通与交流，善于运用新的态度和方式来处理主体间的人际关系。

新媒体时代大学生思想政治教育中的主客体关系，是由教育者和受教育者共同组成的复杂的带有交互性的关系。即是说，如果教育情境是由教育者主动创建的，则教育者便是主动施教的主体，受教育者便是被动接受信息的客体；如果此教育情境是由受教育者主动创建的，那么受教育者不仅是主动学习的主体，还是自我教育的主体，教育者只起辅助、参与、服务的客体作用。由此可见，在大学生思想政治教育中，教育者和受教育者之间始终保持这样一种互动关系，与传统教育方式中的抽象和静止的关系状态不同，大学生思想政治教育更多的是体现出了一种具体的、运动的、主客体相互交替的教学过程。大学生主体意识的快速发展和成熟，是这种新型的主客体教育关系出现的主要原因。因此，在大学生思想政治教育工作中，必须要始终坚持教学理念和教学原则的主体性，明确大学生主体性发展的特点，鼓励大学生主体意识行动的发挥，满足大学生的需求，促进大学生的全面发展。

在新媒体视域下，大学生思想政治教育工作开展过程中贯彻主体性原则时需要做到以下两点。

（一）不断加强调查研究

只有通过详细的调查研究才能对大学生和当前的大学生思想政治教育状况有充分和准确的了解，才能掌握大学生的各种需要以及他们的性格特征，从而有的放矢，根据具体情况改进和实施大学生思想政治教育工作。这一工作的重点在于抓住新媒体视域下大学生思想政治教育过程中大学生思想和行为方面的主要矛盾，尽可能地满足其成长成才的知识和情感需求，对他们形成有效指导。

例如，对于刚进入大学的大学生来说，他们对网络技术的需求是帮助提高自身的学习，提高综合素质，因此在对他们进行思想政治教育时，重点是要为大学生提供一个良好的校园网络文化氛围，帮助他们掌握网络学习的正确方法，培养良好的网络素养，加强自身对网络信息的选择，防止大学生沉溺于网络世界无法自拔，抵御不良信息对大学生的伤害。而对于大三、大四的大学生来说，他们已经适应了校园网络文化环境，在进行网络活动的过程中已经能够对自身的行为进行控制，并且增强了参与网络公共事务的自觉性。因此，对大三、大四大学生进行大学生思想政治教育，必须要注重他们的主体性，充分发挥他们的主体意识，对他们的网络观念和行为进行规范，保证大学生的健康发展。在大学生思想政治教育中，要注意使用恰当的教学方法，充分发挥互联网的教育阵地作用，疏通互联网沟通机制，密切教育者与被教育者在网络和现实中的沟通与交流，建立网络和现实社会中的反馈机制，不断完善思想政治教育机制。

（二）挖掘大学生的主体能动性

将互联网技术与大学生思想政治教育相结合时，除了要发挥教育工作者的主体作用，还要尽可能地使大学生发挥其自我教育的主体作用，全面推动新媒体视域下大学生思想政治教育工作的实效性。

二、疏导性原则

在大学生思想政治教育工作中，需要遵守的一条重要原则是疏导性原则。这一原则体现了大学生思想政治教育"合目的性"和"合规律性"的统一。

在大学生思想政治教育中，一个突出的特点就是带有明显的目的性，这种目的性是人主观意识的客观反映，既能体现出当前阶段社会发展的要求，又能体现出国家和人民的需求。新媒体视域下的大学生思想政治教育工作还体现出目标指向性和价值取向性，要使思想政治教育在多元的网络文化环境中始终占据主导地位，代表正确价值观的形象，就要通过正确的网络手段或是渠道对社会舆论进行引导，维护人民的利益，同时还要批判网络上那些庸俗、偏激的思想和观点。与传统的教育环境相比，互联网

是新开辟出的教育环境，因此将其作为大学生思想政治教育的新阵地，必定还要去面对和解决很多问题和难点。例如，如何引导和把握网络文化。互联网技术的发展和网民人数的急剧增加共同推动了网络文化的产生，人们可以相对自由地以匿名状态发表自己的观点，具有虚拟性、参与性等特征，这种状态的发展催生了一套独属于网络空间的话语体系。在这一网络话语体系下，怎样构建大学生思想政治教育的话语体系，怎样让大学生尽快适应网络环境中的表达方式，怎样实现教育者和受教育者之间的有效沟通，都是大学生思想政治教育工作所要面对和解决的问题。又如，互联网技术的发展在使得信息传播呈现开放性、去中心化等特点的同时，也使得人的认知和思维能力突破了边界，在虚拟时空得到了新发展。但网络利弊共存，如何使人们清楚地认识网络技术对其思想行为的影响，如何趋利避害、以我为主、为我所用，如何有效辨别各类信息而避免自身的思想行为遭到蚕食。再如，网络舆情的把握和舆论危机的应对问题。怎样才能对网络舆论的发展规律有所了解并采取适当措施对网络舆论加以控制，怎样才能有效应对网络舆论危机。以上都是大学生思想政治教育过程中必须要考虑和解决的问题，如果不未雨绸缪或是及时解决各项问题，那么互联网与大学生思想政治教育的融合便不能达到最优效果。因此，新媒体视域下的大学生思想政治教育工作既要对思想政治教育本身的强烈目的性加以肯定，又要对网络传播过程中的各种问题加以考虑和解决，把握其中的规律。只有将合目的性和合规律性统一起来，将主导和疏引相结合，才能踏踏实实、一步一个脚印地实现大学生思想政治教育的实效。

三、前瞻性原则

当前世界瞬息万变，在大学生思想政治教育中除了要充分了解当前网络和大学生思想

政治教育的发展特点，还要以发展性的眼光对网络和大学生思想政治教育的发展进行预判。前瞻性原则便与这一要求不谋而合，大学生思想政治教育的前瞻性要求教育者根据现实状况和发展的可能性对未来的发展做出大胆、合理的判断，放飞思想，立足于现实又要超越现实。在当前社会条件下，具有前瞻性的思想显得尤为可贵。互联网的发展构造了一个开放性的空间，它不是为了满足某一种需求而设计的，而是一种总的基础结构，可以满足任何新的需求。正是这种开放性和无限性使得网络技术充满了诱惑，使得无数人投身于互联网技术的探索之中并乐此不疲，进而不断创造出新的网络技术。在运用网络技术时需要信息、信息媒介、客户群参与其中，从而组成一个微观信息系统，这个系统从大学生思想政治教育的角度来说实际上就是一个新的场域，为思想政治教育打开另一扇窗户。

前瞻性原则主要在大学生思想政治教育的工作策略和方法上得以体现。随着社会的发展，网络技术也呈现出不同的特征，运用互联网进行大学生思想政治教育，就必须要准确掌握这些特点，然后有针对性地对大学生的网络意识和行为进行正确的引导，为他们的健康成长保驾护航。

将互联网技术融入大学生思想政治教育并不是一件简单且能迅速完成的事情。道路是曲折的，前途是光明的，在探索和实践的道路上无论遇到什么样的困难，都要敢于创新，以坚忍不拔、激流勇进的精神面貌迎接新的挑战和解决新的问题。还要顺应网络发展的潮流，瞄准机会，把握机遇。在大学生思想政治教育中，只有坚持前瞻性原则，才能高瞻远瞩、高屋建瓴、未雨绸缪，以冷静的头脑、主导性的姿态面对一切变化。

四、实践性原则

大学生思想政治教育的本质特征是实践性，这在新开辟的思想政治教育平台互联网上体现得尤为突出。我国在接入互联网之后，互联网技术获得了突飞猛进的发展，大量新的互联网设备出现，无论是对人们的工作还是生活都产生了深刻的影响，对推动我国社会的发展起到了巨大的作用。在我国发展的不同阶段，网络的发展也遇到了多种多样的问题，这就使得我国在新媒体时代前进的过程中，必须要始终进行网络理论的创新和实践方面的工作，不断解决出现的新问题。从中接受教育的通常都是青年大学生，他们乐于接受新鲜事物，因此对网络的使用较为普遍，网络对大学生的影响也表现得最为深刻。当今社会，各种环境都处在动态变化之中，网络环境也不例外。要想切实提高大学生思想政治教育的效果就必须立足于当前网络发展的实际状况，用发展的眼光审视、反思大学生思想政治教育体系，不断推进思想政治教育的重建与创新，更新大学生思想政治教育的内容和方式，以此创新思想政治教育，不断解决大学生成长中出现的新问题。

在大学生思想政治教育中坚持实践性原则，即要求教育者不断拓宽教学途径，将理论与实践相结合，不断加强学习，把握好新媒体时代开展大学生思想政治教育工作的方式方法。

五、方向性原则

方向性原则是指大学生思想政治教育要坚持正确的思想导向和政治导向。主要表现为，大学生思想政治教育过程中要旗帜鲜明地坚持社会主义和共产主义方向，坚持党的基本路线，高举社会主义大旗，坚定不移地沿着社会主义的方向发展。只有坚持方向性原则，才能始终保持无产阶级思想政治教育的本色；只有坚持方向性原则，才能起到纲领性作用，对人们的思想和行为加以统一，充分发挥思想政治教育的作用。

方向性原则是进行大学生思想政治教育的根本要求，要毫不动摇地在大学生思想政治教育过程中坚持社会主义方向，首先，必须将马克思主义及相关理论成果作为指导。其次，提高贯彻大学生思想政治教育方向性原则的自觉性。要充分认识到自身育人的目的，即培养社会主义四有新人，所以，要自觉地把方向性作为重要指引，不能偏离教育目标，使培养方向和目的贯彻在每一项工作中，从细节抓起，从规范抓起。同时，大学生也应该看到坚持正确的方向性有利于个人的发展，思想观念和政治素养有时对一个人的影响也是巨大的，坚定社会主义的政治方向是开展好工作的前提。最后，贯彻方向性原则必须讲究科学性。做工作，方法很重要，要对大学生进行思想观念的教育，不能用强迫的方法，此种方法不会长期有效。所以，在进行大学生思想政治教育时，要将各种方法整合在一起，灵活运用，不能只靠强力，这样才能取得事半功倍的效果。

六、求实原则

求实原则体现了一种踏实工作的科学态度。百年大计，教育为本，作为意识领域的思想政治教育更是根本中的根本，广大大学生思想政治教育工作者必须踏踏实实、认认真真、全力以赴地投入教学事业，这样才能够取得良好的教学效果。针对性是大学生思想政治教育的一个十分重要的特点，要做好这一点，就必须坚持实事求是的原则。在具体的大学生思想政治教育过程中，教育者必须认真观察、总结、反思，从社会现实和受教育者的实际情况着手，运用马克思主义的理论知识认识问题和解决问题，并不断进行思考，把握问题的规律，帮助自己更好地开展育人工作。简而言之，求实原则就是遵循"理论联系实际，从实际出发，实事求是"的思想路线。

（一）理论联系实际的含义

1. 牢固掌握大学生思想政治教育的相关理论知识

理论知识是对前人经验的科学总结，只有深入学习、牢固掌握相关理论，才能够正确指导实践，促进实践的顺利进行。因此，在进行大学生思想政治教育时，对本学科的理论知识进行全面掌握是最基本的要求。

2. 以实践为落脚点

任何科学的理论知识都不是空穴来风，其来源于实践，又作用于实践，受到实践的检验，只有这样，才能富有活力和生命力，随着时代的发展不断创新进步。理论联系实际就要坚持实事求是，要始终不渝地坚持和发扬理论和实际相结合的原则和作风。

（二）贯彻求实原则的要求

1. 积极主动地对马克思主义的相关理论进行学习

马克思主义基本原理及其中国化理论成果是人们认识世界和几十年来革命和建设的智慧结晶。马克思主义是被实践检验了的科学的理论，在当代仍然焕发着生机和活力，有着鲜明而有效的指导作用，能够帮助人们形成正确的价值观，进而大大降低犯错误的概率。因此，必须自觉进行马克思主义理论的学习。

2. 以实际作为一切工作的出发点

任何工作都不能脱离生活和现状，大学生思想政治教育工作更是如此。在开展大学生思想政治教育时，教育者和受教育者都要坚持主观与客观、主体与客体的统一；以实际为基准，制订科学的工作计划，选择恰当的工作方法，逐步深入推进大学生思想政治教育工作。

3. 循序渐进地解决问题

为了在大学生思想政治教育工作中坚持求实原则，就必须按照及时发现问题、确实弄清问题、正确解决问题的三个步骤来办事。

（1）及时发现问题

用敏锐的眼光发掘实际存在的问题与矛盾，正视矛盾，不回避矛盾。发现问题是解决问题的第一步。

（2）弄清问题

发现问题后要仔细分析问题，只有这样才能更好地解决问题，要善于研究，抓住问题的实质，不为假象所蒙蔽。

（3）正确解决问题

在解决问题的过程中要坚持科学理论的指导，脚踏实地，将问题彻底解决。

七、身教与言教相结合，身教重于言教原则

（一）身教与言教相结合，身教重于言教原则的依据

1. 由大学生思想政治教育工作的特点决定

做大学生思想政治教育工作，一是靠说，二是靠做，也就是言教和身教。所谓言教，是指教育者通过说话、演讲、文章等宣传教育手段，做说服教育工作，对受教育者施加影响。所谓身教，就是教育者通过自身的行为、举止和实际行动，为受教育者做出表率，对受教育者发挥教育作用。对于受教育者来说，教育者的丰富学识、幽默语言、雄辩口才、机智言谈等言教固然重要，但是，如果这些言教与教育者的实际行为不相吻合，甚至相反，那么，教育者的言教就会成为夸夸其谈，被人讥笑。基于此，教育者要将言教和身教紧密结合，缺一不可，时刻规范自己的言行，从方方面面为受教育者起到表率作用，从一言一行中对受教育者产生有益影响。

教育者在从事教学工作时务必做到言传身教，身教重于言教。

2. 由党的思想政治教育工作的优良传统决定

身教与言教相结合，身教重于言教历来是党的思想政治教育工作的优良传统。无论是革命战争年代还是和平建设时期，无数共产党人冲锋在前、退却在后，吃苦在前、享受在后，对人民起到了巨大的教育作用。在学校，广大教师教书育人，为人师表，"照亮别人，燃烧自己"的政治态度、治学风格、思想品德、言行作风，对大学生起着潜移默化的教育影响作用。许多思想政治教育工作者都能够做到严格要求自己，教育别人做到的自己首先做到，教育别人不做的，自己首先不做，很好地起到了率先垂范，榜样示范作用。思想政治教育重视坚持身教与言教相结合，身教重于言教的原则，不仅是开展思想政治教育工作的重要条件，更是对几十年来思想政治教育工作优秀经验的继承和发扬。

3. 大学生思想政治教育工作自身的要求

大学生思想政治教育不是一件普通的差事，而是群众性、民主性、实践性很强的工作。"打铁还需自身硬""喊破嗓子不如做出样子"，思想政治教育工作的威信，主要根源于大学生思想政治教育工作者的以身作则，率先垂范，这样才能有力地影响和教育大学生，并促进他们进行自我教育、自我提高，相互教育、共同提高。无数事实证明，身教是

无声的却是很有效的思想政治教育工作。身教与言教相结合，身教重于言教，既是思想政治教育工作具有战斗力、吸引力和说服力的保证，又是大学生思想政治教育工作者应当具备的基本品质。

（二）贯彻身教与言教相结合，身教重于言教原则的要求

贯彻身教与言教相结合，身教重于言教的原则，大学生思想政治教育工作者就要身体力行，时刻谨记自己的教师身份，端正自己的言行，以自己的模范行为为大学生做出榜样。因此，大学生思想政治教育工作者必须要有扎实的知识功底、良好的品德修养、突出的工作能力。"自己有一桶水，才能给人一碗水"，自己懂马列、信马列才能宣传马列，使人信服地接受马列理论；自己是一个有理想、有道德、有文化、有纪律的人，才能将大学生塑造成为社会主义"四有"新人。无声的行动远远比漂亮的口号更加有用。作为人类灵魂的工程师，大学生思想政治教育工作者更要以身作则，用自己的人格魅力征服大学生，使他们自觉主动地学习，提高思想觉悟，规范自己的言行，最终达到大学生思想政治教育的目的。

第三节　新媒体时代高校思想政治教育的方法

一、大学生思想政治教育方法创新的内涵

方法是以客观规律为依据、在人的主观作用下产生的，其是主体把握客体的手段、方式以及途径的总和，充当了使主客体相关联、结合、统一的桥梁。不同于动物以有限的、不变的方式生存的状态，勤劳智慧的人类总是想方设法通过各种方法、工具、技术的革命而使得自身进入新的活动空间、体验新的生活方式，从而推动了人类历史的进程。

方法创新以人的活动方式等为对象，在旧有方法的基础上进行改革或是直接创造出新的方法，从而为事物的发展带来良好的改变。在实际生活中，人们往往只注重物化的、易观察的创新，而没有给予方法创新以充分的重视。荀子曰："君子生非异也，善假于物也。"大意是君子的本性跟一般人没有什么不同，只是善于借助外物罢了。这里的"外物"便是解决问题或者达到目的的方法、途径，由此可见方法的重要性。根据实践可知，方法创新即人类不断发挥自身的主观能动性增强方法的工具性作用，突破自身的局限，提高各项水平，扩大人的世界的范围。

二、中外传统思想政治教育方法

（一）中国古代思想教育的主要方法及其传承

在中国古代思想教育中，三种方法占据了重要的地位，分别是施教法、内化法、默化法。这三种教育方法各有特点，下面就对这三种教育方法展开分析和探讨。

1. 施教法

施教法是针对教育者而言的，顾名思义就是教育者对受教育者进行思想政治教育的方法。在中国古代，思想家对思想政治教育是非常重视的，他们不仅将思想政治教育看作是道德修养的方式，还看作是治理国家的方略和维持人际和谐的手段。因此，他们在不断的理论和实践中提出了一些施教的方法，具体包含以下几种。

（1）教学相长法

教学相长法就是要求教育者与受教育者之间是一种平等的师生关系，达到两者之间的取长补短、相互尊重，同时还能够共同进步、相互促进。教学相长法对教育者与受教育者之间的关系有一个全面的认识，但这一认识是以思想政治教育过程中的地位作为基础的。孔子对"教学相长"是非常重视的。他鼓励自己的学生应该"当仁不让于师"，即学生自己能够担任重要角色，与教师不相上下。因此，师生间要不断切磋。

在《礼记·学记》一书中，"教学相长"这一概念被明确地提出来，即"是故学然后知不足，教然后知困。知不足，然后能自反也知困，然后能自强也。故曰：教学相长也。"这句话是说，受教育者只有通过学习才能弥补自己的不足；教育者只有不断地进行教育实践才能解决自己的困惑。孔子的这一言论看到了教与学之间的区别和联系，将两者的辩证关系展示出来。自此之后，教学相长的理论被逐渐发展和固定下来，后世的王通、韩愈、柳宗元等人也倡导这一方法。

（2）循序渐进法

循序渐进法就是要求教育者从受教育者自身的道德认知和接受能力出发，由少到多、由浅入深地进行思想政治教育。众所周知，人的思想道德转化和发展往往是从量变到质变的过程，因此循序渐进法是与人的思想认知转化与发展规律相符合的。同时，循序渐进法也可以调动受教育者的积极性，从而获取绝佳的教育效果。孔子认为"欲速则不达，见小利则大事不成。"这里的"欲速则不达"就是告诉人们不能急于求成，否则很难收到理想的效果，甚至很可能会适得其反，而应该循序渐进，一步步地完成，持之以恒。此外，"千里之行，始于足下"，"君子教人有序"，"学者须循次而进"等言论都是对循序渐进法的阐释。

（3）启示引导法

启示引导法是根据受教育者的爱好、兴趣等，教育者对他们进行有效的启发，引导受教育者不断培养良好的思想品德。在长期的思想教育实践中，孔子认识到要想教育更加成功，教育者需要调动受教育者的兴趣，以人为本，发挥受教育者的主体作用，使他们逐渐培养自身独立思考、主动思考的能力。

在孔子看来，那些不能独立思考、主动思考的学生是很难获得成功的。但是，教育者应如何引导学生主动思考呢？孔子用"愤启悱发"来回答了这一问题。其意思是说他不会开导那些自身不发愤求知的人，当然如果一个人不是到了那种百思不得其解的地步，他也是不会开导的。可见，这就是现在我们所说的启示引导法。之后，孟子的"引而不发"，墨子的"举他物而以明之也"，朱熹的"指引者，师之功也"等都是对启示引导法的倡导。

（4）因材施教法

因材施教法是由于受教育者的才能、性格、特长、志趣等的不同，教育者应予以尊重和承认，并以这些差异为依据，对受教育者有针对性地输入教育，灵活地采取适合受教育者的教育方法。孔子主张"各因其材"，这是南宋理学家朱熹对孔子施教的描述。他明确指出了孔子教书育人的时候往往会根据个人的差异性来选择教法，有的从言语上进行教授，有的从德行上进行教授。因此，孔子的这一思想就被后人视为"因材施教"，孔子也被认为是历史上第一个施行因材施教法的教育家。他的因材施教思想可以归结为以下两点。

第一点，因材施教的前提是教育者应该注意到受教育者不同的才能、性格、特长、志趣等。但是教育者应如何注意呢？首先他们要对受教育者的所作所为进行检查，进而对他们所作所为背后的动机进行考察，从而整体上把握他们的个性特点。

第二点，针对不同的受教育者，教育者应该实施不同的途径和方法。例如，针对同样的问题，应该给予不同的回答。对于学生提出的同一问题，孔子往往会根据提问者的个性、个体需要来作答。针对不同智力能力的受教育者，应该施行不同的教育方式。在孔子看来，智力能力在中等以下的，教育者不应该将高深的学问灌输给他们；对于智力能力在中等以上的，教育者可以引导他们接触高深的学问。

之后，宋代、明朝等的理学家、思想家对孔子的因材施教方法进行了传承和发展。例如，张载提出的"时可雨而雨"，王夫之提出的"君子之教因人而进之"等。这些都是对因材施教理论的贯彻。

（5）身教示范法

身教示范法是要求教育者应该起到示范、以身作则的作用，通过自己的实际行动来体现教育的要求。这一教法是中国古代思想教育的特色。孔子认为，在思想政治教育上，身教要比言教重要得多。他告诉统治者，如果要想正他人，首先应该正自身，只有自身正了，他人才会唯命是从。同时，他还在上行下效理论的基础上，对身教进行了阐释。之后，荀子、孟子等人也明确提出"教者必身正"等理论，这极大地强调了教书育人、身教示范的重要意义。

（6）平等育人法

平等育人是主张所有人在受教育上都是平等的，教育者应该对所有的受教育者都一视同仁。孔子主张"有教无类"，其中的"类"就是要求对待教育者应没有类的差别，即不论地位尊卑、贫富贵贱、民族差异等，始终以平等的态度对待受教育者。之后，很多后世的思想界认同孔子的这一主张。例如，黄侃的"人乃有贵贱，宜同资教"，程颐等人的"人皆可以至圣人"等都是其最好的体现。而且不得不说的是，中国的平等育人教法在世界上处于领先地位，比世界上其他国家早了 2000 多年，这也是值得我们自豪的。

2. 内化法

内化法也可以称为"自我教育"，这是针对受教育者来说的。所谓"内化"，是指教育者应该对教育对象的内在本性有基本的注重，重视教育对象的内在需要，目的是激发教育对象的内在思悟与内在潜能，从而实现受教育者内在的自律。以孔子为首的一些中国古代思想家对"内化"法进行了强调和阐释。他们认为思想政治教育只有重视受教育的"内化"，才能使受教育者达到预期的效果。中国古代思想家在对"内化"进行深刻理解的基础上探求了"内化"的有效途径，如逐渐形成的"知荣明耻""克己慎独""改过迁善""自我反省""益志养气""忠恕一贯"等。下面对这几点予以详细说明。

（1）知荣明耻

从古至今，"知荣明耻"在人们的生活中一直是一个重要的道德问题。它属于一种情感意识，是人们在一定的善恶是非观的基础上产生的一种自觉求荣之心，是人们对自身尊严珍惜和维护的意识上产生的。可以说，"知荣明耻"是一种基本的人格和德性。人们只有做到了这一点，他们才能使自己的道德意识得以觉醒，才能不断严格地要求自我，提升自我，完善自我。

（2）克己慎独

"克己"与"慎独"可以单独来理解。"克己"就是要求自己能够严格要求自己，对自己的言行能够加以约束和控制，使自己的言行与规范要求相符。"慎独"就是要求即使没有他人的监督，受教育者也能够按照社会规范自觉的行动与思考。一般来讲，人们能否自我修身，以及自我修身能达到怎样的程度，就是依据他们能否做到和坚持"慎独"。与"克己"相比，"慎独"的层次更高，而且对自觉性的要求更强。孔子对"克己"是非常重视的，并且提出"非礼勿视，非礼勿听，非礼勿言，非礼勿动"的方法来"克己"。也就是说，要想实现"克己"，就必须要做到"礼"，对自己的言行应该予以严格要求。在中国古代动荡的社会中，"克己"是十分必要的，有助于促进整个社会甚至是个体的和谐。对于"慎独"，最早是出现在《礼记·中庸》一书中，"是故君子戒慎乎其所不睹，恐惧乎其所不闻……故君子慎其独也。"这就是说君子在个人独处时应该小心、谨慎。

（3）改过迁善

顾名思义，"改过迁善"就是逐渐改正自己的过失、过错，从而不断完善自己的品格。众所周知，不是所有人都是圣贤，谁没有犯错的时候，而对于这些错误，人们需要不断认识和改正，只有这样才能提升自我、完善自我。而且，只有在不断地与过错做斗争的过程中，人们才能不断完善自我，如孔子所说的"过则勿惮改"，孟子的"过则改之"等。

（4）自我反省

自我反省就是要求受教育者能够自我批评、自我认识、自我教育。使思想道德的提升成为受教育者的一种自我要求。对于这一点，孔子主张"君子求诸己"，曾参主张"三省吾身"等。

（5）忠恕一贯

"忠恕一贯"是指人们要从自己的内心体验出发来对别人的思想感受进行推测，从而实现推己及人的目的。换句话说，就是要求受教育者应该严于律己，设身处地地为他人着想。孔子提出"吾道一以贯之"，其中的"一贯之道"就是所谓的"忠恕"。这种推己及人、将心比心的做法体现了对受教育者人生价值的肯定以及人生意义的关怀，是一种强烈的人文主义精神。

（6）益志养气

"益志养气"就是说的道德意志，一般道德意志分为两个层面：志向与意志。前者指的是人们修养道德时的精神导向，是价值观、人生观的核心内容；后者是人们修养道德的精神支柱，是人们提升精神境界、攀登道德高峰的动力。在道德意志上，中华民族从古至今一直非常重视，如孔子的"匹夫不可夺志也"，孟子的"舍生取义"，曹操的"老骥伏枥，志在千里"，诸葛亮的"志当存高远"等都是其最好的体现。

3. 默化法

默化是一种隐形的思想政治教育方法，其主要是通过外界环境等不断潜移默化地渗透到人们的生产、生活、精神之中。一般来说，"默化"法主要包含两点：风俗感化与礼制规化。

（1）风俗感化

所谓风俗，是指人们在一定社会群体或者地域形态中形成的一种习惯，是由一系列的习惯、准则、规矩等构成的影响人们日常生活行为的规范。其中包含着群体长期形成的感情与经验。风俗感化是将统治者所倡导的规章制度、统治思想等转化成民俗，从而保证大众能够符合其统治思想的要求。在具体的运用上，这一思想主要包含以下两个层面。

层面一，从人民大众的生活、生产、精神活动的需求出发，制订符合传统思想的道德规范，在不断的实践中形成一种礼俗，如生产礼俗、节庆礼俗、消费礼俗、嫁娶礼俗等。这样，中国传统的社会主导思想道德就向民俗文化的方向转化。

层面二，设置地方官专职教化，树立道德典范。秦汉时期，地方上就专门设置"三老"来主管教化事务，人们有着发现本地区的孝子贤孙、贞女义妇、让财救患、为民法式的责任。通过对这些人或者这些家族进行表彰来昭告天下，纷纷效仿，从而引导道德风尚。

（2）礼制规化

与风俗感化相比，"礼制"的手段更为直接，是对人们具体行为进行规范，在一定程度上改变了人们的旧有思想，使人们不断创新自己的思想。礼制规化就是人们按照礼仪制度的规定来活动和所作所为。这一方法实际目的是为了使人们的思想道德达到统治者预期的效果。在我国古代时期，很多思想家都强调用礼制的观念来规化人们的行为，并且这一思想也得到了大众的认同。因此，古代社会的统治者设置了各种礼制来规范人们的行为，不同的行为都需要在规定的步骤和程序下进行，而这些制度一经树立就具有了规范性。因此，礼制规化是具有强烈的权威性。

（二）西方国家思想政治教育的主要方法

1. 渗透教育法

在西方国家，除了进行思想政治教育外，他们会将思想政治教育融于日常的生活与学习中，即将思想与道德进行熏陶与渗透，往往这是一种隐性的手段。在美国，思想政治教育工作往往是无意识的，即受教育者往往会不知不觉地受到思维方式和价值观念的熏陶。

在美国的纪念馆、博物馆中罗列着多种雕像、人物简介，这些都是对国民进行无意识的精神渗透。同样地，澳大利亚、意大利也是如此，从而潜移默化地改善国民的民族意识与提升国民的爱国精神。此外，在专业教学中，美国的大学也很注意德育教育的渗透。一般而言，他们会从其他学科的课程入手来渗透思想政治教育。

2. 道德认知法

道德认知法是在杜威、皮亚杰理论研究的基础上，美国道德教育家柯尔伯格提出的一种思想政治教育方法。在教学过程中，教育者会主动引导学生对道德两难问题进行探讨，从而促使受教育者产生一定的认知冲突，促使他们积极地进行道德思维，形成属于他们自己的一种价值判断。

简单来说，受教育者通过思考这些两难问题，能够不断找出这些问题产生的原因、并探索解决的办法，发挥自身的主观能动作用，最终做出选择。在柯尔伯格看来，这一方法也体现了苏格拉底的诱导法、诘问法。因此，道德认知法也可以被称为"新苏格拉底法"。此外，柯尔伯格的道德认知发展方法包括价值澄清法

与公正团体法。其中前者的运作还需要涉及四个关键的因素：（1）要以生活作为中心。（2）要接受现实。（3）要对其进一步思考，进而做出选择。（4）要不断培养自我知道的能力。

同时，他还将人的道德认知发展分成了三个水平、六个阶段。因此，教育者在运用该方法时应对受教育者达到的道德认知阶段有一个基本的预估，从而提出比受教育者更高阶段的价值标准。

3. 环境熏陶法

概括来说，环境熏陶法也属于一种潜移默化的方法。环境也是一种教育的资源，与受教育者的思想政治教育有着密切的关系。很多时候，环境因素往往会约束一个人的行为。良好的校园环境有助于学生灵魂和精神的提升，对于学生情操的陶冶、行为的规范、道德品质的培养也有着极其重要作用。在与环境的交互过程中，学生必然能够受到启迪和引导。因此，许多国家的大多数学校都非常重视在学校历史、学校风气、校园建设、学习风气等方面展现学校的教育观念和核心精神，从而以利于学生产生影响。例如，著名的美国斯坦福大学在进行考试时实行"荣誉制度"，即任何考试都没有监考老师的监管，老师发完试卷之后就离开考场，考生在交卷时要在保证无作弊行为章程上签名。如果学生违反了这一规定，那么就会做开除处理，这就是增强学生自我意识、教师和学生之间保证信任的手段。

三、当前思想政治教育的常见方法

（一）理论宣教法

理论宣教法又称为理论灌输法或理论宣传学习法，即强调理论及宣传教育的作用，通

过有目的、有计划地向受教育者讲解有关教育理论及思想政治教育的内容，使大学生形成正确的世界观、历史观、人生观，成为新时代要求的四有新人。理论宣教法在大学生思想政治教育中最为流行。大学生思想政治教育的根本任务是改造大学生的思想观念，要使他们形成正确的观念，首要的就是使他们明白哪些是正确的思想，哪些是错误的观念。运用理论说服的方法更能够深入学生内心，强迫命令的方法反而适得其反。外部思想观念的输入是大学生形成新的正确思想的强大动力。马克思主义理论作为科学的理论，指导中国革命和建设取得成功，这一理论不会自动在人们的头脑中扎根，必须通过理论的宣传灌输，才能得到人们的认同和信服。

理论宣教法涵盖课堂讲授法、会议学习法、媒体宣传法等形式。课堂讲授法是高校进行理论宣教的最主要的方法。在课堂上进行系统的理论学习是一种普遍有效的方法，为此国家不断对公共课理论体系进行修改和完善。新型的思想政治教育理论体系的内容涵盖马克思主义基本理论、中国化的马克思主义最新成果、中国近现代历史、思想道德和法制知识四大板块。为加强马克思主义理论发展及提升宣传效果，国家采取了一系列措施，包括采用全国通用教材，增设硕博士点，加强人才的培育，加强学术研究及宣传工作、改进教育教学方法等。媒体宣传法也是今天高校普遍采用的理论宣教方法。随着高等学校办公条件的改善，教室、餐厅多安装有闭路电视，校园网络建设不断得到巩固和加强。这些构成了理论宣讲的重要平台和渠道，有力地促进了正确的思想观念入脑入心，为大学生以马克思主义的基本理论、方法和立场观察世界、分析社会奠定了坚实的基础。

（二）实践塑造法

实践塑造法即实践锻炼法，是指通过实践的方式提升思想观念及知识、技能的一种方式方法。这种方法是知与行的统一、是理论与实践的结合。正确思想观念的树立单靠理论的说教难以达到理想的效果，所以还要在社会实践中强化认识，深入学习。

实践塑造法主要包括劳动教育法、服务体验法、社会考察法等。劳动教育法就是让受教育者深入劳动实践，使之在劳动中受到启发和感悟，树立起良好的劳动观念，培养其热爱劳动的习惯和意识，进而形成亲近劳动人民的感情。高校都设有专门的劳动课，培养大学生的思想品德。服务体验法也叫社会服务法，即通过为社会提供服务，帮助人们解决具体的生活问题，在奉献自身力量的同时，获得自身品质提升的方法。高校都设有种类繁多的社会服务组织，大学生利用自己所学知识技能，力所能及地为社会服务，同时在服务过程中，使自己的政治思想和品德修养得到升华。社会考察法就是要求学生深入社会实践，真正深入实际问题，对特定的社会现象进行分析和挖掘，最后形成一种深入的、正确的认识，形成分析问题、解决问题的能力。大学生参加社会考察与调查的方式比较多。每个学年大学生都会集体组织各种社会调查活动，大学生要积极参与这些活动中，真正了解国情、了解社会。

（三）榜样示范法

榜样示范法又称为典型教育法，就是通过树立典型人物和事例，对大学生进行价值引导和塑造。这种方法也依赖于大学生的自觉学习与模仿，并在日常生活和工作中按照正确的要求规范自己的行为。

（四）激励教育法

激励教育法是指运用各种物质的或精神的手段来激发人们的主观动机，鼓励人们朝着正确的方向前进、努力的教育方法。激励教育法也可以说是鼓励法，主要包含三层含义，即以人们的客观需要和主观动机为根据，以实现一定的期望为目的，以物质激励和精神激励为主要手段。具体还可分为目标激励、奖惩激励和竞争激励。

四、大学生思想政治教育的方法创新

（一）以主体间性理论为核心，发展大学生思想政治教育的同构式方法

主体间性的前提是人成为人，人成为主体，这样主体之间才能相互作用，形成联系。如果忽视主体性，就谈不上主体间性。而"同构"是数学上的一个概念，指数学对象之间的一种映射，是这些对象之间存在的关系。

发展以主体间性理论为核心的大学生思想政治教育同构式方法就是要以"以人为本"为理念，将受教育者的主体地位放在首位，将其与思想政治教育的关系以映射理论进行分析。

把握大学生思想政治教育同构方法，就是秉持"以人为本"的理念，将大学生放在思想政治教育因素的首位，并以此为出发点，构建思想政治教育系统发展。

加强大学生同构式发展的同时，要将大学生思想政治教育目标和个体发展目标相融合，确保两者的一致性。此外，要不断创新思想政治教育内容，将思想政治教育的领域不断扩展，保持其新颖性。

主体间性理论中，大学生思想政治教育基地模式也很重要。在国际化视野下，要搭建跨文化平台，融合多种文化特色和视角，使大学生能够接触到更多的文化元素；要构建新的主客体互动模式，充分发挥大学生的主体性，开启师生之间的互动模式，引导大学生积

极参与学习过程；还要积极引导教育者加强学习，紧跟时代发展，不断优化、创新自身"语言库"及"思维系统"，保持自身的发展，缩小与学生语言上的差距，使双方交流更加流畅。

此外，随着新媒体的发展及高校网络平台的构建，通过网络进行思想政治教育已经成为一项重要方法。为更好地利用这一渠道，师生都要提高自身信息素养，加强技术学习，充分利用网络平台进行沟通交流。

（二）以社会服务思想为引领，发展大学生思想政治教育社会工作方法

社会工作一直在西方发展迅速，学校社会工作是其中一种模式，这种模式兴盛于20世纪的美国。这种模式以家庭教师访问形式为开端，经历了个案工作，之后逐渐制度化，最后形成于一种模式。这种模式具有学校课堂教学所难以取得的优势和效果，其突出作用主要表现在对特殊学生教育、对学生的深入了解上等。

我国部分高校也开始尝试运用这种模式进行思想政治教育。提供服务，以实际的参与和实践来解决问题是这种模式的特征。这种模式与思想政治教育存在一致性，因为社会实践一直是思想政治教育倡导的途径与方法，并且思想政治教育以服务学生为主要宗旨，这一点与社会工作的服务特性也存在一致性。运用社会工作模式，加强思想政治教育育人作用，是一种新的探索与尝试。

首先，将社会工作的服务理念引入大学生思想政治教育中，以近距离、更贴心的服务，加强大学生思想政治教育的服务意识。

其次，要树立个体服务意识，将大学生群体教育与个体教育结合起来，并专门针对大学生个体开展工作。这就要求，一方面，思想政治教育工作者要充分分析大学生的个体差异，找出具体教育方法，使教育对象的个性得到尊重。另一方面，可借鉴社会工作中小组工作方法，成立小组，以加强大学生之间亲密关系的构建，通过小组的力量和团队的合作，共同解决难题，共同成长进步。常见的方法就是通过问题讨论、校外服务活动等方式，使大家在活动中加深对彼此的了解，通过像话学习和借鉴，学会彼此接纳和尊重，最终形成大学生良好的个性特征。这一方法比较典型的例子就是华中师范大学的恽代英党校培训班，培训班以刚进入大学的新生党员为培训对象，之后将不同专业的学生编排进同一学习小组。这种突破专业界限进行小组学习的编排方式，就是为了使不同专业的学生能够看到彼此知识、能力、见识上的不同，进而更好地相互交流、相互学习。培训班除了进行日常课堂学习外，还进行各种活动使学员之间加深了解。这些活动包括小组游戏、小组党员成长计划等。上述方法也在其他高校中得到了运用，并且受到学生的广泛欢迎。在大学生思想政治教育中，学校社团是运用小组活动方式较多的地方，所以，我们要积极重视学

校社团的作用，鼓励学生积极参与社团活动。

最后，要借鉴社会工作的个案工作方法，以解决大学生遇到的实际问题。如在通过访谈、网络交流、记录等方式缓解大学生的压力，交往困难等问题，同时社会工作中的一些心理治疗模式也可被引入思想政治教育中，如行为治疗模式、人本治疗模式等。

（三）以协同理论为借鉴，发展大学生思想政治教育的协同式方法

协同理论主要强调系统的观点，强调系统要素之间彼此影响、相互作用的原理。而且各要素之间保持一种平衡、有序的关系，大系统的正常运转才能得到保障。大数据时代下的大学生思想政治教育方法创新也是一个系统工程。"大数据"使各要素之间的作用更加复杂，更需要各要素的协同性和协调性。鉴于此，协同式方法也是大学生思想政治教育创新的必然选择之一。

首先，思想政治教育要与其他学科充分融合，通过吸收其他学科有益的方法，突破自身方法的封闭性，使各学科方法不断渗透，彼此融合，使思想政治教育方法更加具有创新性和发展性。

其次，思想政治教育方法要向立体化、全方位发展。在我国，思想政治教育存在着"5+2=0"的效应，即学校5天的正面教育会被学生2天的社会负面教育抵消。所以，大学生思想政治教育要形成合力，除要进行学校思想政治教育外，还要加强家庭、社会教育，最终形成以学校教育为主导，以家庭教育为依托，以社会教育为主线的格局，在学校思想政治教育中，还要形成"大学工"的工作理念，将相关学科的专家，如心理学、社会学等方面的专家、学者，纳入思想政治教育的队伍中，以提高思想政治教育的实效性。

第四章 新媒体时代下高校思想政治教育的模式

第一节 新媒体时代高校思想政治"微教育"模式

一、思想政治"微教育"基本理论

（一）"微时代"与"微教育"

1. "微时代"含义与特征

微时代是一种信息文化，它建立在网络前提下，没有区域性，是全球信息发展的必然趋势。每个人都是这个时代的中心，它是以计算机及手机等作为介质，以数字化为基本方式，在网络上进行传播的一种网络文化，它为人类提供了一种新的活动方式、思维方式和生活方式。"微时代"是一个蕴涵着文化传播、人际交往、社会心理、生活方式等多种复杂语义的时代命题。

微时代存在以下几个特征：第一，主体的平等性。在微时代条件下每个以微信、微博等方式参与网络的人，既能接受信息，又传播、制造信息，既相互沟通，又相互感染。人们可以在处于平等地位的基础上敞开心扉进行交流，并毫无拘束地以比现实更坦然的态度去发挥自己的热情和创意。第二，信息的碎片化。在这个信息化的世界，人们处于信息的海洋之中，无数的信息碎片遍布于网络的每一个角落。网络将这些碎片信息联系在一起，我们可以使用手中的媒介随时从这些信息碎片转而进入另一些信息碎片中，这样人们获取自己想要的信息也更加便捷，这种碎片化的信息便成了主体传播信息过程中最为独特的风景。第三，交流的互动性。在微时代背景下，信息的传播不仅摆脱了原本的自上而下的单向简单传播，更多的变成了建立在平等基础上的，以多对多的方式进行的沟通模式，其核心就是互动，每个人思维的连接、交流和碰撞，是不同国家、地区、种族、领域的主体不受约束的交往。这种互动式的交流也成了微时代最"时尚"的交流方式。

2. "微教育" 概述

网络科技不仅改变人的行为，还改变教育的实践方式。在教育领域，网络信息技术正在深刻改变教育的手段、方式、理念和内容，传统教育已经不能适应社会发展的要求，无法满足"微时代"学生们的需求。在微时代，教育正面临着巨变和革新，因此，顺应社会的潮流和时代的发展，"微时代"相应的出现了"微教育"这一概念。

微教育是一个全新的概念。它基于互联网迅速发展、"微时代"到来而顺势发展而来。关于微教育的内涵，学术界没有明确界定。这里将从多个层面理解微教育。微教育是教育的一种特殊形态。广义的教育泛指一切有目的地影响人的身心发展的社会实践活动，教育目标主要是增进人们的知识技能，提升人们的思想品德。狭义的教育是指专门组织的教育，即学校教育。它是根据一定社会的现实和未来的需要，遵循年轻一代身心发展的规律，有目的、有计划、有组织、系统地引导受教育者获得知识技能的一种活动，教育目标主要是把受教育者培养成满足社会需要和促进社会发展的人。从教育活动的基本要素来看，教育是指人有意识地通过若干方法、媒介等形式向他人传递信息，期望以此影响他人的精神世界或心理状态，帮助或者阻碍人们获得某些观念、素质、能力的社会活动。

从上述有关教育的定义可以看出，"微时代"的"微教育"是教育的一种特殊形式。微教育是借助数字化信息技术、电脑和手机等通信设备，通过微信、微博、微小说、微电影、微视频等媒介，以各种"微"网络载体展开的针对人们世界观、人生观、价值观的树立和理想、信念、道德的正确引导的碎片化、渗透式的教育。

从教育模式来看，"微教育"模式主要通过网络平台、利用手机和电脑等通信工具进行教育资源的传播、获取和共享。这种模式基于开放的网络平台，使学生学习知识的时间、空间限制得到缓解，能够给予学生极大的自由空间和选择权利，让学生有选择的培养和锻炼思维品质。这种模式有助于提升学生学习的积极性、主动性，改善教学的效果和质量。

从微观、中观和宏观角度来看，"微教育"是一种典型的微观教育形态。相较于宏观层面的教育实践而言，微教育是从小的方面着眼，致力于为广大受众提供最具个性、最精准、最及时的资讯和社交服务。诸如"微教育"之类的微观教育形态，虽然信息含量较少，但内容精致、传播效率高，针对性和效果亦更为明显，深受大众欢迎。

大体而言，微教育的特点十分鲜明。第一，以微课程的形式呈现微型的学习内容。第二，微课程教学方式灵活多样，适用于在线学习、面对面教学和混合学习等多种学习情境。第三，移动学习。微教育以信息技术为载体，在移动终端上展示微课程内容。微课程短小精悍，多以生动的视频形式呈现，并发布在学习平台上，供学习者观看和下载。

综上来看，微教育伴随微时代到来及个体需求特点的变化应运而生，通过网络通信工具和移动终端，使学习者根据自主选择的需求，进行知识传播或信息共共享。

（二）思想政治"微教育"模式的理论基础

任何事物的产生与发展必有一定的依据，理论依据是不可或缺的重要部分，大学生思想政治"微教育"也不例外，同样具有相关理论基础，大学生思想政治"微教育"涉及的理论有交往理论、马克思主义人学理论及教育技术理论。这三个方面的理论，支撑着"微教育"在大学生思想政治教育方面的基础，具有指导、引领的作用。

1. 马克思主义交往理论

（1）马克思交往理论的发展

交往理论是马克思主义哲学思想的一个重要内容。在《1844 年经济学哲学手稿》中，马克思最早提出了有关交换、交往异化等问题。在书中，马克思对人与人的交往关系的考察并不是从交往关系的形成和作用开始的，而是从异化劳动这一角度来揭示人与人交往关系的扭曲状态，这是马克思交往理论萌生的起点。

1846 年，马克思从生产、交换、消费相联系的角度分析人们在社会生活中建立的物质关系和政治国家，点出了生产力与交往方式之间的相互关系。在此基础上，马克思又探讨了商品及其交换的过程，界定了货币、资本等概念，剖析了它们背后的秘密，揭示了货币、资本与人们社会交往的内在联系，扩展了交往理论的研究领域。

对"微教育"这一教育模式来说，马克思对交往的定义可以解释微教育的产生原因。本质上，微教育的产生是为了延续人类文明的果实。人们在他们的交往方式不再符合生产力发展需要时，就需要改变交往形式，从而使社会交往利于生产力的发展。微教育的产生是生产力发展的结果，它顺应了新时代的新要求，有助于交往的继续和扩大，是现代文明的高度浓缩。

马克思主义交往理论表明，交往是人的本质的体现，交往关系是人类社会的存在方式，交往是社会发展的动力，是社会实践的基本形式，交往促进了世界历史的产生。这一系列重要思想的阐述都是关于交往对个人及社会发展等多方面的影响。马克思主义交往理论给予我们的启示是，人类创造文明的必经过程就是交往。交往是生产关系的表现形式。衡量交往方式是否文明主要看它是否符合生产力的要求

所以，在微时代背景下，大学生思想政治"微教育"的首要任务就是通过网络通信工具的运用，来促进"微教育"的客体与主体进行沟通交流，通过交往实现人类关系的维持和发展，并且，以顺畅的沟通交往为前提，促进人类进步和社会发展。马克思主义交往理

论提醒我们，微时代背景下的大学生思想政治"微教育"之路，必须有利于人的全面发展和生产力的提升。

（2）哈贝马斯的交往理论

哈贝马斯是研究社会交往的代表人物。但是，哈贝马斯的交往理论与马克思的交往理论有所不同。马克思是从生产关系的角度看待社会交往，而哈贝马斯是从交往关系的角度来定位的，二者侧重点完全不同。哈贝马斯在其交往行动理论中，主要论述了以语言沟通为中介形式的沟通行为，提出了"社会交往独立于物质生产"的实践逻辑。在哈贝马斯看来，构成交往的基础是言语行为，其强调人类实践是人与人通过沟通不断达到理解、取得共识的过程。

在马克思看来，劳动生产决定人的本质，人的本质就是作为实践主体的人的主体性，它指向人改造客观世界的结果；在哈贝马斯看来，人的本质已经从劳动生产领域转向了生活领域，人的本质就是作为沟通主体的人的主体性，它指向人的主观世界。哈贝马斯指出，语言沟通是一切沟通行为的基础。由此，比较马克思和哈贝马斯的交往理论，前者是结果导向，后者是过程导向，两者都具理论指导意义。

从哈贝马斯的交往理论来看，"微教育"更应注意其施教过程，运用什么样的工具、采取什么样的沟通方式与方法，达到有效沟通的效果。强调沟通交往的作用，这既是"微教育"的鲜明优势，也是"微教育"所面临的挑战。无交往就无教育，无沟通就无反馈，无反馈就难以了解教育的效果，因此，依据交往理论的观点，大学生思想政治"微教育"必须搭建教育主体与客体的沟通桥梁，保证教育实践过程中沟通互动的畅通，只有这样，方能提升大学生思想政治教育的效果，同时，只有这样的"微教育"，才是适应时代潮流、符合中国国情、满足学生需要的教育模式，才能真正促进生产力的提高和人的全面发展。

2. 马克思主义人学理论

马克思主义人学理论的产生来源于人类对"人"的研究。关于文化人、存在人、理性人等多方面研究，为马克思人学理论提供了基础。马克思从实践出发理解人。他认为，实践创造了人的生活世界，实践的目标是人类的解放和人的自由全面发展。这就是马克思人学理论的最终目标。

马克思主义人学理论以劳动或生产实践为讨论对象。实践是马克思在本体论的层面提出的，它决定人的本质和存在方式。从生产实践或劳动这一逻辑起点出发，马克思构建和提出了人学理论。正如马克思所言，"这种活动、这种连续不断的感性劳动和创造、这种生产，正是整个现存的感性世界的基础。"马克思主义人学理论指出，实践是人的存在方式，是现实世界的存在前提。马克思对人的科学理解，有利于恢复人的本质，摆正人与物的关系，从而最终废除财产私有制、解放全人类，真正实现人的自由全面发展。

人的全面发展和自由的充分展开，是马克思主义人学思想的最终指向。马克思提出的"自由人联合体"思想，以及"建立在个人全面发展和他们的共同社会生产能力成为他们的社会财富基础上的自由个性"观点，清晰阐明了马克思人学理论的终极目标。马克思对人的理解是一种历史唯物主义思维方式，它决定了马克思人学思想的科学性，是一种基于历史现实的科学思考，从根本上超越了其他人学思想。

马克思认为，人的自由全面发展就是人的解放，具有丰富的内容。诸如提高人的身体素质，挖掘和释放人的潜能，提高人的知识技能和道德涵养，构建正常的人际关系和社会交往关系，促进人的协调发展，防止人的片面发展，更好地实现自身价值、适应社会需要，最终实现人与社会的共同进步。因此，马克思所理解的"人的自由全面发展"，就是为了摆脱人自身的局限性和社会体制的外在束缚，实现人的正常功能和社会关系。有这样一句话很有道理，"没有人的社会关系的全面发展，人的全面发展只能是一句空话"。

从马克思主义人学理论的角度来理解，大学生思想政治"微教育"是马克思人学思想的现实演绎。马克思人学思想是"微教育"的理论基础。马克思主义人学理论关注人的全面发展，这正是"微教育"在微时代所要承担的责任，而随着微时代的到来，让大众了解到，单纯的面对面交流已经不是现今人与人之间的交往方式。目前，无论是公共事务还是私人事务都离不开网络微平台，新型的人类社会交往方式正在发生着改变。

要想真正实现人类交往的普遍性，达到人的自由全面发展，则要以马克思主义人学理论为指导思想，加快人际关系及社会交往关系的转变。在上述现实背景下，大学生思想政治"微教育"应时产生。它作为一种新兴教育模式，能够帮助大学生自由全面发展。为了达到理想教育效果，全面提高大学生素质、促进大学生成长，则需要建立主客体的和谐交往方式，充分开发人的潜能，协调好人与自然、人与社会以及人与自身的关系。

3. 教育技术理论

随着时代发展和社会进步，教育技术在教育过程中的巨大作用日益凸显，逐渐成为一个不可替代的专门领域。教育技术实践的充分展开为教育技术理论的形成提供了基础，理论和实践的相互促进从根本上推动教育技术的持续进步，促进了教育事业的长足发展。从理论逻辑来看，建构教育技术理论范畴体系，可以揭示出教育技术发展的内在逻辑；从现实应用来看，把握教育技术的应用状况和发展困境，有助于推进教育技术的革新和应用。

教育技术理论是一门新兴的教育学科，它是在视听教育基础上产生和形成的。实践经验证明，走教育技术理论化之路，可以进一步克服传统教育中存在的一些弊端，进而促进和加强当前的教育改革，适应当前社会信息革命发展变化的要求，从而培养出合格人才。

教育技术理论最早来源于美国，经过一番名称转化形成现在教育技术这一概念，从最初的视觉教育使用视觉教材做辅助，到视听教育"经验之塔"理论把学习经验按抽象程度不同分为"三大类、十个层次"，再到视听传播软件、传播理论。直到美国教育传播与技术协会提出教育技术这一概念并对教育技术作了全新的界定，指出教育技术是关于学习资源和学习过程的设计、开发、使用、管理和评价的理论和实践。

在很长一段时间内，教育技术以电化教育来命名，是我国特有的名称。电化教育在我国发展迅速，具有扎实的社会基础，社会各界应用十分广泛。在社会上，一些广播电台、电视台、政府部门应用电教设备，为经济社会建设服务，举办各式各样的公益讲座、论坛、研讨会，这是电化教育发展的开端。社会各界的应用和推广，慢慢拓展到学校内。在教学领域，一些相关课程开始使用电化教育设备，一些从事电教工作的专业人员也逐渐培养起来。

改革开放后，网络技术迅猛发展，电脑得到广泛应用，进一步壮大教育技术学的技术支撑。社会各界非常重视网络科技对教育教学的推动作用，将计算机和网络广泛应用到教学过程之中，提高教师教学效果和学生学习效果。我国教育教学开始驶上"信息高速公路"。从之前的幻灯片、录像、电影教学的方式到今天的互联网、智能客户端等多方面、多层次发展，各种信息技术被广泛运用，并对教学产生深远影响。由此可见，信息技术变革对人类具有深远的影响，从教育技术发展历程及教育技术名称转变，可以了解到教育技术理论发展到今天，主要是以网络为依托，对教育信息进行设计、管理等一系列模式融合到一起，起到教育人的作用。

教育技术理论从不同手段及方式上，将教育信息进行传递，这一过程包括由教师、教学内容、传输媒体、学习者四个基本要素组成。在知识爆炸时代，信息技术应用于教育显得十分重要。网络信息科技使传输媒介转型升级，传输速度和效率不断提高，传输媒介也呈现多样化发展。信息技术对教学系统中各要素的影响越来越明显。

从本质上说，"微教育"是新型教育技术理论与应用的产物，"微教育"可以理解为教育技术发展至今而出现的一种新形式。这种新形式依托网络平台和信息技术对教学系统中各要素施加影响，改善教学环境、提升教学效果。因此，从技术角度来说，"微教育"有助于完善和创新大学生思想政治教育模式，提升大学生思想政治教育的水平和效果，提高大学生的道德素质和思想修养。从教育技术理论来看，大学生思想政治"微教育"模式注重学习资源和学习过程的设计、开发、使用、管理和评价，从应用和发展中不断总结经验、创新制度，发扬有利的积极因素，遏制不利的消极因素。

（三）大学生思想政治"微教育"探析

1. 思想政治"微教育"的含义

大学生群体有着鲜明的时代特色和年龄阶段特征。从一般意义上说，大学生是指接受过大学教育而没有完全走入社会的人，它是大学注册入学并接受高等教育的群体的总称。而思想政治教育则是指社会或社会群体用一定的思想观念、政治观点、道德规范，对其成员施加有目的、有计划、有组织的影响，使其成为符合特定社会或阶级所需要的思想品德的人的社会实践活动。

顾名思义，大学生思想政治"微教育"是思想政治教育借助微媒体的实践形式，是思想政治教育在微时代的独特表现。大学生思想政治"微教育"因教育的载体和环境的改变而产生，并且在网络技术的推动下，迅速成为一种思想政治教育新形态。大学生思想政治"微教育"正是从教育的核心理念、宗旨和主要目标出发，通过"微教育"这一"微时代"的新形式，对大学生思想道德各方面进行培养。它是大学生思想政治教育与"微教育"的结合体。在网络时代，社会各界都在信息化潮流中开拓创新，"互联网+"成为热点话题。从根本上说，大学生思想政治"微教育"是"互联网+"的直接产物。

大学生思想政治"微教育"能够创新大学生思想政治教育的方式方法，提高大学生思想政治教育的效率效果，"微"中显精致、远见、高效，等等。简而言之，大学生思想政治"微教育"是大学生思想政治教育的创新形式，通过"微教育"，开展思想政治学习和道德素养提升，有助于被教育对象理解、接受，提高大学生思想政治教育的认同度和亲和力。

大学生思想政治教育是由高校思想政治工作者按照一定的社会政治要求、思想道德规范，利用各种环境、机制、载体，对受教育主体施加有目的、有计划和有组织的影响，从而进行政治教育、思想教育、道德教育和心理教育等社会实践活动。以人的思想和精神世界作为工作对象的思想政治教育，由于高效地进行信息生产和传播的新媒体（包括互联网和手机在内）的迅猛发展，进入到一个无限选择的时代，生存于这个时代中的"任何人"在"任何地点"和"任何时候"以获得"任何想要的资讯信息"。大学生思想政治教育受新媒体时代等因素的影响，而呈现出新的特征和问题，如何适应这一变化而有效开展思想政治教育，是一个急需研究和解决的新课题。

2. 大学生思想政治"微教育"的要素

大学生思想政治"微教育"的开展，需要具备一些基本要素。例如：主体和客体、目标和内容、手段和载体。传授教育的一方是主体；受教育方是客体。只有这些要素和条件基本具备，才能完成复杂的"微教育"过程。教育主体通过设定目标，丰富的内容，完善的载体和手段，在主客体间将知识相互转换，达到教育优化的效果。

（1）主体和客体

①大学生思想政治"微教育"的主体

从施教与受教的传统角度来看，大学生思想政治"微教育"的主体与以往常规思想政治教育不同。在常规思想政治教育中，教师是主体，他们通过知识传授和课堂教学，进行一对多的、"灌输式"的说教，主体较为单一。大学生思想政治"微教育"的主体与以往不同，在新媒体背景下，"微教育"的主体不是单一形式的教师授课，而是利用多种网络通信工具（如：微信、微博、QQ等等），通过网络移动终端进行思想政治知识的传授。

在"微教育"过程中，主体是多元且灵活的。"微教育"的主体可以是教师录好的课程视频，也可以是关于某一方面的系统化知识，也可以是在微信公众号等类似网络平台上的系列知识更新。从新媒体平台的性质来看，"微教育"的主体既可以是教师，也可以是其他群体，更可以是受众群体。也就是说，在网络时代，思想政治"微教育"的主体不仅仅由教师担当，其他社会群体都可以利用网络平台发布或讨论关于思想政治相关的知识与看法，他们都属于主体。而参与的受众不知不觉中也充当了主体的角色，尤其是参与网络平台讨论时，包括大学生群体在内的受众发表自己的看法，同时也是一种知识的宣传与传播过程，他们无形中也充当了思想政治"微教育"的主体。

从建构主义角度出发，教师在教育过程中发挥主导作用，而学生是教育的主体，即形成"主导—主体"相结合的思想。学生作为主体更能够体现学生的积极性，同时又能体现教师的价值与作用。一些人倡导以学生为中心，另一些人则以教师为中心，而不管从哪种角度出发，学生作为学习过程的主体，教育的目的是促进学生学习、挖掘学生潜能，因而教师应该充当组织者、引导者，启发引导学生成为学习的主人。

由此可见，在新媒体环境中，大学生思想政治"微教育"的主体是多元且灵活的，为大学生思想政治教育创新发展注入新鲜血液，多方参与和互动，激活了大学生的积极性和主动性。

②大学生思想政治"微教育"的客体

表面上，大学生思想政治"微教育"的客体是指接受思想政治"微教育"的大学生群体。大学生群体通过各种网络工具获取知识，了解、学习到相关思想政治的观点、知识及实践等。实际上，客体并不局限于大学生群体，客体亦可以是营造的学习环境。运用环境间接影响知识接收者，即客体。

在实际教育过程中，大学生思想政治"微教育"的主体客体界限并不是十分清晰。大学生本身即是传播者又是接收者，既可以是主体又可以是客体，这两者间的关系是可以相互转换的，而且除了这两者间具有主、客体资质外。在"微教育"中，学习工具、学习环境、教学内容等都在主客体之间进行相互转化，这个转化过程主要体现在学习之中的互动、塑造和影响。正是由于主客体总是相互转化，主客体界限并不清晰，使"微教育"更具活力和生命力，更有发展前景，能够激发起更多人的参与热情。

（2）目标和内容

"为什么而教""教什么内容"是教育的基本要素。学习过程的展开，不仅要有传授者和接受者，还要有学习目标和学习内容。如果没有学习目标及学习内容，教育只能是一纸空谈。对于大学生思想政治"微教育"来说，学习目标与学习内容尤为重要。大学生思想政治"微教育"不仅具有传统思想政治教育的目标和内容，而且还有自身特殊的追求和因素。

大学生思想政治"微教育"以优化教学模式、提升受众能力、改善学习效果为主要目标。在教育过程中，依托微媒体平台、运用微媒体手段、提高微教育效果，力求做到时间短、效率高、效果好，努力提升教师教学的创新性和受众参与的积极性。当然，具体到每个教育环节、模块或方式的时候，大学生思想政治"微教育"的目标又会有所不同，需考虑具体课程设计、开发等方面的因素。

大学生思想政治"微教育"以思想政治、道德修养为主要内容。在教育过程中，依据具体教育目标，制定、设计、开发、管理甚至优化教学内容，以达到全面提升大学生思想政治素养的目的，使大学生通过提高思想政治素养从而促进自身全面发展。在微教育中，教学内容十分广泛、灵活，可以是相关理论知识和观点，可以是一段视频或语音，也可以是某一问题的讨论小组，微教育以各种形式展开学习的内容，内容的丰富性与展开学习的形式有关。由此看来，大学生思想政治"微教育"的内容是丰富多样的，具有很大的拓展空间，亟待人们不断开拓和创新。

（3）手段和载体

传统的思想政治教育主要通过教师的课堂讲授、主题报告会、感染性和引领性教育手段，对学生进行思想意识灌输。在这一过程中，教师作为思想教育工作者占据主导地位，学生主体性很少受到关注。在现今时代，互联网发展迅速，各种微媒体崛起，大学生思想政治"微教育"的手段越来越多样化。例如：传统模式+视频模式、完全视频模式、短小课堂模式、视频+实践模式等等。各种方式可以随意进行排列组合搭配。思想政治"微教育"手段的多元性不仅体现在手段样式多，更体现在各种教育手段之间可以相互转化和融合，教育手段本身也可以进一步优化与完善。

传统的思想政治教育载体十分单一，主要是教育者通过黑板、书本、纸笔等这些看得见、摸得着的载体传递知识信息，是高校大学生获得政治思想和观点立场的主要途径。这些传递信息的载体都为必不可少的硬件设施。如果某一环节出现问题，那么教育过程就难以持续下去。但是，在微时代的今天，网络十分发达便捷，大学生思想政治教育的载体更加现代化、多元化和人性化，诸如移动网络终端、微信、微博、Ted、各种网络论坛都已经成为教育活动的基本载体。大学生思想政治"微教育"的载体主要体现在网络化上，这一类型载体的特点是信息传播及时、信息"量"大、信息碎片化、交互性和共享性，而且媒介主体大众化，每个人都能够轻松注册账号并发表言论。因此，微媒体时代的思想政治教育载体更加灵活，承载信息也更加多元、便捷和畅通，能够提升学生学习效果，改善思想政治教育质量。

（四）大学生思想政治实施"微教育"的必要性

1. 借助"微教育"的时代元素增强教育吸引力

随着微博、微信等媒介的广泛运用，跳跃性、碎片化、快餐式成为信息传播的主要特点。大学生思想活跃，眼界比较开阔，对新鲜观念和事物接受较快，具有鲜明的时代特征。而一些高校思想政治教育创造性不强，教育内容依然固守在传统思想政治内涵上，不能适应当代大学生对求知、审美、处事的需求，调动不了积极性，引起不了关注，触及不到灵魂，气氛沉闷，效果不佳。而"微教育"是一个有组织、有计划、有规律、有内容、有内涵和有目标的生动课堂，简约、形象、生动的"微"话语符合日新月异的信息社会特点，多元、共生、交融的"微"元素迎合大学生求新求异的性格特征，平等、互动、创新的"微"体系满足现代教育理念方式，特别是图文并茂、影音结合的多媒体表现形式更是有效解决了传统思想政治教育枯燥乏味的弊端，更易于学生接受而深受欢迎，使思想政治教育达到"润物细无声"的效果。

2. 借助"微教育"的快捷广泛增强教育时效性

高校传统思想政治教育往往只能通过开展思想政治理论课教学，结合定期开展专题讲座、党团课等形式，相比于社会思潮变迁、时代形势变化、学生思想波动，存在明显的滞后性，并且受制于时间、场所限制，教育覆盖面不广，不能及时回应大学生关切的热点焦点问题，难以有效化解学生思想、心理困惑，严重制约了思想政治教育的功能发挥。而"微教育"依托网络传播，具有资源共享、传播快捷、即发即收等特点，打破了思想政治教育时空限制。教育者可以随时随地发布所见所闻、所思所想，并在第一时间内产生快速影响力，实现即时共享，使主流的声音深入到各个角落。相比于传统思想政治教育"逐层式"的传递方式，"微教育"可实现一对一或一对多"垂直式"的传递，开阔了思想政治教育的工作空间，增强了思想政治教育效率。

3. 借助"微教育"的灵活互动形式增强教育感染力

传统思想政治教育方式方法比较单一，过分依赖于课堂授课，恪守"上课、讨论、总结"三部曲，教案中空话套话大话较多，开展教育时上下一般粗，从理论到理论，缺乏思想交流、感情认同；同时，大课教育往往只解决共性问题，对于个体问题却缺乏针对性，教育者与教育对象之间缺少思想互动，受教育者常常处于被动接受地位，即使有了想法也不愿表达真实意见。而"微教育"主客体平等、开放的特点，削弱了传统思想政治教育中话语垄断现象，不但教育者能够传递思想政治教育的新思想、新见解和新内容，受教育者也能随时发布新观点、新意见和新建议，参与其中的个体人人都具有主体地位，不用受到身份、地位等的束缚，相互间形成平等的讨论氛围，也可以将在现实中难以表达的情感、生活等问题倾诉出来，得到他人的交流和理解，从而在心理上获得满足。

二、构建高校思想政治"微教育"的新模式的途径

伴随着网络的普及，"微时代"如浪潮般席卷而来。"正在快速崛起的高校官方微信公众平台，适应了大学生不断增长的信息咨询、生活服务的需要"，如何把高校思想政治教育与"微时代"更好地结合起来，使"微时代"下的高校思想政治教育焕发新生，就成了当务之急。我们可以分别从学校、教育者、受教育者三方面对这些新举措进行分析。

第一，学校应建立包括校官方微博和其他各种微信公众平台在内的校园微平台。"微时代"的到来，使得网络生活成为大学生日常生活中不可或缺的组成部分。为了让思想政治教育更好地融入大学生的日常生活，各个高校应促进富有时代特色和校园特色的思想政治教育信息与"微载体"的结合，满足当代大学生的现实需求；同时，要大力宣传和有效使用这些载体，使之成为高校思想政治教育与大学生日常生活间的一座桥梁，更好地为教育服务。学校还应安排专门人员对微平台进行维护管理，定期发布学生关心的与思想政治教育相关的社会热点、社会道德、学校发展等最新动态信息，加强学生对当下热点的了解，扩大学校的影响力。有学者认为，学校应在微平台分享学生日常关注的、迫切需要解决的关于现实人际交往、在校期间生活学习规划、未来如何就业等问题的解决方案，为大学生答疑解惑。校园微平台的信息发布一定要从贴近学生的角度出发，同时加入具体的案例，在具体问题中进行具体分析，并用视频、图片等更能吸引学生的形式取代长篇大论的文字和理论，充分发挥校园微平台的教育作用。高校建立校园微平台是为了使高校思想政治教育顺应"微时代"的发展，满足新时代下大学生对新型教育的需求，拉近教育者与学生生活之间的距离。

第二，高校思想政治教育者要把自己的工作真正融入学生生活之中，必须挣脱传统观

念的束缚，发挥自己的创造力，熟练运用各类新兴的"微载体"，与学生的生活接轨。教育者要改变自己高高在上的传统理念与大学生成为无话不说的好朋友，引导大学生从事积极向上的活动。有学者认为，高校思想政治教育者要学会借助新兴"微载体"进行正面信息的传播，挣脱传统教育的时空束缚，使积极正面的教育信息搭乘"微载体"在网络中展翅高飞，为高校思想政治教育营造一个充满正能量的教育环境。一方面，要求教育者在进行思想政治教育时，不能拘泥于传统高校思想政治教育方式，而应顺应时代需要，把"微载体"作为信息传播的主要途径，在保证信息正确的情况下，将抽象的理论转变为通俗的语言，方便学生对信息的理解。有学者认为，只有具备对"微载体"熟练地使用能力、敏锐的信息捕捉能力和对未来高校思想政治教育发展路径的精确判断力，才能洞悉"微时代"与高校思想政治教育结合以及思想政治教育融入大学生生活时遇到的问题，进而解决问题，使教育者自身更好地融入大学生生活，成为他们的"微伙伴"。另一方面，教育者还是引导学生对网络上良莠不齐信息进行理性辩证、科学分析的主要力量。"微时代"下，信息传播速度极快，不良信息容易呈几何级数扩大，单凭个别高校思想政治教育者是远远不够的，这就需要将高校思想政治教育者拧成一股绳，分享经验、开拓进取，成为一支力量庞大的队伍，共同处理"微时代"中出现的复杂问题。有学者认为，思想政治教育者要发挥自己的作用，在调动学生自我思考的同时，也要养成他们自我教育、自我监管的能力，引导学生接受积极正面的信息，并教会学生如何判断各种复杂信息的真伪，增强大学生正确的思想信念，自觉抵制不良信息的诱惑。

第三，作为受教育者的大学生也应对自身严格要求，才能使自己在"微时代"下出淤泥而不染，更好地接受思想政治教育。学生的素质和修养往往对思想政治教育起到不可忽视的作用。因此，要搞好高校思想政治教育工作，就必须帮助大学生提高自身的素质和修养。比如，帮助大学生在网络生活中准确表达自己的观点，实事求是，文明规范用语，切勿被纷杂的信息蒙蔽，也不要发表过激言论。除了文明用语外，还要引导大学生加强自身对各类信息筛选辨别的能力。大学生应拥有自己独立思考和冷静分析各类信息的能力，要学会过滤不良信息，提高对不良言论、低俗文化的免疫能力，不要被不法分子牵着鼻子走。总之，大学生要养成网络自律精神，恪守网络道德，在积极进行"微教育"的同时学会理性思考，带着批判精神去接受各类信息。

除了上述三个方面之外，高校思想政治教育内容的丰富与改善也是当下高校思想政治教育与"微时代"更好结合的一个不可或缺的因素。

教育内容的多样化是让高校思想政治教育产生应有教育效果的首要因素。理论源于实践，更应通过实践运用到生活中，通过理论与生活的结合，发现传统高校思想政治教育内容的不足和缺陷，不断提高教育内容的质量，使高校思想政治教育对学生产生有效的指导作用。教育内容如何向多样化发展，只有在生活中才能找到答案。教育内容不能一成不变，必须紧跟潮流，才能符合当代思想政治教育的需求。只有加快思想政治教育同大学生实际生活的融合，才能更有活力。首先，选材要取自于大学生亲身经历的案例，亲身经历的案例更能引起大学生的共鸣，引发他们的道德思考。其次，选取影响力大的案例。对于习惯从网络获取信息的大学生而言，影响力大的案例更能第一时间被他们关注，将这些案例融入思想政治教育中，更能吸引学生。最后，选取实际生活中困扰着大学生的一些案例，让思想政治教育不断向大学生的生活靠近。教育者只有深谙如何运用思想政治教育去解决大学生日常生活中存在的一些困扰的方法，才能实现思想政治教育和大学生的零距离接触。

第二节　新媒体时代高校思想政治教育的共享社区模式构建

新媒体时代高校思想政治教育目标的实现，需要以"共享"为基本方式，以"社区"为共同体，这种"共享社区"，是新媒体时代高校的一种道德文化圈，是实现高校思想政治教育的新模式。构建这样一种新模式，不仅是适应新媒体时代的客观要求，也是新媒体时代高校思想政治教育创新的必然。

一、新媒体时代高校思想政治教育的共享社区模式的概述

（一）社区的含义

社区是一个"微型的社会"。社会学家常常将其作为研究整体社会的起点，实地研究也往往以社区为单位来进行。因此，"社区"就成为社会学的基本概念之一，社区研究及其理论便成为社会学的重要内容。

"社区"是社会学的基本概念之一。从词源上来说，"社区"一词舶来于英文单词"Community"，大意为共同体和亲密的伙伴关系。一般认为，"社区"这个概念是由德国社会学家斐迪南·滕尼斯最早提出来的。滕尼斯尽管最早提出了社区与社会的划分，但他并未对社区下过完整的定义。在《社区与社会》（又译为《共同体与社会》）一书中，滕尼斯区分了人类集体生活的两种基本形式，即社区与社会。他认为，社区是通过亲戚、邻里和朋友关系建立起的有机的人群组合，它的基础是"本质意志"；而社会是靠人的理性权衡即"选择意志"建立起的人群组合，是以权力、法律、制度的观念为基础的机械的聚

合和人工制品。同时他认为："社区内的社会关系是紧密的、合作的和富有人情味的。而社会关系则是非人情化和独立的。因为在社会内，正式的契约主宰着经济交换，货物只是被买进或被卖出，人们更加关心自身的利益。社区实质上是特定地域上的人群或特定人群的生活方式和人生内涵。人是社会的动物，意味着人类不仅简单地生产和消费，而且有自己的精神生活和社会交往。这些精神生活和社会交往通常发生在自己的社区-工作社区和生活社区。"

滕尼斯关于社区与社会的二元划分理论，在美国社会学界具有深远影响。美国芝加哥大学的帕克是最早对社区下定义的社会学家之一。社区能成为社会学的核心概念，以帕克为首的芝加哥学派功不可没。帕克认为，社区的基本特征有两个：一是它有一群按地域组织起来的人群。二是这些人群程度不同地深深扎根在他们所生息的那块土地上。三是社区中的每一个人多生活在一种相互依赖的关系之中。

通过对众多社区定义的分析，我们发现至少有一点是大家都公认的，就是社区是由人所组成的。在140多个定义中，有相当一部分涉及三个因素，即地域、共同联系和社会互动。参考西方社会学家对社区所下的种种定义。再结合中国的社会现实，这里我们给社区下一个相对宽泛的定义：社区是由一定的人口所组成的地域性的共同体。

在新媒体时代，人们结缘于电脑空间，并且逐渐创造出一种全新的生活方式。在整个地球的社交圈子中，人们根据兴趣、爱好、能力等形成不同的身份群体，完全不受地理的束缚。人们的社会互动方式也发生了变化，面对面的沟通减少，人际沟通间接化，人们通过电子邮递、通过网络来交流思想、观点，传递感情，可以说，网络成为当今社会人们之间联系的纽带，为人们提供了某种感情上的寄托与认同，由这种具有共同爱好、兴趣的人群所组成的虚拟社区逐渐取代了传统的地域社区。对这种新的社区类型的研究已经引起了学者们的广泛关注。

（二）新媒体时代高校思想政治教育的共享社区模式的含义

今天飞速发展的新媒体技术，不仅极大地促进了虚拟社区的形成和扩展，更重要的是由于虚拟社区网络与互联网紧密结合，为人们提供了贡献他们的知识和获得他人知识的网络环境，在这样环境中的协作过程涉及大量在线知识的发现及协作者间的知识共享。但许多网络社区并没有满足人们知识共享的期望。影响有效的知识共享两个障碍是：寻找相关知识的困难；寻找能进行交互的协作者的困难。在今天，人们越来越意识到在网络社区中确立"共享"理念的必要性。

正是基于网络社区的现状，我们提出了"共享社区"的概念，并且引入到高校思想政治教育领域。所谓"共享社区"，不是因共享的地理空间而形成的社区，作为一种学习共同体，它是基于共同的兴趣而建立的社区，其最重要的要素是共享的资源、共同的价值观和互惠的行为，甚至还包括共同的规则。

在新媒体时代，高校思想政治教育融入"共享社区"的理念，并且作为

高校思想政治教育的新型模式来构建，具有创新性。首先，它意味着教育者与受教育者在知识、智慧、经历、体验、价值观等思想观念、精神境界以及教育过程、成果等方面的全面共享。其次，它意味着多方间的关联性，通过多个个体之间的相互连接、接触和关联，形成一种关系网，一种道德圈。在思想政治教育视阈里，"共"，既包含有多层次、多向度的联系，又体现了"共同"情结下与自然、社会、他人间共生共存的关系。"享"，则体现的是思想政治教育本身及其过程不再只是规范与约束，而是共同体中更愉快生活方式的追求。再次，它意味着将使高校思想政治教育的过程不再是受教育者"储蓄"知识、技能的过程，而是在表达与共享的"学习"中，个性化地表达自己对道德生活的理解方式并得以评价，形成德育过程中彼此交流的共同体；同时也将使高校思想政治教育的教学资源和设备的功能无形间增大，极大地提升思想政治教育的层次和水平，从而增强高校思想政治教育的实效性。

（三）新媒体时代高校思想政治教育的共享社区模式的特点

1. 知识共享

这里所说的知识，既包括自然科学知识，也包括社会科学知识。作为思想政治教育共享社区，它所要共享的知识更多的应当是思想道德方面的知识，如大学生所必须遵从的基本的道德规范、政治制度等。此外，还应包括对于思想道德修养以及个人品质自我提升的方法的传授。也就是说，在思想政治教育过程中，每个主体都同时会成为教育者，告诉他人自己是通过何种途径、方式和方法取得某种良好品质的。这种共享不仅会直接地指导他人，而且会发生重要的示范和激励作用。

2. 生活共享

这里所说的生活，应当包括生活经历、生活体验与人生体验等方面。现代生活节奏加快，竞争激烈，人的心灵和意义生活相对贫乏，人们有着分享体验、经历、情感的强烈愿望。共享社区为当代大学生提供了一种描述体验和分享体验的场所，他们可以在这里相互倾诉、交流，在彼此体验和情感的共享中感受人生、体味心灵的美。共享中描述的体验是和鲜活的实际真实生活体验相紧密联系的。因此，共享社区必须关注那些不在场的因素，让它们同样发挥着对受教育者自身、对他人的教育作用。

3. 资源共享

在高校思想政治教育长期的实践中，教育资源的利用实际上存在着三种状况："先有再用""先用再有"和"只有不用"。在新媒体时代，社会信息传递正由历时传递转向共时传递，思想政治教育工作者已经失去了获得信息资源的优先权与垄断权，资源的开放性、交互性已成为时代的一个显著特征。共享社区改变了思想政治教育资源管理的封闭局面，通过新媒体载体的多样化、利用主体的范围拓展，充分实现了思想政治教育资源的应有价值。在共享社区里，书本、报纸杂志、师生课堂讲述与对话、日常交往行为过程、网上教育资源、教师与学生的博客，等等，都成为开放性的资源，以供受教育者利用或借鉴。共享资源的开发利用，使得有利于高校思想政治教育目的和目标实现的各种要素，都被视为思想政治教育资源的重要组成部分。

4. 过程共享

在思想政治教育问题上，每个人都是主体，每个人都有关于思想政治教育的体验、情感、认知、行为等，只要这些体验、情感、认知、行为能够达到内容上相契合、心理上相悦纳，思想政治教育就可以真正成为共享的过程，这种共享也会极大地促进思想政治教育的效果和效益的提升。

思想政治教育的正面体验和个人幸福是一致的，促进人的全面发展和个人幸福的获得是思想政治教育最根本目标和价值体现，同时个人幸福的获得又是思想政治教育效率提高的动力和有效手段。共享社区提供了这样一种情景：大学生们在相互倾诉、交流的同时，更多的是在这个过程中去感受其中的幸福，体验其中的快乐，一起共享生活与人性中的美好，从不同的角度欣赏每一种存在方式的美丽。正是这种积极、正面的共享式的过程体验，有效地增强了大学生的自信心，使他们在愉快的共享情境中道德情感得到升华，从而高校思想政治教育的效率也得到了提高。

（四）新媒体时代高校思想政治教育的共享社区模式的背景

随着新媒体时代的到来，高校思想政治教育的传统模式正面临着严峻的挑战。众所周知，新媒体，这个以"技术、共享、互动、吸引力"为关键词的概念，突破了传统思想政治教育所受到的时间和空间的限制，使得信息传播变得顺达、快捷，适应了现代社会的需求。在这一背景下，高校学生群体成为使用新媒体技术最为广泛、最为活跃的群体，当代大学生的沟通交流需求也因此而趋向多元化。尤其是随着社会主义市场经济体制的深入发展，我国社会经济成分、分配方式、利益关系和就业方式等的日趋多元，主体意识不断增强的高校学子们的思维方法和价值取向也逐渐独立与多元，其行为标准、审美情趣以及生活方式等也呈现出多样化态势。

面临着这样一种多元化、多样化的趋势，使得目前基于学分体系的传统思想政治教育模式不再具有显著成效，迫使思想政治教育工作者在把握多元化沟通交流需求的基础上。必须转变教育观念，探求新的模式。近年来，学界加强了对高校思想政治教育工作的研究，其热点主要集中在思想政治教育载体和价值取向、思想政治教育的实效性、思想政治教育与心理健康教育、特别是网络与思想政治教育等方面的研究。对新媒体的研究中，主要集中在两个方面：一是新媒体给大学生的思想政治教育工作带来哪些影响；二是如何利用网络平台加强大学生思想政治教育工作。在上述研究中，对如何构建适应新媒体时代高校思想政治教育的新模式，却涉及不多。应当说，这些研究都是必要的，但如何充分运用新媒体的优势，整合优质教育资源，增强高校思想政治教育的实效性，则是当前最为需要的。正是基于此，我提出共享社区模式的思考。

（五）新媒体时代高校思想政治教育的共享社区模式的现实意义

1. 有利于打破时空限制，突出大学生思想政治教育的过程性

思想政治教育本身是一种过程性的教育，这种过程性，不仅仅是在课堂教学中，比如，一首积极健康的歌、一幅唯美的图画、一句扣动心弦的话语、一则动人的故事、一个崇高的榜样……这些信息来自于不经意的鲜活的生活体验，都可能会产生一种真善美的感染力。当前，受传统大学教育学科体系的影响，我国大学生的课程学习、社会交往及活动范围绝大多数有着一定的时间和地域限制，其形式还是以课堂教育为主，课堂教学以师生时间与空间上的在场为前提。这种主要以文本知识和教育者单向传输为主的思想政治教育，师生的在场本身是一个客观事实，这样一个事实性条件如何运用，将决定课堂教学能否发挥应有的育人价值。正因为存在如此对在场性的苛刻要求，实际上是在为思想政治教育工作者和受教育者画了一个圈，很多进行思想政治教育的契机往往就是这样失去的。新媒体依托数字技术、计算机网络技术和移动通信技术而形成了巨大的共享社区，教育信息传播即时、开放，较之以往任何一种传播技术和交流工具，都有根本性的跨越，这为突破时空限制的校外教育提供了可能。

2. 有利于提高主体性，打造大学生思想政治教育学习共同体

《全球主义者》杂志的杰里米·里夫金曾撰文指出："在美国人看来，如果一个人是自由的、独立的，那他就不依赖其他人或他控制外的环境。这需要人有财产，一个人越有钱就越独立。"而更加理性的人认为自由是指融入，一个自由人是能不断和他人互相依赖的人。一个人能进入更多的社区，他就有更多的选择，他就能过上完整而有意思的生活。

共享社区，可以增强思想政治教育主体的自由选择权，一定程度上将调动他们的主观能动性。从学习者的角度来说，学习者知识技能的获得，必须通过群体才能得以实现，通过专家、同伴间的互动，学习是与群体或者环境相互合作与互动的过程，个体与特定的社会团体之间的相互作用是学习途径和方法的核心所在。个体在学习过程中，通过直接或间接的方式学习或者传递共同体经验与社会规范，从而不断地锻炼意志品质和实践能力，塑造自己在学习共同体中的身份与关系。

3. 有利于集聚社会有限资源，提升大学生接受思想政治教育的公平性

共享社区能够迅速集聚社会有限资源，使得教学资源和教学设备的功能无形间增大，达到提升高校办学层次和水平、降低办学成本的目的。这既是高校加快自身发展的内在需求，也是现阶段高等教育发展的战略选择。现阶段的教育公平，对每个社会成员来说就是要在享受公共教育资源时，都能受到公正和平等的对待。当前教育的实际现状是，大学生由于受到学校之间的差别限制，所受到的教育状况是不公平的。一般来说名校教师的服务对象主要是所在学校的学生，而不能够发挥公共知识分子的作用。共享社区模式，不仅保障了各高校学生共享优秀教师的权利，为优质资源共享提供了可能，而且为提升大学生的思想政治素质提供了一个新平台。

4. 有利于引导正确的文化选择，营造大学生思想政治教育的文化环境

当代大学生面临着多元文化的选择。文化选择的正确与否，不仅关系着大学生思想政治素养的提升，也关系到大学生人生道路的选择。要使文化选择有利于大学生的健康成长，就必须引导他们不断增强文化的鉴别能力。在思想政治教育共享社区里，呈现给大学生的是思想文化盛宴，他们有机会接触到外校优秀教师上的精品课，体会到不同大学的人文特色，感受到不同文化之间的碰撞。这为全面提升学生的科学、人文素养和文化品位，开阔社会人生视野，提供了可能。

二、新媒体时代高校思想政治教育的共享社区模式的运行路径

（一）注重三环对接，共建社区和谐化

1. 大力推进思想观念的对接，达成思想意识共识性

新媒体时代的思想政治教育共享社区在认识上要达成共识。这是因为：一是资源的开放和共享，需要社区主体和个人的认识达成共识。在传统意义上，社区组织所讲究的是上下级的关系，是纵向的，反映在思想政治教育中，则是受教育者的被灌输被教育的关系。而社会的发展要求同时建立另外一种横向的结构，在这种结构里，各成员之间最重要的关

系不是隶属，而是唇齿相依、共荣共损。任何一个成员都有义务、有责任为社区的发展做出力所能及的贡献，形成社区共建共荣的共识。二是有效抵御有害信息的侵蚀，需要社区主体和个人的认识达成共识。随着经济全球化趋势的日益加剧和社会化程度的日益提高，尤其是新媒体技术的日益发展，信息沟通随之变得更加迅捷和广泛，各种思潮不断进行着冲突和融合；理想与现实之间的冲突和融合等等。主体意识不断增强的大学生是对这些冲突和融合最为敏感、也是最能产生影响的群体。因此，共享社区要以社会主义核心价值体系为引领，实现思想观念的对接，以达成社区主体和个人的思想共识，这是思想政治教育共享社区区别于其他社区的根本点，也是思想政治教育共享社区一切社区行为的基础。

2. 强化认知与行为的对接，养成思想政治教育的行动性

共享社区是一个系统，为各个体提供了一定的约束机制。在社会主义核心价值体系的引领下，利用共享社区系统所提供的约束机制，信息协调员可以通过各种途径将社会要求的政治观点、思想体系、道德规范灌输给受教育者，影响受教育者的认知，并转化为个体意识和动机。同时，在这个社区大系统中，通过各种约束机制，还可以促进认知与行为的对接，实现思想政治教育的内化与外化的对接，使受教育者把个体意识和动机转化为良好行动和行动习惯。

3. 实现虚拟社区与现实社区的对接，增强思想政治教育的实效性

传统高校思想政治教育阵地在宣传主导意识和党的方针政策方面，发挥过重要作用，功不可没，但也存在着相对固定、覆盖面窄、信息资源滞后的局限。新媒体具有最先拥有新信息、新资源和体现时代气息等优势，越来越成为开展高校思想政治教育最具时代性的新阵地。在新媒体所构建的虚拟世界里，有着共同兴趣爱好的大学生如鱼得水，这种便捷的交流沟通平台，为他们提供了一种新的交流方式、新的工作方式甚至一种全新的生活方式，新颖的社会组织形式越来越凸显出对当代大学生的影响力。共享社区管理执行层应把握这个趋势，充分利用新媒体技术，密切洞悉生活中的变化，尤其是要对那些反映时代特征的活动形式和内容予以格外关注，并结合思想政治教育的目标加以整合，将其纳入现实的思想政治教育活动过程中加以引导和规范。

（二）聚合优质资源，加速共享资源集成化

在共享社区里，思想政治教育资源共享主要体现在以下几个方面：首先是共享优质课程资源。新媒体为思想政治教育课程资源的集聚提供了物质条件，思想政治教育资源首先有一个集中的过程，包括教材、教案、课件、案例等教学资源的集中和分布式网络所提供的各式各样的学习资源的汇聚。共享社区中的信息协调员，通过各种方法，将这些资源进

行集聚再到集成，通过整合，形成优质资源其次，学习经历资源的共享。如前所述，在这个共享社区中，更多是以学习共同体为主，合作与协作将做到优势互补。再次，学习体验资源的共享，在这个共享社区中，所有人都成为学习者和教育者，知识是在活动和互动中获得，思想政治教育更体现了过程性。这种基于媒体化层面的资源集成更加具有人性化，更重要的是能满足每个学习共同体成员的个性学习需要，使每个人都能在这样共享的环境中渐进养成高尚的思想道德情操，逐步形成崇高的政治思想素养。

（三）构建新媒体多元化平台，促成思想政治教育扁平化

传统高校思想政治教育载体的形态可以划分为课程载体、活动载体、管理载体、大众传媒载体、谈话及心理咨询载体等，在思想政治教育共享社区里，除了应将这些载体进行科学整合、形成合力之外，还要进一步拓展新的思路。为此，需要积极探索思想政治教育新阵地，以新媒体为技术基础，构建多元化平台，畅通信息传送渠道，促成思想政治教育常规化。例如，通过搭建微博平台，促进社区组织各成员之间通过电脑或手机进行多层次、平等性的交流，及时把握学生动态，广泛开展网络舆情收集。再比如通过"心灵驿站"等讨论版的建立，搭建与学生心灵沟通的桥梁。在复杂的多元化背景下的后、后的个性张扬的大学生，遇到郁闷、烦躁、人际交往方面的困惑，他们并不太愿直接面对面地和老师交流，类似这种情况，可以通过在线心理咨询，积极引导大学生树立正确的健康的生活观、人际观，帮助排解心中的纠结。时尚新潮的群共享或者讨论组，则给学习共同体成员提供了一个大众交流的即时空间，成为他们学习、生活依赖的喜欢的场所。成员和管理者的共同参与，为及时了解和解决学生学习、生活中的实际问题创造了条件，真正在虚拟的网络世界里架起了一道真实的师生心理沟通的桥梁。这种扁平化的方式，使高校思想政治工作的共享资源能够发挥更大的效益。

三、新媒体时代高校思想政治教育的共享社区模式的运行机制

高校思想政治教育共享社区的运行机制，是由领导机制、教育机制、预警机制、调控机制、保障机制、激励机制、约束机制等组成的，当前要着力抓好以下四个机制建设。

（一）领导机制：高校思想政治教育共享社区模式运行机制的关键

领导机制，是高校思想政治教育共享社区模式运行机制的关键性环节。中共中央对高校学生思想政治教育工作的领导机制提出了明确要求，要求高校党委加强对高校学生思想政治教育工作的领导，校长对学生的德智体全面发展负责，建立和完善校长及行政系统为

主实施的思想政治教育管理机制。而实际工作中，真正建立起这种健全的领导管理机制的高校并不多，只有党委管理学生思想政治教育工作并组织实施。这种机制使思想政治教育工作与其他工作形成两条平行线，相互独立，难以渗透、融合，难以做到把思想政治教育贯穿在教育的全过程，落实在教学、管理、后勤服务的各个环节。新媒体时代，要想充分发挥思想政治共享社区模式的整体效能，就必须创新高校思想政治教育领导机制，真正形成党、政、工、团、学分工负责、齐抓共管的思想政治教育工作格局。

（二）预警机制：高校思想政治教育共享社区模式运行机制的保证

预警机制，是高校思想政治教育共享社区模式运行机制的保证。所谓新媒体时代高校思想政治教育预警机制，就是通过多种渠道，准确了解共享社区内的不同时期、不同专业、不同年级学生群体的思想动态和经济状况，分类储存不同信息，建立思想政治教育预警信息数据库，及时分布各类预警信息，增强高校思想政治教育的前瞻性和针对性。一方面，通过 BBS 论坛、网上调查、咨询热线、消费信息等形式，了解学校学生生活、学习、就业等方面的实际状况，了解他们对社会热点、重大国际国内新闻事件的评价等方面的思想信息，提高教育的针对性；另一方面，通过浏览其他网站 BBS 等形式，及时了解校外学生思想动态，为本校的思想政治教育提供有益参考信息。这样，思想政治教育预警机制通过对校内外各种信息的收集、整理和分析，全面了解大学生的思想倾向和实际困难，及时掌控网上存在的有益的信息、片面的思想观点和有害的社会认识以及它们可能对主流价值体系的促进或冲击，为共享社区的教育管理部门及早提供应对策略，使不正确的认识和思想及时得到解决，引导高校思想政治教育共享社区模式健康发展。

（三）调控机制：高校思想政治教育共享社区模式运行机制的手段

调控机制，是高校思想政治教育共享社区模式运行机制的重要手段。所谓调控机制，是指思想政治教育的调控作为一种有目的的教育实践活动，教育者采用符合教育要求的调整方法，改善受教育者的思想状况和教育环境，使其符合某种要求。新媒体时代，网络信息庞杂多样，良莠不分，因此，高校思想政治教育应建立他律和自律相结合的监控管理机制。他律就是要建立和完善有关规章制度，规范网络动作，加强对局域网、校园网的管理，充分利用现有的监控管理技术，建立信息进出校园网的"海关"，筑起信息防火墙，净化网络空间。自律主要是提高学生自觉、自愿的网络道德意识，注重大学生的自我管理，注重网络法制意识和责任意识的培养，提高自我服务意识，规范网络行为。培养网络道德自律能力。在具体实施中，应坚持技术监控和人员监控并重的方针，从两个方面入手：一方面是制定监控内容的标准，明确监控的对象或范围，这是实施监控的前提条件；

另一方面是实行技术监控与人员监控相结合，大力开发适应高校网络思想政治教育需要的监控软件，培养网络思想政治教育的专职监控员。与此同时，还要根据实际情况，适时地对高校思想政治教育原定计划和方案进行调节、修正、补充与完善，通过优化调控，使思想政治教育的计划更加完善，内容更具前瞻性，重点更加突出，措施更加得力，方式更加科学，效果更加明显。

（四）保障机制：高校思想政治教育共享社区模式运行机制的基础

保障机制，是高校思想政治教育共享社区模式运行机制的基础。所谓保障机制，是指对思想政治教育起保障作用的诸要素相互作用、相互影响、相互制约的关联方式，它是一个复杂的系统，能够思想政治教育工作正常、有序地进行，使思想政治教育的各种计划得到落实。从构建高校思想政治教育共享社区的需要出发，当前应加强四个保障：内容保障、技术保障、物质保障、环境保障。

第三节　新媒体时代高校思想政治立体化教学模式

全方位、多层次、立体化的高校思想政治理论课教学模式是改变传统一维课堂理论教学模式，适应多元化、社会化、全球化新形势要求的必然选择。思想政治理论课"立体化"教学创新模式应体现的是以"三个课堂"为核心，包括课堂教学、课外活动、社会实践、教学方式、教学考核、教学评估等各方面均体现立体化的基本架构模式。这种模式对于培养大学生思想政治教育理论与实践能力，增强思想政治教育的有效性具有积极的作用。

一、新媒体时代高校思想政治立体化教学模式概述

随着网络化、信息化、移动化的技术发展，针对当代大学生的特点，提高思想政治课教学实效性，我们进行了大胆的教育教学改革与实践，实施了立体化教学模式的探索，取得了显著的成效。

（一）立体化教学模式的内涵

立体化教学模式是指根据高校思想政治理论课教学特点、规律、教学目标以及学生成长的规律，坚持以人为本，以学生为主体，整合思想政治课教学资源和教师队伍，对教学内容、教学过程、教学方式和考核方式进行全面设计，将新媒体技术应用到教学之中，形

成全方位、多维度、网络化的相互协同、相互融合、功能互补教学模式，打破了传统教学模式，充分调动学生学习思想政治理论课的积极性和主动性，提高教学效果。

（二）高校思想政治立体化教学模式的形成

1. 学生学习主动化

教师主导作用与学生主体地位的辩证统一规律，是教学工作相关理论之一。教学过程需要师生的共同参与，教师的主导作用，主要是教师对课堂教学的设计，在教学过程中引导学生，深化知识点的学习，调动课堂气氛，激励学生思考等一系列活动。而学生的主体地位，则主要指学生摆脱受支配的被动学习地位，主动学习、自觉学习。

2. 教学方式立体化

针对不同课程和学生的特点，采取多种形式的教学方式，提高教学效果，是立体化教学方式的特点。高校多以课堂教学为主，辅以其他形式的教学方式。

3. 教学资源立体化

传统的教学资源主要是纸质的教学课本和参考书，课本的内容相对固定，而参考书往往是针对课本编写的配套教程，也缺乏一定的灵活性和针对性。互联网技术的发展大大扩宽了现代的教学资源。主干教材、教学指导书、电子教案、多媒体课件、试题库、案例库、多媒体网络课程等，都可纳入思想政治的教学资源。

4. 教学考核体系化

传统的教学考核，主要是采取期末书面考试的方式，结合学生平时表现进行打分。思想政治的教学目的，不是培养出只会牢记书本知识的人，而是让学生形成良好的道德情操，树立正确的三观等。各高校也越来越认识到思想政治不能单纯地以成绩盖棺定论，增加了考试中主观试题的比重，试图通过开放性的试题了解学生的思想动向和教学成效。

5. 保障机制立体化

立体化教学模式改革除了需要教育主体、客体、载体等教育要素的相互配合，也离不开相关保障机制的支持。学校首先要在思想上和政策上明确思想政治教学的地位、组织结构、任教资格、工作量、课酬、考核方式等，从制度上为思想政治的立体化教学改革提供物质保障；其次，思想政治立体化教学的改革是一项系统的工程，涉及包括学校党政领导机构、教学机构、职能部门以及各个学院等多个部门，改革过程中，要统一规划、协调，做好教学过程中人、财、物的后勤保障工作。再次，网络时代为立体化教学提供了形式多样的教学资源，多媒体因其生动、直接等特点被大学生广泛接受。学生能从互联网上获取海量有用的学习资源，可以讲，多媒体网络技术的使用，为思想政治立体化教学提供了物质资源的保证，而互联网相关知识的合理运用，则直接关系着立体化资源的使用效率。因此，要为立体化教学改革提供技术上的支持。高校应注意培养相关任课教师的网络技术，使其灵活运用网络这一平台对学生进行课上或线下的教育，在网络教育平台对所设计的相关话题进行及时的解答和更新，提供疑难解答等。

（三）新媒体时代高校思想政治立体化教学模式的特点

1. 现实性与发展性相结合

思想政治理论课"立体化"教学模式使教学内容贴近现实生活。学生在立体化教学中学习理论，探讨现实热点问题，从而使教学内容潜移默化中内化到学生的行为里。另外，立体化教学模式在传统教学模式的基础上推陈出新、扬长避短，采用各种尝试和途径，加强教学与实践的联系，体现一个发展性的立体空间。

2. 主导性与多样性相结合

首先，在立体化教学模式中，教师起到"传道授业解惑"的主导作用，组织好教学秩序，正确引导学生的思想，激发和调动学生的学习兴趣，强化教学效果；其次，充分尊重学生的主体地位，让学生主动参与到立体化教学模式中，采用多样性的教学和实践方式调动学生的积极性和主动性。

3. 目的性与手段性相结合

思想政治教育的目的是开展思想政治教育的前提，也是思想政治教育活动的出发点和归宿点。现阶段我们思想政治教育的最终目的就是促进人的自由而全面发展，构建和谐社会。这是马克思、恩格斯追求的理想目标，也是党的领导人结合我们所从事的各项事业，以人的全面发展为出发点和价值追求，提出的科学发展观理念所要求的。因此，思想政治理论课"立体化"教学模式是为实现思想政治教育根本目的服务的。另外，借助于一定的手段达到一定的目的，是人类自觉的对象性活动的一个根本特点。立体化教学模式将突破传统，采取全方位、多层次、广覆盖、网络状的各种有效手段，力求事半功倍、卓有成效。

4. 理论性与实践性相结合

思想政治理论课立体化教学模式在抓住课堂教学灌输理论，探讨理论的过程中，将更注重实践性教学方式。利用课堂以外的时空组织立体化教学实践活动，如采取社团、校园文化、讨论、参观、实地考察等形式，使学生的认知从感性认识上升到理性认识，增强主动性和积极性。

（四）新媒体时代高校思想政治立体化教学模式的意义

1. 后现代思潮、全球化、互联网背景需要高校创新立体化教学模式，对大学生思想政治理论教育进行全方位的正确引导

后现代思潮的理念主张和思维方式逐步渗透进中国的许多理论研究领域和生活方式中。后现代作为一种复杂、异质的思维方式在中国的影响最直接的是青少年，对当前的学校教育构成了强烈的冲击，这种冲击已经使学校正统教育陷入困境，使部分青少年在信念、意识、伦理、品行等方面出现了严重的混乱。全球化、互联网多元化的文化和价值体系在丰富现代生活的同时，也带来了交往缺失、信仰迷茫、思维方式模糊、生活方式转变等问题，这些都需要高校思想政治理论课程从现实出发，理论联系实际，架构立体化、全方位的教育教学模式，对当代大学生在现实中遇到的问题给予高度重视，因势利导。大学生思想政治教育工作是一项连续的、复杂的系统工程，深入研究大学生思想政治教育的理论和实践，注视后现代思潮、全球化、互联网带给思想政治教育的挑战和困惑，是高校思想政治理论课需要而且应当解决的时代课题。

2. 传统的一维教学模式的弊端要求思想政治理论课堂教学走"立体化"教学新模式

传统的思想政治理论课教学模式采用一维的课堂理论教学模式，已经很难适应目前的教学要求。空洞的说教，单一的渠道不能使教学达到预期效果，甚至还会使学生产生逆反心理。

努力把思想政治理论认知转化为实践，这是提高思想政治理论课的质量关键。只有在立体化教学模式下才能更多地发现问题和解决问题，找出大学生思想政治教育的新规律，创新教学方法，增强针对性和实效性。

3. 大学生作为教学主体对理论的内化过程，要求思想政治理论课堂教学采用"立体化"教学新模式

大学生正处于世界观、人生观和价值观逐步发展的成熟期，其思维活跃、可塑性强。人的本质是一切社会关系的总和。因此，在现实社会中，大学生的思想行为会受到多角度多层次的社会关系的影响和制约，多元文化、观念、思想和生活方式会使其产生迷茫彷徨，被动式的传统教学模式只是"教化"的过程，不能"内化"其对理论的理解，难以对纷繁复杂的社会现象和社会问题形成正确的价值判断和价值选择。

综上所述，高校思想政治理论课采用"立体化"教学新模式是大学生正确思想品质形成和发展的内在要求，是增强思想政治理论课实效性的有效途径，充分体现了思想政治教育的基本原则。

二、新媒体时代高校思想政治理论立体化教学模式的运行

高校思想政治理论课"立体化"教学创新模式应体现的是以"三个课堂"为核心，包括教学内容、课外活动、社会实践、教学方式、教材体系、教学考核、教学评估均体现立体化的基本架构模式。所谓"三个课堂"是指思想政治理论课教学的三个课堂：第一课堂，是教师对思想政治理论知识的讲授活动；第二课堂，是围绕课程内容开展的以社团为依托的校园文化活动；第三课堂，是根据课程需要组织的社会实践活动。三个课堂相互结合，相得益彰，构成完整的立体化教学过程，发挥整体功能，从而全面引导和渗透到大学生思想政治教育中。

（一）课堂教学立体化——改进思想政治理论课教学为主阵地的"第一课堂"

要充分发挥思想政治理论课在大学生理论武装工作中的主渠道、主阵地、主课堂的作用。一方面，教师仍然要发挥主导作用，精心设计课堂教学内容。应正确把握好求实性与前瞻性、系统性与层次性、阶段性与连续性、广泛社会性与个人实践性之间的关系，切实增强知、情、意、行等方面的渗透力和感染力，除了围绕基本知识点、基本理论进行讲解外，还应采取课堂讨论、主题教育、案例教学、情景教学和课堂演示等多种教学方式，充分借助学生丰富而健康的情感体验，寓理于事，情理交融，把大道理转化为受教育者所喜闻乐见的小道理、实道理，让他们在潜移默化中接受教育。这样可以改变以往"满堂灌""一维化"的课堂教学模式，力求生动、具体、形象，使教学内容潜移默化、深入人心。另一方面，应注重学生的主体性特征，鼓励学生发散性、多样性思维和创新能力的培养，激发学生学习的主动性和积极性。在立体化教学设计中，应更多地加强学生能力的发挥，通过讲述、讨论、研究等方式，引导学生关注和解决大家特别关心的理论和实践问题。

（二）校园活动立体化强化以社团、校园文化建设为依托的"第二课堂"

思想政治教育是一种育人的实践活动，以培养一定社会所需要的德、智、体、美、劳全面发展的人才为终极目的。以社团、校园文化建设为依托的"第二课堂"具有立体性、多面性和潜在的渗透性，承载着一定的思想政治教育功能，成为思想政治教育又一重要的文化载体。社团、校园文化活动丰富多彩，一方面，学校可以借助社团，开展各种学术、科研、文化、艺术、体育等多种多样的活动，在活动中可以融入世界观、人生观、价值观，以及爱国主义、社会主义和集体主义教育，使学生从中受到教育和启发，并逐渐内化成为自觉行为。另一方面，高校应利用校园文化和校园环境，营造和渲染学习思想政治理

论的浓厚氛围，激发学习学生兴趣，如，利用报纸、电台、网站、宣传栏等形式开展相关理论宣传教育；经常组织思想政治理论专题讲座、学术报告、课题研讨等活动；还可以在校园内设置景观、雕刻、雕像、标牌等，对学生起到潜移默化的作用。

（三）社会实践立体化拓展与社会实践相结合的"第三课堂"

大学生接受思想政治理论教育，形成良好的思想道德素质是一个知、情、意、信、行相统一的长期的过程。社会是学生的第二大学，拓展与社会实践相结合的"第三课堂"，组织大学生广泛接触社会，在实践中得到教育和锻炼，是对大学生思想政治教育模式进行改革的极好形式。如：可以组织安排学生到工厂、企业、乡村、街道社区、军队或者赴经济发达地区进行参观访问，深入多领域、多行业进行社会调查研究。可以组织学生参加勤工俭学、生产劳动、扶贫济困、志愿服务、科技发明和各种社会活动。高校还可以确立一些社会实践教育基地，如革命教育纪念基地、改革开放成果基地、企业经济发展典范基地等，定期组织学生到这些"基地"上进行社会实践，写出社会实践报告。加大"基地"的建设力度，把它变成思想政治理论教学的生动课堂。另外，实践课除形式丰富多样外，还可以与科研相结合，从而全面提高学生的理论水平和研究能力。

（四）教学考核方式的立体化

教学考核是对学生理解、把握和实践课程内容程度的检验，也是看是否实现课程教学目的的关键所在。目前，许多高校在两课教学考核中大都采用平时成绩和期末笔试成绩相结合的方式。实现立体化的教学考核就是要改变以往的传统方法，通过理论考核与实践考核、课堂表现与课后表现、卷面成绩与论文、调查报告相结合等多种方式，将成绩考核分类细化，力求全方位、多层面地对学生进行评定，客观、全面地反映学生对课程体系的掌握情况。

（五）教学质量评估体系的立体化

质量是高等教育的生命线，建立立体化的教学评估体系是保证思想政治理论课教学质量的重要步骤，是教育质量监控的主要内容。通过立体化的教学评估体系，建立起经常化、制度化的评估制度，形成自我发展、自我约束的内部质量保障机制，有利于教学质量工作常抓不懈。对教学质量评估主要体现出全面性，既要有传统教学评价方式，又要有与教学内容和方式相适应的各种评价方式。除了学生评教外，还可以采取教师自评和督导、专家评教等方式，综合检验教学质量和效果。根据立体化教学的特点，除了对理论知识点的评价外，更应注重对实践效果的评价。

　　总之，立体化教学模式是建立在适应新形势要求，体现"05方案"精神实质和基本原则基础上的创新模式，这对思想政治理论课教师也提出了新的要求和挑战。加强和改进思想政治理论课教育教学模式，需要教师转变教学理念，更新教学方式，开辟思想政治理论教育的新途径、新办法。只有这样，思想政治理论教育才能与时俱进，体现实效，才能充满生命的活力。

第五章 新媒体时代下高校思想政治教育的内容

第一节 主导内容教育

一、理想信念教育

大学阶段是大学生树立理想、坚定信念的关键时期，引导大学生树立远大理想、高远志向，是高校思想政治教育的核心内容。当代中国高校思想政治教育的实质就在于使大学生充分认识到中国特色社会主义共同理想的科学性，使他们认同并拥护中国特色社会主义共同理想，进而在全面建成小康社会的历史进程中奋发有为、建功立业。理想信念教育的基本内容应包括：马克思主义基本理论的教育、社会主义历史的教育、社会主义现实的教育、社会主义未来的教育。

（一）马克思主义基本理论的教育

培养大学生的理想信念，要坚定不移地进行科学理论教育。没有理论上的成熟，就不会有政治上的坚定和理想信念的坚定。马克思主义是社会主义与共产主义理想信念的理论基础。它为我们提供了科学的世界观以及认识世界和改造世界的立场、观点、方法，没有马克思主义，就没有社会主义—共产主义理想信念。大学生对马克思主义、社会主义信仰的确立，有一个由感性到理性的发展过程。只有在理性阶段，才会认识到马克思主义是真正的科学，从而把对它的信仰建立在科学认识的基础之上，这样的信仰才靠得住。

马克思主义是随着时代、实践和科学的发展而不断发展的，它既有普遍性原理，又有特殊性原理，还有一些在特殊情况下做出的个别结论。随着实践的发展，马克思主义理论中的某些个别结论会随着时代的发展而失去意义或被社会实践所修正；但马克思主义的基本原理，则是始终起作用、始终动摇不了的。既不能因为要坚持马克思主义的基本原理而坚持已过时的个别结论，也不能因为放弃马克思主义经典作家的某些个别结论而否定马克思主义的基本原理。有了这种认识，对马克思主义的信仰就会更加坚定。所以，进行理想信念教育必须首先加强马克思主义基本理论教育。

（二）社会主义历史的教育

教育大学生正确认识社会主义的历史有着非常重要的意义。大学生只有了解社会主义理论形成和发展的历史，了解社会主义运动的历史进程，对社会主义的历史做出合理的解释、得出合理的结论，才能认识到社会主义发展的历史规律，认识到历史的必然性和现实的合理性，增强对社会主义的认同感，坚定社会主义理想信念。

（三）社会主义现实的教育

现实社会主义与马克思恩格斯设想的社会主义理论之间有巨大的反差。现实社会主义作为共产主义实践的产物，曾有过辉煌的令人瞩目的时期。东欧剧变以后，国内外出现了关于社会主义命运、现实社会主义历史定位、中国社会主义发展前景的大论争，社会主义国家面临种种质疑和挑战。因此，有必要对大学生进行正确认识社会主义现实的教育，帮助他们科学地认识现实社会主义的特征和地位，把握现实社会主义同马克思主义经典作家设想的社会主义社会的联系与区别，正确对待现实社会主义所遭遇的挫折和失误。这一系列难题的破解，不仅关系到对马克思主义的社会主义理论的坚持和发展，而且关系到改革的现实合理性及未来的发展方向，更关系到大学生对中国特色社会主义的信心问题。

（四）社会主义未来的教育

通过社会主义未来的教育，使大学生对未来发展趋势始终保持清醒的头脑，能够随时追踪国际形势的变化，了解世界社会主义发展情况及趋势，看清前途，看清社会各个阶级的发展方向。只有这样，他们才能不断地坚定社会主义—共产主义理想信念。

第一，科学地认识社会主义制度的优越性。从根本上看，社会主义的优越性主要表现在四个方面。一是社会主义的优越性归根到底要体现在它的生产力比资本主义发展得更快一些、更高一些。二是社会主义的最大优越性是共同富裕。三是社会主义要在经济上赶上发达的资本主义国家，还要"在政治上创造比资本主义国家的民主更高更切实的民主"。社会主义制度保障人民成为国家的主人，建设和发展新型的社会主义民主政治。四是社会主义精神文明是社会主义制度优越性的重要表现。只有大学生正确地认识了社会主义制度的优越性，才能正确地认识社会主义的历史、现实和未来，进一步坚定社会主义与共产主义理想信念。

第二，正确进行共产主义理想教育。共产主义理想体现着无产阶级革命者的向往和追求，是无产阶级革命者强大的精神支柱，也是当代大学生社会主义核心价值观的崇高追求和远大理想。一是共产主义理想是科学与信仰的统一。二是共产主义信仰是理想和现实的统一。

二、中国梦宣传教育

（一）中国梦的内涵

1. 国家富强是实现中国梦的前提

国家富强既包括物质的、制度的硬实力，也包括文化的、精神的软实力。国家不富强，军队不强盛，硬软实力不足，复兴也就无法实现。这就要求我们遵循党的基本理论、基本路线、基本纲领、基本经验、基本要求，不走封闭僵化的老路，也不走改旗易帜的邪路，坚定不移地走中国特色社会主义的道路，推进改革开放，一心一意谋发展，聚精会神搞建设，千方百计地解放和发展生产力，建设强盛中国、民主中国、文明中国、和谐中国、美丽中国，实现伟大梦想。改革开放 40 余年后的今天，国家富强的含义有着丰富的内容，主要包括经济富足和综合国力强大两方面内容。

2. 民族振兴是实现中国梦的核心

民族振兴就是要使中华民族屹立于世界先进民族之列。一方面，要实现经济发达、政治昌明、文化繁荣、社会和谐、生态良好，人民精神振奋、意气风发；另一方面，要提高处理国际事务和应对国际局势变化的能力。中国梦是一种形象的表达，是一个最大公约数，是一种为群众易于接受的表述，核心内涵是中华民族伟大复兴，可以适当拓展，但不能脱离中华民族伟大复兴这个主题。

3. 人民幸福是实现中国梦的根本

要实现人民幸福，必须在发展中注重保障民生，多谋民生之利，多解民生之忧，解决好人民最关心的利益问题。在学有所教、劳有所得、病有所医、老有所养、住有所居上持续取得新进展，不断实现好、维护好、发展好最广大人民的根本利益，使发展成果更多更公平地惠及全体人民。在经济社会不断发展的基础上，逐步实现全体人民共同富裕，实现每个人的自由而全面的发展。

（二）中国梦的基本特点

1. 现实性

中国梦是国家的、民族的，也是每一个中国人的。中国梦是我们的，更是你们青年一代的。当今时代，"中国梦"既不是口号，也不是遥远无期的，而是我们实实在在面临的紧迫任务。

2. 共同性

"中国梦"来自中华民族的光荣与梦想，源于中华民族对历史上深重苦难的记忆，源于中国人民对美好未来的憧憬和向往。"中国梦"具有悠久的历史渊源，在此心理基础上产生出来的对中华民族伟大复兴的强烈渴望，也是共同的。

3. 长远性

梦想的实现不是一蹴而就的，"中国梦"是一个长期而艰巨的任务，它需要我们在未来的时间里慢慢实现，需要一代代中国人的不懈努力，想要实现"中国梦"还有很长的路要走。中华民族的复兴是一个宏伟的目标，它由很多的具体目标组合而成，各个目标的实现需要时间、需要努力、需要坚持。因此，"中国梦"是过去的，是现在的，也是未来的，"中国梦"是具有时间跨度的宏伟梦想，它需要一代又一代的中华儿女付出努力，具有长远性。

4. 集体性

"中国梦"具有集体性。"中国梦"既是每个中国人的梦想，更是整个中华民族的梦想，它是建立在爱国主义与集体主义基础上的，"中国梦"的核心是实现集体或整体的价值，通过集体即全体中华儿女的共同奋斗实现中华民族共同的理想，个人的梦想是共同理想的具体表现和组成部分。"中国梦"集中体现了中华民族和中国人民的整体利益和根本利益，是民族利益、国家利益和个人利益的统一。"中国梦"从理想一步步变为现实的过程，也是社会主义核心价值观逐渐深入人心的过程。"中国梦"的实现是把社会主义核心价值观内化为人们具体的价值追求和价值践行的过程。

三、爱国主义教育

（一）中华民族悠久历史教育

我国人民的爱国主义精神是在中华民族漫长的历史进程中产生和发展起来的。要通过中国历史特别是近代史、现代史的教育，使人们了解中华民族自强不息、百折不挠的发展历程，了解我国各族人民对人类文明的卓越贡献，了解我国历史上的重大事件和著名人物，了解中国人民反对外来侵略和压迫，反抗腐朽统治，争取民族独立和解放，前赴后继、浴血奋斗的精神和业绩，特别是了解中国共产党领导全国人民为建立中华人民共和国而英勇奋斗的崇高精神和光辉业绩。

（二）中华民族优秀传统文化教育

中华民族在创造灿烂中华文明的过程中，形成了具有强大生命力的传统文化，其内容博大精深，不仅包括哲学、社会科学、文学艺术、科学技术等方面的成就，而且蕴含着崇高的民族精神、民族气节和优良道德；不仅孕育了无数杰出的政治家、思想家、文艺家、科学家、教育家、军事家，而且留下了丰富的文物史迹、经典著作，这笔丰厚的文化遗产是进行爱国主义教育的宝贵资源。进行中华民族优秀传统文化教育，要正确使用祖国的语言文字，大力推广普通话。

（三）党的基本路线和社会主义现代化建设成就的教育

党的基本路线和我国社会主义建设成就是进行爱国主义教育最现实、最生动的教材。要特别注意运用党的十一届三中全会以来改革开放和现代化建设的巨大成就与成功经验进行教育，使人民群众进一步坚定社会主义信念，坚持党的基本路线不动摇。

（四）中国国情的教育

国情教育要放在整个世界环境的大背景下进行。要帮助人们系统地了解我国经济、政治、军事、外交以及社会、文化、人口、资源等方面的历史与现状，了解我国现代化建设的目标、步骤和宏伟前景，并从中国和世界其他不同类型国家的对比中，看到我国的优势和差距、有利条件和不利因素，增强使命感和社会责任感，更好地发扬艰苦奋斗、勤俭节约的创业精神。国情教育要同省情、市情、县情的教育结合进行。

（五）社会主义民主和法制教育

我国的宪法和法律是广大人民意志和利益的体现，要通过广泛深入的民主和法制教育，帮助人们了解我国的政治制度、经济制度和其他各项制度。要使人们增强国家观念和主人翁责任感，养成遵纪守法的习惯，在正确行使宪法和法律规定的公民权利的同时，忠实履行宪法和法律规定的公民义务，坚决维护国家利益。

（六）国防教育和国家安全教育

要根据新时期的特点，重视现代国防教育，增强全民的国防意识和国家安全意识，加强军政、军民团结，提高全民抵御外敌外侵、捍卫祖国统一、维护国家主权和领土完整的自觉性。教育全体人民同一切出卖祖国利益、损害祖国尊严、危害国家安全、分裂祖国的言行，进行坚决的斗争。

(七) 要进行民族团结教育

中华民族是一个多民族的大家庭，不论是在内地还是在边疆，不论是在汉族地区还是在少数民族地区，都要加强马克思主义的民族观和党的民族政策教育，大力宣传各族人民为维护民族团结和祖国统一做出的不懈努力和历史贡献。在各族人民中牢固树立汉族离不开少数民族、少数民族离不开汉族的思想，自觉维护民族团结和祖国统一。

(八) 要进行"和平统一、一国两制"方针的教育

要全面、正确地宣传党和政府在祖国统一问题上的基本立场和方针政策，使人们了解祖国统一工作的进展情况和重点。要注意宣传港澳台同胞为祖国统一所做的贡献，宣传国外侨胞和海外归来人员爱国、爱乡的事迹。

第二节 媒介素养教育

一、思想政治教育工作者的媒介素养提升

思想政治理论教育工作者属于教师队伍中的特殊群体。教育工作者是为了培养学生的思想、精神以及人格，而不仅是为了传授知识和技能；不仅要着眼于学生确定信仰、塑造价值观，还要关注学生个体精神的成长；不能局限于学校教育，同时要密切地与社会发展相结合。在新媒体环境下，要不断地完善、提高思想政治理论课教师的媒介素养，这也是思想政治理论课教师做好教学工作的重要前提。

(一) 思想政治教育工作者媒介素养的基本构成

1. 可持续更新的新媒体技术

新媒体环境的存在给教育者提出了新的要求。相关研究者表示，要打造出一支与新媒体技术发展相适应的高素质的思想政治教育工作队伍，这支队伍首先要掌握新媒体的技术。通常，现阶段新媒体技术是指数字技术、计算机网络技术与移动通信技术，这三大技术融合在一起，共同构成了新媒体技术平台的基础。

思想政治教育工作者是新媒体技术的使用者而非研究者，自身知识结构偏重于人文与社会科学学科，又综合考虑当今思想政治理论教育教学的实际情况。我们认为，思想政治教育者应具有以下的新媒体技术。

（1）新媒介的基本知识与操作技术

在新媒体时代下，要求人们具有接收信息的技能。在形态多元、更新迅速的新媒介面前，了解这些媒介所具有的特性和规则，才能有效地接收信息。

第一，教育者要尽量掌握各种新媒介，如计算机、手机及平板电脑等新生代的移动电子设备的特性和使用技巧。此外，对其他在教学中使用较多的设备也应有所了解并熟练使用，如幻灯机、投影仪、数码照相机、数码摄影机、扫描仪等。

第二，教育者熟练掌握操作以上各种新媒介的相关软件技术。如掌握 Office 办公系列软件技术，可利用 Word 的各种功能以满足处理文字之需要，可使用 Excel 进行信息的加工处理，可运用 PPT 工具制作课件用于教学、演讲与讨论；掌握简易制作网页与 Flash 动画的技术，可借助计算机剪切制作音视频资料；对于手机、新生代的移动电子设备及其应用技术有所了解，或能熟练使用。这不仅可以在技术层面上满足教学需求，也可以拉近与学生的距离，加深与学生的交流。

计算机网络技术是新媒体的三大技术之一，是构成新媒体环境的重要因素。对于现代的教育工作者来说，要熟练地使用网络媒体，充分地了解各门户网站的内容、特点以及功能，进而有效地浏览并获取信息。

要熟练使用各种搜索引擎来解决问题，满足个人的需求；经常使用电子信箱，使收发电子邮件成为日常生活工作的重要组成部分；要熟悉并积极使用网络社区、博客、播客、微博、微信等网络媒体形式。

（2）在教育教学中应用新媒体技术的能力

思想政治教育工作者还需要具备应用技术有针对性地解决教学问题的能力。

在思想政治理论课教育教学过程中，最常使用的信息形式是文本、图片、音频、视频、动画以及网页等。教师首先要熟悉相关的信息资源库，如各种数据库、多媒体资源库、数字图书馆等，能够使用各种媒介工具和现代信息检索技术全面、准确、快捷地获取自己所需的信息，进而能够使用各种手段与技术对所获信息进行有效存储，以计算机及网络技术处理、加工、分析信息，使信息为己所用。

除拥有严密的逻辑、出众的表达力之外，如今的教育者还需要具备良好的信息制作能力。虽然新媒体技术为个体的信息制作与传播提供了可能，一般社会成员参与信息制作与传播已相当普遍，教育者仍需要学习掌握实用的制作技巧与传输技术，利用新媒介与新技术，以恰当的形式将教育教学内容传递给学生。

思想政治教育工作者要充分地利用信息能力有效地解决出现的各种教学问题。寻找合适的软件系统来服务思想政治教学，因此有人提出了制作积件式课件，利用计算机辅助教学研究中的积件思想，由积件与积件库组成可供师生进行思想政治教与学的软件环境；结合教学实际，充分利用现代信息收集、存储、处理的技术，建立满足一线教学的多媒体教学资料库。

此外，还应探索最恰当的信息传播方式。有研究者发现，在多种技术手段中，思想政治教育者最常用的是操作简单、修改方便、便于更新的 PPT 软件，如教师再能融合 Flash、Gif、Photoshop 等图片、图像和视频软件工具，就更适合于思想政治教育多媒体组合平台的制作。另外，还可运用新媒体技术制作严肃游戏，以增强思想政治教育教学的实效。

（3）新媒体技术的更新能力

新媒体是新技术的产物，其外在形态与传播的方式都与技术发展紧密关联。在当今时代，网络媒体、手机以及计算机等新生的移动电子设备的新媒体也是如此。

从媒介的形式上可以看出，新媒介产品几乎渗透到人们生活的方方面面，各种新媒体产品层出不穷，令人应接不暇。此外，各种电子产品如电视、手机等迅速发展，更新加快，各种新媒体技术层出不穷，新一代的互联网以更快、更大、更安全、更及时、更便捷的特点更好地实现远程医疗与教育、数字化图书馆、虚拟实验室等的应用。新一代移动通信技术，将改变目前技术之下全球缺乏统一标准、视频应用不尽如人意、数据传输不理想等技术缺陷，提升其多媒体信息服务的效能。

青年已经成为高等教育中最具有活力的社会群体，他们拥有开放的思想，敢于尝试新事物，对新事物拥有先天的亲和与默契。这就要求教育者具有强烈的新媒体技术更新意识，具备一定的新媒体技术更新能力。

如果教育者能够对于青年人热衷的新产品、新技术有相当的了解，就可以充分把握大学生的生活状态与思想动态，真正具备与大学生沟通对话的能力，做到思想政治教育的有的放矢。如果教师能将新技术及时地应用到思想政治教学过程中，其方法形式契合于青年人的风格与习惯，将会增强课程的吸引力与感染力。

2. 全面的新媒体信息利用能力

新媒体技术的出现对受众利用信息的能力提出了更高的要求，当面对各种新的媒体信息时，要先转变自己的观念，以新媒体技术为基础。思想政治教育工作者在获取、分析以及传播信息的方面具有以下能力。

（1）分析评价媒体信息的能力

分析信息的前提就是获取信息。教育者具备良好的应用新媒体技术的能力，能够熟练地运用各类信息媒体的载体和形式，信息的收集与占有已经不是问题。所以我们认为，教育者媒体信息利用能力的核心是评析媒体信息的能力。

对于教育者来说，应当了解各种新媒体信息的特性与制作过程。新媒体信息与传统的信息不同：在表现形式上具有超媒体性，信息的使用具有交互性，信息的传播具有超时空性，信息的服务趋于个性化，信息的制作具有数字化的特点。

此外，需特别强调的是，为满足职业需求，思想政治理论教育者还要具有结合政治理论素养、专业理论知识来对相关的信息进行分析的能力。所以，教师群体一定要具备较好的马克思主义理论功底，善于运用马克思主义的立场、观点和方法来解决问题，了解国家大政方针，并能够与中央保持一致。

教师群体还要具有广博的知识、系统的理论、深厚的科研积累，能够熟悉学科前沿成果，了解专业领域的研究进展。以坚定的政治立场与坚实的专业功力为基础，他们则能具备良好的相关信息筛选鉴别能力，在应对社会重大事件与公众焦点问题时，更能去伪存真，剔除虚假信息，廓清事实真相，展现出良好的分析评价媒体信息的能力。

（2）规范利用传播媒体信息的能力

在传统媒体环境下，媒体起到控制的作用，控制信息的发布；受众是信息的接收者，在信息的交流过程中处于被动的地位。如今，网络等各种媒介能够使普通的大众轻易地生产、发布以及传播信息，因此对于教育者来说，信息素质和熟练运用大众传媒的能力显得尤其重要。

在传播学中，在信息的传递过程中，传播者所具有的作用就是"过滤"，充当的是"把关人"，只有符合群体规范或是"把关人"的要求和标准的信息才能融入传播渠道中。当今网络思想政治理论教育中，思想政治教育工作者要充分地发挥出"把关人"的作用，通过自身特有的功底与内涵，努力消除不健康的信息。

有研究者预言，在未来，公众所获取的新闻量的50%都是由普通的公民发布，而非媒体所生产，人类社会迎来了自媒体时代，公众媒介素养内涵随之扩展，由理解信息、分析信息发展到创造信息。

因此，教育者在媒介素养中，还要具有正确的网络伦理价值观，自觉遵守网络道德规范和网络文化价值观，恪守道德约束，增强个体的自律意识，在创作媒体内容、积极发出声音的同时，一定要符合大众利益，维护国家利益，绝不损害他人的利益。

（3）开展媒介素养教育的能力

在媒介素养的教育过程中，教师具有很多意义，作为公众的一分子，需要接受相关的培训教育，充分掌握媒体的生存策略。此外，教师还是媒介素养教育的对象，对于教师来说，其中的一些人要参与到媒介素养的教育中去，成为媒介素养教育的施教者。由于我国媒介素养教育起步较晚，现阶段还没有在大学普遍开展媒介素养教育，思想政治教育工作应在教学中适度融入媒介素养教育内容。

对于青年人来说，所应具备的媒体能力有很多方面的因素，同时考虑到与思想政治教育的相关性和教师的知识特性，思想政治教师应当侧重培养学生的信息分析能力，使学生学会运用科学的眼光来看待世界，选择媒体信息，促使学生通过信息分析形成批判性的思维，养成独立思考、自主学习的习惯；引导学生塑造健康的人格，同时不断规范学生的网络行为，增强信息道德意识，恰当地利用媒体促进自我的发展。

（二）提升高校思想政治教育工作者的媒介素养

1. 新媒体时代提升高校思想政治教育工作者媒介素养的必要性

数字电视、网络、5G 手机等新媒体已经成为大学生学习生活中不可缺少的一部分。国内的多数学者将目光聚焦在了对学生的"媒介素养教育"上面，却忽视了对高校思想政治教育工作者开展媒介素养教育。新媒体时代使思想政治教育受到了前所未有的挑战。

随着技术的发展，各类传播手段层出不穷，广大的人民群众可以利用数字和电子信息技术平台，自由地发布和整合信息，同时还可以进行互动。而在我国传统的思想政治教育模式中，信息的传播是单向的，教师按照预先设定好的模式对学生传授知识。

随着 Web3.0 技术的成熟，信息不断地呈现多向性的发展，教师在课堂上所讲述的观点可能在网络上会出现无数个反对的意见。因此，面对这种情况，如果高校的思想政治教育队伍不能够利用网络作为思想政治教育的新平台与学生进行即时沟通，仅仅依赖传统的一对多、一对一的教育模式进行教育，效果可想而知。

因此，要不断提高思想政治教育队伍以及整个教师队伍的媒介素养。在当前社会，大学生接受新事物的能力快，通常能够接受和掌握最新的传播技术，并且在速度上领先于教育工作者，由于教师缺乏媒介素养而不能有效地与学生进行沟通，是思想政治教育效果不理想的一个主要原因。在大众媒介面前，必须要改变传统意义上的教师权威，努力提升教师的媒介素养，只有这样才能更深刻地了解学生，为学生提升媒介素养做指导。

2. 要提高高校教育工作者的媒介素养

（1）要加强媒介素养教育师资培训

为了能够在短期内培养出一批满足岗位需求的师资队伍，要创新师资的培养方式。一方面，选拔出一些教师，将他们集中送出去，进行在岗进修与培训，并将这种培训作为现行教师专业发展中的一部分；另一方面，对他们每年都进行一次集中培训，纳入相关的考核标准中，并促使这种做法朝常态化、制度化方向发展，以便不断地更新教师的教学理念。

同时，要采取一系列的措施，充分调动他们的积极性，激励他们的探索精神，通过摸索，不断地积累经验，从而提高整体高校师资的媒介素养水平。

（2）要有针对性地构建高校教师媒介素养教育的内容体系

高校教师的媒介素养教育主要是针对教师的群体和职业特征来开展的。对于高校教师团队来说，特别是一些青年教师，由于长期接受过较好的学校教育，拥有很高的学历，对于现代的信息技术的接受程度、关注程度以及认可程度都比较高，具有一定的媒介素养。

此外，高校教师在与学生进行教学互动的过程中，实际上处于一个"意见领袖"的地位，教师本身对媒介本质及其特点的认识、批判和使用程度都会直接影响到大学生的行为举止，具有极强的示范作用。因此，高校大学教师的媒介素养教育必须具有极强的针对性。

第一，提高大学教师的媒介意识和认知能力。媒介意识是指对媒介的性质、特点以及作用具有的关注程度和敏感程度。认知能力则是指大学教师对媒介拥有的"环境监视、社会协调、社会遗产传承"等正面功能，以及媒介创造拟态现实等功能的认识。同时，要意识到媒介素养教育对于教师专业发展的不可替代性。

第二，培养大学教师多层次的媒介素养能力。主要包括三个层面的认识：首先是认识并掌握媒介的概念、种属、功能、使用规律等基础知识，尤其要掌握教师教学活动中经常使用的基础媒介工具，如 PPT、多媒体制作工具等；其次是使用媒介从事教学活动时，掌握媒介特点及其相应的规律，批判性地认识媒介的作用；最后是强化媒介为我所用的意识，强调与媒介关系中人所处于的主动性和主导地位。

第三，正确辨析媒介素养教育的内容与教育技术教育的内容之间的关系。在教育过程中，要避免将高校教师媒介素养简单化，不能将其理解为教育技术教育，而是在教育技术教育的基础上，实现更高层次的提升。

（3）要提高高校思想政治教育工作者的媒介素养

在新媒体时代下，不仅要加强培养高校思想政治教育工作，还要建立起一支既懂思想政治教育，又懂网络技术，拥有良好网络媒介素养的思想政治教育工作者队伍。对于高校思想政治教育工作者来说，要与时俱进，深入网络社会中了解传统教育与现代教育之间的区别，尽快熟悉和掌握所常用的网络技术，不断提升自身的媒介素养。

具体来说，教育工作者要具备媒介的基本理论，深入大众传媒内容的生产流程和传播特点，对媒介信息做出判断与评估，并充分了解大学生的网络话语体系，掌握丰富的网络信息和知识，建立起较强的网络社交能力。只有这样，高校思想政治教育工作者才能与大学生展开深入的交流，在交流中对大学生进行有效的引导，从而提高高校思想政治教育工作的实效性。

二、大学生的媒介素养提升

（一）新媒体时代大学生新媒体素养的突破

1. 吸收与内化：新媒体知识教育的突破

新媒体信息具有双层结构：一层表现为色彩、图像等直观信息；另外一层则表现为需要受众用心体会的信息内涵、价值取向等潜在信息。大学生需要正确认识新媒体、知晓如何从新媒体上获取所需的信息。

新媒体技术随着科技革命不断推陈出新，革故鼎新，大学生必须对常见的新媒体类型、性质、特点、用途等进行一定的了解，不只是知道新媒体的浅层含义，更应该通过新媒体的知识教育深入了解信息背后的信息价值取向，科学准确把握新媒体动向，从纷繁复杂的信息表象中获取真实的信息内涵，从而实现新媒体的传播信息到自我素质提升的内化。

思想政治教育的内容是根据一定的社会要求和受教育者的思想实际，经教育者选择设计后有目的、有步骤地传播给受教育者的思想意识、价值观念和道德规范等。表面看起来，内容涉及广泛，实际上内容各要素之间是有机整合、相互贯通、彼此衔接的整体，体现着相当的理论性、系统性与完整性。

可是，新媒体时代成长起来的青少年已经不再用一种线性的、一页页、一行行、一本本的方式，而是以直觉的、联想的方法将信息链接起来。超文本培育了一种由直觉和联想的跳跃所激励的学问。这种非线性的阅读方式，信息之间的联系较为松散，由此启发的思考偏向于直觉与想象。

这样，传统文本阅读中建立起来的思想的丰富性、深刻性、条理性大大削弱了。如何处理教育内容的系统性、理论性与受教育者思维方式的少连贯、重直觉之间的矛盾，应引起思想政治教育工作者的思考。新媒体素养现已成为大学生必备的基本素质，必然要被纳入高等教育的范畴之中，按照一定的道德规范对大学生进行道德、价值引导。

学校作为对学生进行系统知识传播的专门场所，应该结合新媒体发展状况，灵活选择合适的关于新媒体能力的课程培养模式。如将其设置为必修课、选修课、限选课或其他课程类型，形成较完善的课程体系，并专门组织一支了解新媒体技术发展动态、具有较强新媒体使用能力的教师队伍；同时还应该从新媒体技术入手，对学生开展主题教育，如运用教师的博文、班级的贴吧、手机报等，以教师的"循循善诱"为先，使学生能够在新媒体提供的教育平台中提升自我素养。

2. 接纳与构建：新媒体价值观教育的突破

对于新媒体信息传播价值取向的判断和把握是大学生新媒体素养的核心。多元化的传播途径、复杂化的传播内容，都是新媒体和传统媒体的不同之处，这进一步增加了对新媒体信息价值分析判定的难度。因此，要将培养大学生解读和分析信息的能力作为新媒体价值教育的重中之重，使其面对纷繁复杂和良莠不齐的新媒体信息环境时，能对信息价值做出公正、客观的判定，对信息所隐含的价值取向做出明确的剖析。

3. 改造与创新：新媒体能力教育的突破

传统媒体的传播模式是单向性的，而新媒体的传播模式是双向互动性的。在博客、手机等新媒体媒介中，每一个人可能是传者又是受者，传受双方的界限变得模糊。这种信息平台的开放性和互动性使得每一位大学生都可能成为新媒体信息的传播者。

如何利用新媒体参与交流、表达观点、传播思想等成为当代大学生素质的重要组成部分。特别是大学生对新媒体信息进行获取、加工、处理后，利用自身的新媒体技能参与新媒体传播，能够提升其在新媒体环境中的地位与作用，使其成为真正的新媒体主人，为将来在社会生活中正确认识和利用新媒体奠定基础。

思想政治教育工作者要善于利用新媒体平台使学生更好地接受思想政治教育，了解我国的优秀文化，并能将这种文化一代代流传下去。加强新媒体的监管体系建设非常有必要，这就需要创立专门的机构和培养专业的人才，掌握好新媒体中各种先进技术，最终为思想政治教育服务。

同时，在监管手段的使用上，政府的力量也不容忽视，做好引导工作尤为重要。只有在技术和心理各个层面上做好工作，才能利用好新媒体平台。

4. 颠覆与重塑：新媒体的伦理教育

在现在的社会中，新媒体的进程已经超越了媒体"魔鬼论"阶段，新媒体的接收对象已经不再和以前一样是目标物。大学生的自我主体观念在新媒体的发展中得到深入理解，特别是新媒体功能的开创性体验，让所有大学生都可以用新媒体传递信息，成为信息发布的来源，这就需要培养大学生的新媒体素养和媒体道德素养。同时，我们也需要与数字媒体技术相匹配的新媒体道德伦理体系。

媒体素养会因为受众的低俗受到限制，在这样的情况下产生的低俗媒体衍生的也只会是低俗受众，长此以往，就会形成"马太效应"。这样的一种循环必定会对整个新媒体的成长造成极为负面的影响。所以，在新媒体时代，更需要净化整个媒介环境，传递正能量，培养大学生正确积极的思想观念、高尚的审美情操，最终逐渐培养大学生优秀的媒介素养和道德观念，提升内在修为，促进新媒体更好地发展。

新媒体具有较多的优势，使得人们接收各种信息变得更加快捷、多元和全面，对待事物的态度也更加鲜明。网络的虚拟性使参与的每个人都可以隐瞒自己的身份，而这种身份隐匿性使现实生活中本该遵守的规范一定程度上失去了应有的约束力，这时候，必要的现代伦理教育就显得十分重要。

新媒体时代，传统的社会伦理教育有必要进行变革，从内容到形式都要跟上时代发展，从而达到受众乐于接受教育、信服教育内容，使伦理教育取得实效。具体而言：第一，对青少年尤其是大学生进行必要的关爱和心理抚慰，减低对网络社会的依赖，一定程度解决由过度依赖网络产生的伦理道德问题；第二，网络广播可以利用多种方式进行这方面工作，如可以利用新媒体的整合平台，开设网上心理关爱咨询热线，开展网上心理服务，进行对话辅导，帮助青少年疏解心理、情感问题；第三，网络广播可以通过网络道德教育课程的开设来进行网络思想教育，培养网民的道德责任心，使国民的整体网络伦理道德水准得到提升；第四，面向社会大众举办各种座谈会，传授关于世界观、人生观、价值观的课程，通过类似"百家讲坛"的方式使网络传媒伦理道德深入人心。

因此，思想政治教育工作者面对自己的影响力在发生变化的时候，要进行正确地对待，应该持积极的态度，不断进行观念更新。在重视思想政治理论教育的同时，积极地利用网络资源的各种优势开展思想政治教育教学工作，使受教者接受更多的正面影响。

在利用网络优势的同时，也要注意避免各种弊端。网络伦理道德建设不容忽视，而且要坚持不懈。同时，坚决抵制网上的恶意炒作、流言等不良信息，引导人们树立正确的网络道德观念，自觉地遵守社会道德伦理，避免网络的无序化、随意性等。

（二）发挥大学生网络媒介素养在高校中的主导作用

高校是媒介素养教育的主要场所，对于大学生媒介素养的提升具有很重要的作用。高校在开展媒介素养教育时，要有组织、有计划、有步骤地开展相应的活动，结合思想政治教育开设的课程，创新教育教学模式，加强媒介素养教育相关课程体系的建设以及师资队伍的建设，为媒介素养教育的开展提供可靠的保证。由于我国的媒介素养教育水平整体上较低，为了提升大学生的媒介素养，必须更加重视，积极行动，逐步推广，以适应时代的需要。

1. 开设关于媒介素养的相关课程，增强媒介素养意识

随着网络的不断发展和普及，媒介素养教育的重要性日益明显。由于我国媒介素养教育起步较晚，因此媒介素养教育还没有得到广泛的实施。

目前，我国有一些学校开设了媒介素养课程，但是从整体上看，远远不能满足当今社

会的需要。高校作为教育机构，首要的就是要开设媒介素养的相关课程，顺应时代的要求，向学生灌输媒介素养知识，奠定坚实的理论基础，使学生在实践中更好地应用媒介。

高校思想政治教育应该与媒介素养教育寻找相关的契机，高校思想政治教育机构应该给予媒介素养教育相应的帮助，可以采取指导、咨询、合作、研讨班等形式进行，促进高校媒介素养教育进一步发展，使得媒介素养教育的发展符合国家的要求。

通过媒介素养课程，可以使学生切实了解媒介信息的制作和传播过程，进一步加深学生对网络特征的认识，通过系统的学习，增加对网络媒介素养的全面认识，为自身媒介素养的提升打下坚实的基础。

2. 提高教师队伍的网络媒介素养水平

教师是媒介素养教育中的主要执行者和教导者，在媒介素养教育中发挥着举足轻重的作用。在教学过程中，教师的作用就是正确地引导学生，激发学生的学习热情，使学生自觉地学习媒介素养的相关知识。由于我国的媒介素养教育起步很晚，缺乏专业的媒介素养教师，因此培养专业化的媒介素养教师是当前的重中之重。

对此，我们应该大力培养媒介素养教育的专业化教师队伍，为高校媒介素养教育的开展提供雄厚的师资准备。同时，教育者在实际教学中应该采取灵活多变的教学方式，创新教学方法，不要固守成规，要与实践教学相结合，加深学生对于网络媒介素养的认识，激发学生的学习热情，促使学生更好地参与到课程中来，应用到生活中去。

3. 加强校园媒介建设，重视实践教育的开展

由于媒介在发展的过程中变化较快，要使学生能够认识和了解新的媒介信息，学校应该提供相应的媒介设施，以有效加强校园媒介建设。高校媒介素养教育理论都是为了能够提升大学生的媒介素养，能够使大学生在日常的生活中正确对待媒介，利用媒介。

高校作为媒介素养教育的主要场所，应该有组织、有计划、有步骤地开展针对大学生的媒介素养教育，并开展各种实践活动。每个学校都具有一定的媒介资源，如校园网、广播、校报、官方网站等，这些都是可以利用的网络媒介资源。教师可以带领学生们亲自参与到这些活动中来，切身体会媒介信息的制作和发布过程，提升自身的媒介素养。

学校还可以举办树立网络媒介素养意识、普及网络媒介素养知识、提升网络媒介素养能力和道德等方面的学习活动。例如，可以开展相关主题的辩论赛和知识竞赛、网页的制作和评比、网络征文和网络创意等网络能力和网络素质的竞赛活动，进而提高大学生的网络媒介综合素养。另外，高校可以同网络媒体进行合作，给大学生提供更多参与媒介实践的平台。

（三）促进大学生自身媒介素养水平的提升

媒介素养教育就是为了提高大学生的媒介素养水平，这就要求大学生不仅要在课堂上学习相关的媒介素养知识，同时在课后也要加强自我学习。大学生媒介素养的提升本身就是一个不断探索、不断实践的过程。这就需要大学生自觉学习，自我教育是提升大学生媒介素养的有效途径。

1. 加强正面引导，提高学生的媒介素养

在网络文化环境下，由于不同文化之间进行碰撞、交融，导致大学生很难做出正确的价值判断，会对生活中存在的一些事情产生疑惑。大学生在世界观、人生观和价值观形成的过程中极易受到网络中一些不良因素的影响。高校作为网络媒介素养教育主阵地，有义务对他们进行教育，要潜移默化地教导他们注重德智体美劳的全面发展，使其树立正确的人生目标。学校应该加强党的方针政策和先进文化的宣传，引导大学生在网络中汲取营养，陶冶情操，增强自觉抵抗不良文化的能力，从而帮助他们健康成长。

2. 树立自我教育理念，提高网络媒介的运用能力

自我学习是受教育者在离开了教师的辅导与监督，自觉主动地投入到学生环境中的一种行为。在进行媒介素养教育的过程中，要注意使大学生形成自我教育以及终身教育的理念。作为受众的大学生，要积极地学习各方面媒介素养的知识，并在实践中进行应用，在学习过程中不断提升自身素养，形成正确的价值理念。

媒介素养教育不仅仅是外加的，也是内化的。大学生加强自我学习，不仅可以提高学习效率，也可以提高学习的效能。同时，大学生应利用专业实习等社会实践活动，加强对媒介素养的认识，并将媒介素养的相关知识用于思想政治理论的学习中，如可以将自己关于思想政治理论的相关观点传递至网络之中，供同学们分享讨论，从而提升媒介素养。

3. 培养大学生网络媒介的自律能力

由于网络具有开放性和匿名性，因此一些大学生在网络社会中容易误入歧途，迷失自我，沉溺于网络世界，纵容自己做出一些有违道德和法律的事情。网络犯罪、网络诈骗、网络黑客以及网络人肉搜索等不好的事情时有发生。因此就要求学生具备良好的网络自律能力，拒绝接受网络中不好的东西，健康快乐地成长发展。

网络信息良莠不齐，特别是网络商业化以来，很多信息都带有很强的吸引力，自制力不强的同学有可能经不住诱惑，浏览了一些不良的信息。网络的虚拟性助长了学生的侥幸心理，导致他们一而再、再而三地做出不恰当的行为。这不是外力可以抗衡的，这需要学生自己来克服，需要学生端正自己的态度，规范自己的行为。

现如今网络媒介还缺乏现实生活中相应的管理和约束，大学生只有保持高度的自觉性，才能更好地约束自己的行为。总之，大学生提升自己的网络媒介自律能力，是提升网络媒介素养的重要途径。

第三节　网络道德教育

网络给人们带来巨大便利的同时，也带来了负面的影响，出现了很多网络道德问题，甚至导致了严重的网络道德失范，并引发了大量的失范行为。每个网络用户和网络社会成员享有平等的社会权利和义务，他们都被给予某个特定的网络身份，即用户名、网址，每一个成员都应当受到网络道德规范的约束。大学生是网民中最活跃的群体，网络道德失范问题比较突出，因此，必须规范这一群体的网络道德行为，增强他们的网络道德意识，奠定网络文明的基础。

一、网络道德概述

网络道德就是指将善恶作为衡量的准则，通过社会舆论、人们的信念以及借助传统的习惯来评价人们的行为举止，是调节人与人之间、人与社会之间关系的行为规范。

网络道德的基本内涵主要包括爱国为民、遵纪守法和文明诚信。

（一）爱国为民

爱国为民是社会主义道德的一项基本要求，将其应用到网络道德上可以包括以下几个方面：不在网络上发布一些损害集体、国家以及民族利益的言论；不得做出危害集体和国家的事情；要抵制一些不良的事件、与一些反动势力进行斗争，抵制破坏国家、破坏民族团结以及破坏社会主义制度的行为。我们从小就受到的道德教育中包括爱国爱党、为人民服务，这是我们建立正确的人生观、价值观、世界观的基础，是强化爱国意识和民族意识的基础。大学生的思想尚未完全成熟，识别能力较弱，坚持"爱国为民"是大学生应当遵守的最重要的网络道德。

（二）遵纪守法

遵纪守法不仅是每个公民都要履行的义务，也是网络道德最基本的要求。在网络道德中，遵纪守法的要求是对每一个上网的公民做出有关限制与规定：对于上网的公民不得删除、修改或破坏网络系统中的数据、应用程序；不得利用网络做出危害国家安全、泄露国家机密的犯罪活动；不得擅自进入别人的计算机系统中盗取或篡改他人的信息；不得在计算机中传播病毒或者做出侵犯网络和他人合法权益的行为；同时要能够正确运用法律手段保护自己的合法权益不受侵犯。

（三）文明诚信

文明诚信所包括的内容是：不在网络上发表任何虚假的事情；不得故意散布谣言、扰乱社会秩序；不在网上宣传各种不良信息；不在网络上查阅、复制和传播妨碍社会治安和伤风败俗的不良信息；不对他人做出侮辱性的攻击、谩骂以及捏造事实诽谤他人；不在网络上编造和传播负面信息。

大学生作为当代社会的主力军，应当坚决地反对各种不良信息，对自己在网络上所发表的言论负起责任来，同时要有自我的约束和保护能力，从自我做起，遵守网络道德，做一名网络绅士，也要捍卫网络道德尊严，做一名网警卫士。

二、大学生网络道德行为规范策略

（一）从大学生自身来说，要提高其网络道德自律意识

大学生要树立起正确的价值观和道德观，才能在复杂的网络世界中形成正确的价值判断和情感判断，才能面对网络良莠不齐的信息内容时，形成分析、辨别和评价的能力，自觉抵制网络不良信息，才能增强在网络世界中的自我控制能力，而不沉溺于网络，不迷失自我，才能合理利用网络提升自我，而不利用网络进行抄袭等不道德行为。

大学生要增强道德自律意识。一个人只有具备了健全的道德自律意识后，才能对自己的价值有所认识，才能进行自我控制，在做出一些行为决定时会首先考量自己的行为是否符合自己的价值观念，才能在面对网络世界中的善恶、是非时做出正确的判断，并用道德约束自己的行为，不受网络是非的影响。所以，道德自律意识的培养在规范大学生网络道德行为上是一种必然选择。在网络社会中，大学生要做到道德自律，关键在于"内省"和"慎独"。所谓内省，心理学上又称为自我观察法，是指个体在内心省察自己的思想、言行有无过失。"慎独"是指修养主体做到无人监督、有做坏事的机会和条件，并且不会被别人发现的情况下，仍然自觉不苟地按照既定的道德原则和信念行为，不出现违规的念头和行为。"内省"和"慎独"都是我国古代学者提出的具有民族特色的自我修身方法。内省可以帮助人重新认识自己，明白自己是什么样的人，自己到底需要什么，从而决定自己未来的走向。"内省"能让大学生看到自己的优势和不足，客观看待挫折与失意，同时在内

心稳定信念的指引下，努力去克服消极情绪。"慎独"能让大学生自觉谨慎对待自己的内心和行为，自觉谨慎遵守道德规范，自觉谨慎防止违背道德的观念出现，不做违背道德要求的行为，成为一个真正的道德高尚的人。

大学生要合理安排和利用时间，让自己充实起来。大学是自由的殿堂，可以让一个人充分自由的发展。在这个阶段，可以将大部分时间和精力用于学习，建立和完善自己的知识结构；可以参加社团活动、担任学生干部、参与社会实践活动提升自己的表达能力、动手能力、交际能力、管理能力、创新能力、决策能力等，提升自己的综合素质。大学生要合理地安排和利用时间，让自己"忙碌"起来，才不会运用网络做一些无关紧要的事，不会做出与道德要求相违背的行为。

（二）完善网络相关法律法规，加强对互联网的有效管理

由于网络的虚拟性与匿名性仍然不可避免地会诱发一些网络不道德行为，因此需要制定和完善网络法律法规，这不仅可以使大学生在进行网络活动中有章可循，明确自己应该担负的网络责任和义务，而且可以帮助他们牢固树立网络法律意识，提高他们的网络法律素质，这样即使在无人监督的网络环境中，他们也不会做出与道德要求相违背的行为。此外，不良的网络环境是大学生网络道德失范行为产生的土壤，要培养大学生的健康网络行为，必须要规范网络，净化网络环境，防止不健康的信息在网络上出现。为此，国家要加大对各大门户网站或商业网站的监管力度；相关部门要加大网络环境治理，给学生一个绿色的网络环境；高校要加强网络环境治理和校园网建设，结合本校的实际情况，制定适合本校的网络管理制度和管理办法，有效规范大学生网络道德失范行为。

（三）构建"三位一体"全方位的网络道德教育格局

1. 加强和改进高校德育工作，营造良好的校园文化环境

第一，积极开展各种校园文化活动建设，有效提升大学生的人文素养。高校校园文化是社会主义先进文化的重要组成部分，加强校园文化建设对全面提高大学生综合素质，对大学生形成良好的上网习惯具有重要意义。大学生的兴趣爱好极为广泛，在学习之余渴望丰富多彩的精神生活，如果学校不能满足学生的这些正当要求，学生的课余生活单调、枯燥无味，那么各种错误的、低级腐朽的东西就会乘虚而入，学生的理想信念发生动摇，误入歧途。因此，高校要组织丰富多彩的校园文化活动，如开展主题思想教育活动，以增强学生爱国主义、集体主义、社会主义意识，形成正确的世界观、人生观和价值观；开展科技创作活动，以提高学生的创新素质和实践能力；开展学术讲座、学术研讨和学术交流活

动，使大学生增长知识，拓宽视野，以提高大学生的人文素养和科学素质；开展丰富多彩的校园文化艺术活动，为广大青年学生提供施展才华的机会和舞台；以社团为载体，开展丰富多彩的活动，为大学生提供一个展示、锻炼、提高、发展自己的舞台；开展以扶困助残、慈善抚恤、感恩社会为主题的社会实践活动，培养大学生的道德情感。总之，各高校应该积极探索能调动学生积极性的文化建设的方式方法，让大学生在多姿多彩、积极健康的校园文化中陶冶情操、启迪智慧、愉悦身心、满足精神需要，使大学生在上课之余有事可干，让他们没有精力在网络中消磨时间，从而树立正确的网络道德观念，养成良好的网络道德习惯。

第二，高校要开设网络道德教育课程。为了让大学生更好地接受德育理论，帮助大学生树立网络道德意识，让其自觉维护网络秩序，遵守网络规则，高校可以借鉴国外的做法，在向大学生介绍网络科学技术知识的同时，要把网络道德教育引入课堂。例如，美国杜克大学开设了《伦理学和国际互联网络》，麻省理工学院开设了《电子前沿的伦理与法律》，普林斯顿大学开设了《计算机伦理与社会责任》。在我国，高校思想政治理论课是高校德育的主渠道，所以思想政治理论课开课部门可以另外开设网络道德课程，开展网络道德和法制教育，提高广大学生的网络道德水平，增强自律、自重意识，提高对假、丑、恶的分辨能力，有效避免大学生网络道德失范现象。

第三，高校要建立高素质的网络德育工作队伍。百年大计，教育为本。教育成功的关键在于优秀的教师。由于大学生身心还不成熟，因此需要教师的正确教育引导。为了切实做好大学生德育工作，高校要建立一支高素质的网络德育工作队伍。这支队伍不仅要包括高校思想政治理论课教师，还要包括高校管理者即院校职能部门领导，班主任、辅导员、学生骨干、专家教授、青年教师。这支队伍要具有较高的政治理论水平、全面的知识结构，既要有自己专业领域的知识，又要有网络专业知识和操作技能以及教育学、心理学等全面的知识体系。通过这支队伍，解释有关政策制度，引导校园网络舆论，对校园网络文化进行全方位、多层次、多角度的建设和管理。这支队伍要经常和学生们接触，关心爱护学生，了解学生的所思所想，密切注意学生的思想道德和行为变化，对学生心理上的困惑要及时给予科学的指导，对学生出现的不良行为要及时疏导。

2. 重视家庭教育

家庭教育是基础教育，一个家庭的理念、生活方式等都对孩子产生重要的影响。父母作为孩子的教育者，对子女的影响是巨大的，父母首先要以身作则，规范自己的网络行为，提升自己的网络道德水平，引导孩子正确的上网行为。尽管大学生不在父母身边，作为家长要多跟孩子电话联系，加强沟通和交流，关心孩子的学习生活及心理，让孩子感受到来自家庭的温暖和父母的爱，养成负责任的习惯，增强其在网络社会中的自律能力。家长要鼓励孩子参加各种校内活动以及社会活动，锻炼自己的能力，塑造自己的个性，增进自己的成长，减少他们沉迷于虚拟网络的行为。

3. 营造良好的社会网络环境

人是社会环境的创造者，又是社会环境的产物，个体道德的培育离不开社会环境的整治和优化。因此，纠正大学生网络道德失范，还必须充分发挥社会主体的积极作用。

首先，社会应该加强正确的舆论引导。正确的社会舆论起着十分重要的推动作用，它可以引导大学生建构科学的价值观、人生观、世界观、道德观。为此，社会媒体要营造良好的社会舆论氛围，以生动的案例教育大学生，传导、褒扬善举、德行，谴责、鞭挞失范行为，使整个社会形成惩恶扬善、扶正祛邪的良好道德动力和压力，促进大学生网络道德从他律转为自律，从而形成良好的网络道德意识。

其次，强化网络从业者责任意识。不少网络从业人员为了牟取暴利，不惜借助违法网站，获取高额利润。所以，从业人员要以法律规范、文明经营的理念提高行业的自律道德，遵循应有的网络规范，加强对网络环境和信息的安全管理。

最后，政府部门要加强对网络从业者的管理监督，取缔非法经营行为。还要聘请专业技术人员监督网民的网络行为，严厉惩处网络道德犯罪，净化社会的网络环境，从而为大学生网络道德的培养营造良好的社会环境。

网络作为科技发展的产物，已经渗入当代大学生的学习和生活中，它在给大学生带来便利的同时，也引发大学生网络道德失范行为。我们相信，在大学生的网络道德自律意识增强、网络法律法规完善以及高校、家庭和社会"三位一体"的道德教育格局下，大学生网络道德失范问题一定会得到有效控制。

第四节　网络安全教育

随着网络的普及和应用，大学生成为网络使用者中的巨大群体。大学生在享受网络带来的方便快捷的同时，由于自身网络安全知识的匮乏，导致网络安全意识不强，带来了不少使用上的问题。对此，必须加强大学生的网络安全教育，培养他们的网络安全意识，避免发生大学生受到与网络有关的侵害事件。

一、大学生网络安全教育存在的问题

近年来，党和政府高度重视网络安全教育，各高校和教育部门制定了有关加强校园网络管理工作的意见，不断加强网络安全教育与管理，取得了一定成效，但也要清醒地看到仍存在诸多不足。

（一）对大学生网络安全教育的重要性认识不够

目前，各高校对大学生网络安全的意义有着较为清醒的认识，但是很多高校具体实施网络安全教育时具有很大的随意性，他们的注意力主要放在了网络的应用、信息的获取、信息资源的共享等方面，而对网络安全教育重视程度不够，高校的网络安全教育严重落后于计算机技术和网络技术的发展。表现在以下几个方面。一是领导机制不健全。学校网络安全教育到底怎么运行，从上到下没有明确的规定，有的高校虽建立了网络安全教育领导小组，但没有明确的具体职责和分工，工作无法很好地开展。有的高校没有设立网络安全教育领导小组，而是把网络安全教育工作放在学生处、保卫处、网络管理中心等某一个具体部门，高校对于网络安全教育工作的顺利进展尚未形成强大的合力。二是没有把大学生网络安全教育纳入教学计划。大学生在校接受的网络安全教育的时间、内容、教材、教师、教学效果等，教务部门都没有统一的计划。因此，大学生的网络安全教育在学校教学工作中一直没有得到应有的位置，学生网络安全教育一直没有主渠道和主阵地。尽管在《思想道德修养与法律基础》课中，有一部分内容是关于基础法学的，但是在这门课程当中，涉及法律的内容本身就极为有限，更不用说专门的网络安全教育。因此，《道德与法律》课程不能起到加强大学生网络安全法律意识的作用，高校必须拓展新的教育渠道。

（二）大学生网络安全教育内容的片面性

1. 计算机公共课程中缺乏网络安全教育内容

高校一般都开设了公共计算机课程，在计算机基础课程中，侧重于计算机基础知识和操作，对网络安全方面的知识介绍得少，如简单地介绍病毒的概念、种类、分类等，对病毒防治、机器感染病毒的处理等几乎没有介绍，有的也仅限于单机病毒的处理，对于网络病毒及其危害没有介绍，对于网络伦理、网络安全法规、网络安全管理制度也没有涉及。而且高校一般也没有设置专门的网络安全教育课程。

2. 网络安全教育缺乏实践教育环节

大学生网络安全教育手段大多沿用讲授或自学的老方法，并且缺乏实践教育的环节，既脱离大学生的实际需求，又对大学生没有吸引力。此外，一些高校在网络安全教育过程中，所选用的教材过于偏重理论探究，缺乏对大学生防范网络安全风险的技能培养，因此必须改革传统的书本教育，进而探索新的实践教学模式。

3. 没有专门讲授网络安全的教师队伍

大学生网络安全教育工作具体由大学生辅导员承担，显然大多数辅导员不能胜任此项工作，导致网络安全教育工作出现不少漏洞。

二、高校加强大学生网络安全教育的措施

（一）提高对网络安全教育的认识，完善制度，齐抓共管

高校党政领导部门要转变思想观念，要深刻认识大学生网络安全教育的必要性和紧迫性，要以"稳定压倒一切，安全重于泰山"的大局意识，高度重视网络安全教育，行动上要给予大力支持。学校要不断完善网络安全教育体制和制度，应设立网络安全教育指导机构；应把大学生网络安全教育纳入整个教学工作并切实抓好；教务部门要明确教育内容，编制详尽的网络安全教育实施规范，并加大落实力度；应安排专职教师亲自授课，并对教学效果进行科学考核。教务处统一领导，其他管理人员，如辅导员、班主任、学生干部等都应积极参与到大学生网络安全教育工作中来，要明确分工，各司其职，相互协调、相互配合，形成强大的合力，形成全校各部门齐抓共管的良好氛围。

（二）丰富网络教育载体，创新教育形式

网络信息安全教育的方式要多样化，否则学生一旦失去兴趣，便难以获得大学生的有效配合。首先，开辟网络安全教育的主渠道，网络安全教育走进课堂。课堂教育是最能使学生集中接受各种知识的教育方式，可以在思政课的教学中增加网络道德规范、网络伦理、网络法律法规教育等内容，培养大学生的网络信息安全意识、自律意识、责任意识及网络法律法规意识；在计算机基础课教学中把网络安全问题知识和相关基本技能知识放在同等重要的位置，并在教学过程中不断强化，这样在无形中会大大提高学生对网络安全的重视程度；在专业课的教学中把安全教育的有关知识融入其中，让学生在接受专业知识的同时受到安全知识的教育；设立专门的网络安全教育课程，合理、适当安排课时，向学生讲授网络安全知识，并进行考核、给予学分，增强学生学习网络安全知识的积极性，使其真正掌握相关知识，提高自我保护和安全防范的能力。其次，积极拓展课外空间，开展形式多样的网络安全教育活动。高校要充分借助校报、校园广播网、校园宣传栏等传播媒介，以及党支部、共青团、学生社团等开展系列活动进行网络安全教育，引领大学生接受正确的网络安全知识，使网络安全教育取得立竿见影的效果；定期开设网络安全知识专题讲座，深入讲解计算机病毒的新动向、病毒查杀软件的使用、网络行为规范、个人计算机

安全策略等内容，通过网络安全知识专题讲座引导大学生经常关注网络安全问题，增强大学生网络安全意识；定期开展网络安全培训。学校应该定期组织专家对师生进行网络安全培训，培训应该围绕网络使用的风险、网络中如何进行自我保护、遇到风险如何寻求帮助、如何进行数据保护、网络使用涉及的法律法规等方面进行，让全体师生一起了解网络风险，形成安全责任意识及行为习惯；可以举办网络安全知识调查、网络安全知识大赛、网络征文、网络辩论赛、网络安全主题漫画比赛等丰富多彩的活动，既能丰富大学生的课外生活，又可以在校园中宣传网络安全知识，强化学生的网络安全意识。

（三）拓展网络安全教育实践教学途径

网络安全教育必须要做到理论联系实际，要把书本理论同教学实践紧密结合起来。高校要为学生创设良好的实验环境，根据较常见的网络安全问题，模拟网络安全实验环境；为开展网络安全教育提供实训基地，增强学生解决实际问题的能力；各高校还应与当地武警、交警、公安、法院等部门合作，建立校外安全实践基地，定期组织学生到基地接受网络安全知识教育，强化学生的感性认识。

（四）搞好校园网络建设

高校校园网是对大学生进行网络安全教育的一个非常好的平台。各高校要在页面布局、色彩设计、栏目设置以及所含内容方面下大力气，增强校园网的思想性、知识性、趣味性、客观性、实用性；根据大学生学习、生活、就业、交往、心理咨询等多种需求，及时提供优质服务，使大学生能自愿、主动地浏览校园网站。在这样的前提下，在网页中开辟专栏，介绍常见的网络安全威胁与应对策略、精选网络安全案例、法律法规介绍，在线回答大学生碰到的种种疑难问题，还应为大学生提供正版杀毒软件等工具。通过校园网络的建设，向大学生传播正能量，使他们增长知识，完善自己。此外，高校要加强计算机软硬件配置的安全管理，通过防火墙技术、网络加密技术等高科技的应用，对各种网络信息层层筛选，避免不良网络信息进入学生的视野，提高校内网络安全系数，维护校内网络安全，同时学校要加强对相关技术人员的监督和管理，保证校园网络的安全运行。

（五）建立良好的网络安全规范、监管体系

高校要建立和完善一些制度，规范学生的网络行为，如制定《文明上网自律公约》《学生网络道德规范》《学生网络违纪处理条例》等，要求学生严格遵守，如果违背相关规定，给予一定的处分，并取消评奖评优及获取奖学金的资格，通过这些制度的建立，使学生的网络行为有章可循。高校在做好规范工作以外，还应获得当地政府的支持，同当地

的公安、工商管理部门等建立一种密切的协调关系，充分利用社会各方力量来提高网络监管力度，协助配合有关职能部门开展"净网"行动，加大对学校周边违规经营网吧的整治力度，净化校园周边环境。

学校网络安全环境的创造和大学生网络安全意识的形成，是需要学校和学生共同努力完成的。学校需要加强对网络安全教育的重视程度，要丰富网络教育载体，创新教育形式，拓展网络安全教育实践教学途径，搞好校园网络建设，建立良好的网络安全规范、监管体系，净化网络环境。同时，大学生自身也要提高网络安全及责任意识，要仔细甄别网络信息，增强自我保护能力，要合理、正确地利用网络资源；要增强自制能力、自学能力，合理利用好课余时间，不要过度迷恋网络，更不能"上网成瘾"，以免影响身心发展和耽误学业；要"知法、懂法、守法"，不仅不做破坏网络安全的事，还要依法保护自己的人身和财产安全，为创造安全、和谐、健康的网络环境做出自己的贡献。

第六章 新媒体时代下高校思想政治教育的载体与资源整合

第一节 新媒体时代高校思想政治教育载体创新

一、思想政治教育载体内涵及构成条件

"载体"本是最早出现在化学领域的科学用语，意指催化某些化学反应的中间物质，20世纪90年代，思想政治教育领域逐渐使用"思想政治教育载体"的概念。

20世纪90年代以来，围绕思想政治教育载体的内涵，学者们各抒己见，形成了不同的观点。如有学者把"思想政治教育载体"看作是一种"活动"或者是一种"活动形式"，有学者认为它是实现思想政治教育目的和任务的"桥"和"船"，有学者认为它是连接主客体的"载体中介"，现在被引用和转载较多的概念是张耀灿所概括的，思想政治教育载体是指在实施思想政治教育的过程中，能够承载和传递思想政治教育的内容或信息，能为思想政治教育主体所运用，促使思想政治教育主客体之间相互作用的一种活动形式和物质实体。不管这一概念如何流变，学者们总体上认同的是，思想政治教育载体是介于教育的主体和客体之间的桥梁，传递给思想政治教育对象符合我国经济社会发展要求的价值观念、思想观念、政治观点、道德规范等，思想政治教育的目标、内容、方法等由设计到实践的过程，都离不开思想政治教育载体。

思想政治教育载体的构成条件主要有：一是思想政治教育载体必须能够承载思想政治教育内容和信息，并反映出时代和社会发展进步的要求；二是思想政治教育载体能够被思想政治教育主体所掌握和操作，与思想政治教育环境不同，载体不是一个自在自为的存在，而是具有工具理性的，只有当主体掌握并使用了载体的时候，载体的作用才能得以检验和发挥；三是思想政治教育载体必须能够联系主体和客体，并形成主客体的互动，思想政治教育载体的作用过程也是教育者和受教育者在一定的教育目的的指导下，借助于一定的方法、手段相互作用的过程。

二、高校思想政治教育载体的形式和特征

高校思想政治教育载体是在高校这个特殊的场域和范围中，承载着思想政治教育信息的、能够发挥思想政治教育功能的各种形式，换言之，在高校这一特殊环境中，能够发挥思想政治教育功能作用的载体都可以当作高校思想政治教育载体。从功能上，高校思想政治教育载体能够承载高校大学生思想政治教育的目标、任务、内容的信息，能够为教育合格社会主义接班人保驾护航，能够联系教师和大学生两个相对的群体，并形成互动的关系。

在"大教育"的理念下，高校思想政治教育载体的形式较多，一是传统的课堂教学仍然发挥着高校思想政治教育的主渠道；二是实践教学越来越多的被运用到了思想政治教育之中，一些体验式、观摩式教学方式也获得了较好的效果；三是网络教学，成为课堂教学和实践教学的有益补充；四是新媒体客户端的功能性教育载体、一些官方微信微博等成为重要的渗透力量和教育力量；五是各级各类学生活动，学术活动、交流活动等也可以看作是有效的教育载体；六是主流媒体、封面媒体在高校思想政治教育中仍然发挥着载体作用；七是各种实物性、户外性的宣传教育载体，用于承载思想政治教育内容的图片、实物、标语、口号等等都是高校思想政治教育的载体；八是高校大学生的日常管理的制度安排，等等。

目前，高校思想政治教育载体形式多样，层次丰富，发展较为成熟，也具有了更强的创新意识和新颖性。高校思想政治教育载体客观上突出体现了大学生群体的特征，受到大学生的年龄、知识体系、技术要求等方面的特殊性制约，体现出大学生作为社会化最后阶段和已经成年、容易接受新事物的特点，体现出大学生专业知识丰富、心智成熟、群居、同质性强、联系紧密等特点，也因此体现出更强的"创新意识"，载体的"新"方式、新手段、新方法层出不穷，大学生也更容易接受新的载体形式；高校思想政治教育载体也体现了高校的教育者特点，体现了教育者作为教育的主体在设计之初，便鲜明附载的教育示范功能；高校思想政治教育载体具备更加明显的资源优势，尤其是知识资源。

三、新媒体是高校思想政治教育载体创新的平台力量

高校作为一个开放的社会单元，与外部环境联系紧密，无法拒绝新技术带来的变革力量，而且往往首先成为高新技术的阵地，大学生也往往会率先成为高新技术的粉丝和使用者。按照马克思主义的矛盾动力论，在新媒体带来了思想政治教育载体的新状况、新矛盾的同时，新媒体带来的环境、主体和客体方面的内在矛盾，成为促进高校思想政治教育载

体的平台力量，促使着高校思想政治教育载体通过创新，发挥好中介作用和桥梁作用，适应新时代的要求和特点，适应新时期的大学生群体特征。因此，新媒体可以发挥高校思想政治教育载体创新平台力量的角色。

（一）新媒体带来高校思想政治教育载体创新的环境要素

载体的创新需要借助必要的环境，在环境及其变动趋势影响下开展。对思想政治教育载体创新建设影响的环境主要有社会环境、文化环境和技术环境等方面。

新媒体带来了社会环境的深刻变革。一方面，社会在新媒体的即时性、多对多的传播方式推动下，已经变成了"无阻隔"的空间，资讯、信息、消息和一些事实的无阻隔化传输，使大学生接受信息渠道的单一性变为丰富的多样性，接受信息方向的单向度变为信息互动的多向度，也使得高校思想政治工作主体所具有的"权威性"因为"信息接近权"的甚至日益弱化，而日益弱化。但另一方面，大学生在思想政治教育过程中的主体性的增强，也得益于新媒体带来的全时全域的信息发布权、信息评论权、信息接受权，当然，海量信息的"大数据"带来的信息真实性、信息背后的目的性、信息评论的片面化等，也对大学生思想政治教育的社会环境提出了管理和筛选的困难。还有，新媒体带来了社会舆论的同化现象和一定程度上的反权威现象，在全球化背景下，舆论风向往往被巨大财团、巨量资本和发达国家控制，他们可以制造新闻、制造消息、"科学权威"解读，以达到吸引大学生的关注点和同化舆论导向的目的。再加之，大量的负面信息充斥于各种载体，尤其是对世界观、人生观、价值观形成过程中的大学生来讲，很难辨别真假，新媒体传递的光怪陆离的社会现象及其背后的过程，也往往对大学生思想政治素质产生正负两个方面的合力。因此新媒体对社会环境的影响和由此产生的新矛盾，间接带来了高校思想政治教育载体变革的动力。

新媒体带来了文化环境的深刻变革。新媒体带来了文化话语体系的转变，尤其是网络语言的简练化、符号化和字母化特点突出，夹杂着符号、字母、数字、表情图片等要素的话语内容越来越多，在一些具体的表述上，也表现出时事化、调侃化和口语化的倾向；日益呈现出丰富而富有个性化的大学生的亚文化特征，在网络游戏、动漫、户外、音乐、网络事件等方面，往往聚拢一些有类似观点、爱好和特长的大学生们，形成富有群体共性的亚文化群体；在文化消费方面，新媒体也带来了文化消费品的多元化，在尊重个性选择的基础上，越来越多的文化产品通过新媒体进行了广泛的传播，一些异域文化、另类文化等也可以随时随地的进行传播。面对新媒体，大学生群体在文化环境方面，已经存在着个体需要和社会需要的不一致的矛盾，个性满足和社会文化品格塑造不一致的矛盾，文化满足与文化规范和文化合理性之间不一致的矛盾，这些也成为高校思想政治教育载体创新的动力。

新媒体带来了技术环境的深刻变革。新媒体是在新技术的基础上发展起来，同时，它也带动了新技术的推广、应用和进一步革新。新技术在高校大学生群体有着易于"流行"的特点，大学生们都已经具备了虚拟化的人际交往技术，通过网络和手机，可以无障碍地进行人际交往，可以将内心深处的交往需求得到满足，将内心深处的情绪得到一定程度上的宣泄，但也带来了一些欺骗、诈骗、虚假的交往信息，带来了对人际交往实践意义的否定和人际关系的疏离感、隔阂感，存在"双刃剑"的矛盾；技术的进步，也带来了教育平台和手段的多元化，教育内容和知识的海量化，已经突破了原有的课堂教学的单一平台模式，具备多种互动技术的新媒体，提出了教学平台整合的需求和文字、图片、视频、声音等多种内容的整合要求，知识的暗箱被打开，大学生可以随时随地进行知识的学习，可以增强大学生作为思想政治教育对象的主体性。总体上来说，新媒体带来的技术环境的变革，可以为高校思想政治教育载体的创新发挥重要的技术动力和吸引力。

（二）新媒体带来高校思想政治教育载体创新的客体要素

新媒体带来了大学生生活方式的快餐化、便捷化、虚拟化和对现实生活的逃避化倾向的矛盾。新媒体带来了生活的便利，大学生们可以通过网络轻松完成消费、活动的许多环节，生活的便捷度越来越高，他们越来越依赖手中的手机、各种各样的 APP，依赖互联网或物联网的生活，甚至出现了许多虚拟化的生活社区，更有甚者变了"僵尸族""低头党"。但从另一方面来看，当他们改变了手机和网络的工具理性之后，就变成了"异化"的对象，成了新媒体"奴役"的对象，往往表现出对现实生活的无趣感，对现实生活的实践的逃避感。大学生拓展了人际交往空间，却带来了潜在的人际交往障碍的矛盾。各种各样的贴吧、论坛、聊天工具，让大学生们可以轻松变换身份角色，变换性别、年龄、专业、爱好等个人信息，以不同的角色进行人际交往，可以吐露心声，也可以轻松撒谎，可以侃侃而谈，也可以潜水深处、只当一个观察者，一些情感类的交往，变成了虚拟化的交往方式，非直接的、非面对面的交往让个人的"秘密"要么隐藏的更深，要么可以被轻易发现。在现实生活中的面对面的、直接性的、富有人情味和真情实感的交往才是人际交往的实质所在，但许多大学生却弱化了真实的交往，或在交往中表现出情感的弱化，也有不少同学出现了"网络孤独症"和"人际信任危机"。

大学生获取知识的主动性与新媒体知识内容的碎片化的矛盾。传递知识、探索未知是高校的责任，也是大学生自己的责任，大学生在新媒体的推动下，可以轻松获得海量的知识信息，轻松完成学习的各个环节。新媒体提供的诸多搜索引擎，几乎没有"不知道"，老师课堂上的讲授，可以轻松通过"搜索"得到答案，这在一方面拓宽了大学生获得知识的途径，提高了获得知识的效率，加强了大学生获取知识的主动性，但另一方面来看，大学生们也面对着海量信息和知识的无序化、碎片化、非体系化、甚至是片面化的影响，难以让自己通过系统学习的引导获取体系化的知识，特别是在大学生正处于思维和思想都不成熟的阶段，容易片面理解、断章取义、甚至出现走极端的现象。

大学生主体意识强化、网络民主觉醒和一定程度上的价值取向混乱、道德情操淡化的矛盾。一方面，大学生们可以担任新媒体主体的角色，他们的民主意识正在逐渐觉醒。网络民主作为新媒体的产物，把大学生们作为草根的声音以"滚动散发性"的方式逐渐散出，他们广泛参与一些社会事件的意见表达，增强了民主主体的意识，带来了民主参与的积极性。另一方面来看，大学生在"慎独"不足和自律性不够的情况下，又缺乏"他人在场"的监督，在道德、价值和法律观念尚未成熟的前提下，容易出现价值取向的混乱，有些大学生甚至出现道德情操低下的情况，出现民族认同、国家认同的危机感。

（三）新媒体带来高校思想政治教育载体创新的主体要素

新媒体的条件下，高校思想政治教育的主体既包括传统意义上的教师主体，也逐渐将大学生置于主体地位。

新媒体既带来了高校思想政治教育主体的新平台、新途径，又带来了其工作能力的新要求。在传统的思想政治教育载体形式下，主体对大学生的思想政治工作主要是通过课堂教学、课堂讨论、座谈会、主题班会、实践教学、个别谈话、个别活动创设、各种实物和口号性的宣传等方式进行的，大学生往往只是处于客体的、被动的地位，他们的参与积极性不够高，教育主体对大学生的思想状况、政治鉴别能力的判断往往不够全面和准确，传统载体的一对多形式，也很难关照到每个学生的个性化思想，大学生的思想动态和需求很难进行即时的反馈，因而难以达到对大学生进行思想政治教育的效果。

新媒体条件下，教师可以通过网络教学平台、网络互动平台、手机网络终端、微信微博交流平台、数字电视等平台进行思想政治资源的新整合，让大学生利用学习和交流的新载体，便捷快速而有效地获得信息、提供信息，也在潜移默化的渗透性教育中获得思想政治素质的提高；大学生们可以在虚拟世界中敞开心扉，打破传统的教师与学生的主客体划分界限，突破面对面教育的一些"难言之隐"，不受拘束的表达情绪与心理状态，在教师和学生间可以轻松架起沟通信息和掌握动态的桥梁，便于促进积极教育、个性教育、自我教育的开展。但同时，也带来了高校思想政治主体能力提升的需求，需要不断增强他们的新媒体素养，增强新媒体技术，能够从新的方法途径上加强对话，不受障碍的进行沟通和交流，使得教师们能够具有先导性的设计一些新载体活动，加强潜移默化式的、常态化的教育能力的提升，使同学们能够主动参与思想政治教育活动，参与自我管理自我教育的过程，发挥在载体活动设计、实施、反馈与调整等过程中的主体作用。

新媒体既带来了高校思想政治教育主体的高效率、时效性，又带来了工作的无屏障化、无序化。新媒体不受时间、空间和气候等条件的限制，承载信息多，传播速度快，覆盖范围广，方式方法多，可以实现瞬间的到达和即时的回应。为高校思想政治工作者们进行大规模、快速化、主动性的正能量传播，高效率、高时效性的传播正确的思想、政策和理论提供了有效的平台，而且还可以避免信息衰减和失真，避免信息传输过程中的阻塞和变形，快速实现与大学生的对话，促进了主体的平等性。但从另一方面来说，新媒体也带来了信息传播的无屏障化和无序化，教育主体很难构筑起过滤或阻止一些无效信息和负面信息的有效"屏障"，无法规范鱼龙混杂、良莠不齐的海量信息，难以把握对信息的筛选选择，尤其是大学生主体，他们涉世未深、思想不够成熟、经验不够丰富、对问题的认识还缺乏全面、深入的了解，甚至有时候难以分辨真假黑白，容易盲从盲信，无法在"资讯轰炸"的情况下，找到正确的方向、坚持正确的立场、做出正确的选择和行为方式甚至有些人进行了历史虚无主义的解读、非理性的判断，进而在行为上散播谣言传言、参与不良事件等。无屏障和无序化是影响主体能力发挥的重要因素。

四、高校思想政治教育载体创新的指导原则和理念

（一）"党管"原则

历史表明，中国共产党作为无产阶级的先锋队、中国人民和中华民族的先锋队，始终代表着最广大人民群众的根本利益，党的性质和宗旨的展现，与人民群众利益的实现具有本质的一致性。高校思想政治教育载体所承载的价值观念和内容首先就要和党的宗旨、性质保持一致，和人民群众的利益保持一致。要保证高校思想政治教育的性质的纯洁性和有效性，首先就要保证载体的创新在党的领导下开展，按照党的原则、宗旨和信念进行创新。

无论是传统媒体还是新媒体，都具有鲜明的意识属性，要首先自觉回答为哪个阶级服务的问题，无产阶级属性和人民属性是我国媒体的首要归属，尤其是党的媒体，为人民群众服务的媒体，首先应该遵循党的基本原则，做到为人民服务。无论高校思想政治教育载体如何创新，首先要保证在运用媒体载体和加强新媒体创新手段的过程中，确保党的绝对领导地位。

高校思想政治教育载体的创新，虽然是鼓励形式创新与内容创新，鼓励新颖，适应社会和时代要求，适应大学生思想建设的需要，党的领导始终不能放松，要保证思想政治教育载体的创新始终在各级党组织的领导下开展

（二）主流价值观引导原则

《关于培育和践行社会主义核心价值观的意见》（《意见》）指出，要"把培育和践行社会主义核心价值观融入国民教育全过程"。高校作为特殊的场域，肩负着立德树人的崇高使命，肩负着培养社会主义合格接班人和优秀建设者的责任，大学生的价值观念是否正确，将是决定他们能否担当未来社会主义建设生力军的角色、能否在与世界其他各国青年的竞争中取得胜利的关键所在。

高校是象牙塔，但并不是远离社会的封闭空间。高校处于一个开放的社会环境之中，其本身也是一个开放的单元，老师、学生都受着来自方方面面的、形形色色的信息影响，在新媒体的条件下，多元价值观念的冲击越来越明显。要保证社会主义事业的健康持续发展，就需要我们广大的干部群众始终保持对待国家、社会和个人的正确价值观念。高校的开放性，也进一步要求主流价值观念发挥主导作用，这也是高校思想政治教育建设的题中应有之意。

社会主义核心价值观，在社会的多种价值观念之中处于"核心"地位，具有"统领"其他价值观念的作用。社会主义核心价值观也是新时期对适合我国社会主义发展新阶段的价值观念的高度凝练，是在充分尊重和继承优秀传统文化的基础上，充分吸收和借鉴包括西方文明在内的人类优秀文明成果基础上，在中国特色社会主义建设取得了辉煌成就的基础上，对国家、社会和个人三个层面，进行的科学、简练的总结，是可以对我国未来经济社会发展发挥重要意识能动作用的价值观表述，在所有社会的价值观念和理念中具有最高层次的指导意义。

高校思想政治教育载体创新，既要把社会主义核心价值观作为指导和统领，密切关注和深刻探索新载体可能带来的价值观念冲击，又要把社会主义核心价值观作为载体创新的重要内容设计进去，还要把社会主义核心价值观作为载体创新的价值判断标准。

（三）贯彻"五大"发展理念

高校思想政治教育载体的创新，应该贯彻"五大"发展理念，以创新为动力，做好形式和内容两个方面的创新，以新形式和新内容满足高校思想政治教育目标的需要；要协调好传统媒体和新媒体在高校思想政治教育载体中的关系，协调好传统载体和新载体的关系，协调好思想政治教育主体和客体的关系，协调好思想政治教育目标、内容、方式方法之间的关系；要坚持好生态理念和绿色理念，以可持续发展的理念指导载体创新，增强环保观念，在载体所需要的物质条件上、软件条件上等注重绿色理念；要增强开放意识，把高校思想政治教育载体的创新放到全球化的视野中，借鉴吸收好的经验，继承以前的优良传统，摒弃一些过时的、无效的落后载体，把我们的培养目标定位在与国际青年的竞争上，做好高校青年的思想政治教育工作；要把高校思想政治教育载体创新的目标放到大学生群体身上，放到他们思想政治素质的切实提高身上，尊重大学生的主体地位，把高校、教师和学生的利益统一起来，实现真正意义上的"共享"。

五、高校思想政治教育载体创新的主体能力提升

（一）加强高校思想政治工作者的新媒体素养

媒体素养主要包括听说读写的能力、接受选择和批判信息的能力，新媒体素养是对传统的媒体素养的继承和发展，主要包括两个方面的内容，一是要具备认知新媒体、使用新媒体的必要知识和技能，能够熟练掌握新媒体的特征和趋势，能够比较熟练地掌握新媒体的使用方法，熟知各类新媒体的作用过程，有效的利用新媒体进行信息的制造、传播和反馈，合理地利用新媒体达到渗透和灌输的目的；二是要通过新媒体即时有效的获得信息、选择信息、查找规律、总结分析、评价应用信息的综合能力，能够对新媒体产品与其传递的信息进行必要的评判，能够比较清晰的判断新媒体对现实社会带来的影响。

作为高校思想政治教育工作者，应该树立科学的人才观，在保证正确的政治立场和社会主义核心价值观的统领地位的基础上，应该注重个性化的人格和能力的包容和培养，培养个性化的人才；协调好"教"与"学"关系，不仅要注重"怎么教"，还要注重"怎么学"，实现"教""学"平衡，注重大课堂的构建，突破"教"与"学"的时空限制；形成平等的"师生观"，尊重学生作为高校思想政治教育主体的作用发挥。

作为高校思想政治教育工作者，应该主动增强对新媒体的认知，跟上时代潮流，诚恳接受新媒体、熟练使用新媒体，在新媒体上发挥主体作用，能够运用新媒体对信息进行加工，增强运用新媒体加强教育教学效果的意识，进行教育目的意图的渗透，在教育教学过程中，主动、科学的使用好新媒体。路径上来看，可以通过自学、积极参加新媒体技术培训班、相关法律法规培训；可以承担相关教育研究课题，加强对新媒体融入的理论研究和经验推广；可以借助专业技术人员或学生力量，学习一些新媒体技术、创设一些新媒体载体，建设一些新媒体资源等等。

（二）加强大学生主体能力的塑造和发挥

大学生是新媒体的主要使用人群，最早接受和使用了新媒体技术，他们对网络、智能手机等新技术依存度非常高，深度依赖于新媒体环境，也为他们成为高校思想政治教育载

体创新的主体力量提供了基础。

媒介的能力可以理解为主要是对信息的选择能力、理解能力、质疑能力、评估能力、创造和生产能力。大学生首先可以利用自己对新媒体技术的使用频率高、使用熟练等优势，深刻理解不同新媒体的性质、特征、用途和目的等要素；面对真假不一的、价值多元的海量信息，大学生们应该坚持社会主义理想信念，主动加强科学文化知识的学习，并利用对新媒体信息加工过程的了解和认识，对信息进行筛选、甄别、质疑和评估；利用好属于"自己"的媒体平台，新媒体提供了大量的自媒体，降低了大学生参与并制造信息的门槛，但需要大学生们增强信息责任意识，加强网络法制观念，加强虚拟社会的道德自律性，加强对信息进行及时、正确处理的能力，加强对信息进行合理加工、创造的能力，加强对信息处理中增加意识思想的能力，塑造好高校思想政治教育主体性的一面。

大学生们也应该积极为发挥高校思想政治教育载体创新发挥主体作用，尤其是利用新媒体带来的交互性特点，多利用虚拟世界的各种方式的沟通，留言、留信、留评论，可以参与活动，参与教育教学的各个环节，尤其是设计环节中提供合理的意见建议，提出合理的需要，促进教学内容的变革；通过各种教学平台，使大学生们做好内容的选择、形式的选择；通过新媒体，主动分享大学生思想政治教育的各种各类资源，丰富思想政治教育的资源库，尤其是一些音频、视频、电子信息类资源等；通过主动加工、创造一些对大学生群体本身产生教育意义的信息内容，通过自媒体的运用，把好的内容和感受进行发布，对同学们发挥教育功能，进行"朋辈教育"；也可以把值得关注的问题通过"麦克风"和"聚光灯"，加强传播，引起同学们和老师的关注和解决。

六、提升高校思想政治教育载体的整体能力

（一）发挥传统载体的主渠道作用

正如传统媒体在媒体业态中仍然要引领宣传口径，各级主流媒体仍然需要发挥主渠道作用一样，高校思想政治教育的传统载体，是被实践所证明了的、具有时效性的，也是我们多年来从事高校思想政治工作的宝贵经验的积累，对现在及以后的思想政治工作仍然可以发挥重要的载体作用。

高校思想政治教育中，仍然要发挥好思想政治理论课在弘扬社会主义核心价值观、培养合格的思想政治素质、引领大学生树立正确的世界观人生观、自觉抵御不良思想和信息的冲击方面的主渠道作用，在配合校园文化建设、各级各类管理制度的规范、各种学生活动的开展、思想政治理论课实践教学的进行、传统宣传手法的运用，让大学生们感觉到主

渠道上带来的正能量，了解主流，分清支流。在其他课程类教学活动中，大学生在大学期间的各类组织安排、管理和生活之中，也应该贯彻传统媒体的共同目标，并将其进行分化，附加到各类传统载体活动之中。

传统载体的设计、策划、组织、实施和反馈调整的各个环节，都能够更好的体现高校教育的主导性，能够更好地从源头上把高校思想政治教育的目标、意图进行贯彻，可以更好地发挥新时期的灌输作用，也可以在渗透性教育中，便于从载体发生作用之初就内嵌上思想政治教育的内容。

（二）传统载体的新媒体改进

在传统媒体正与新媒体进行融合的背景下，中央媒体逐步适应了媒体发展融合大趋势，仍然走在各级媒体的前列，加快推进融合发展进程，焕发新的生命活力，进一步掌握舆论引领主导权。传统媒体正由传统新闻产品生产为主向现代多媒体的新闻信息业态拓展。过去供应文字、图片，今天还供应视频、供应新兴媒体的产品；各个新兴媒体的终端，新华社的自媒体、联播网等等迅速发展；新闻互联网集群，包括新华网、中国政府网等网络集群逐渐构建起来。

高校思想政治教育的传统载体要发挥主渠道作用，就需要借助新媒体的力量，在其中植入新媒体的手段、方法和技巧，以新媒体的技术性优势和符合大学生的时代要求的特征，使传统媒体重新焕发生机和活力，继续发挥主流作用。

具体来说，作为传统载体主要形式的高校思想政治理论课可以与多媒体、新媒体进行对接，以多媒体的形式融入图片、影像、动画、声音等形式的信息，营造一个立体形象、活泼但又不失严肃性的教学氛围，在此基础上，借鉴国外的课程教学平台的经验，通过网络平台等技术，搭建起网上教学的平台，以全时在线的形式来进行课下学习和课堂的补充，也可以作为教师与学生进行交流的平台、同学们围绕热点问题进行讨论的平台，以传统模块加强传统的思想"灌输"，以"新模块"加强特色栏目，融合思想政治理论课本身所缺乏的趣味性、服务性和互动性，以课程在线的形式来满足大学生对优秀思想政治理论课资源的需求。其他传统载体，也可以广泛对接新媒体，植入新媒体的载体力量，及时采取学生乐于接受的方式，也提高管理效率和管理实效，促进大学生全方位的接受思想政治教育。

（三）新载体的培育与创新

培育专门的资源库，建立起资源共享机制。这样让新载体和传统载体之间可以共享相关资源，一方面便于新载体了解和掌握传统载体所要传达的设计意图、传递的主流价值观念，使新载体不至于偏离传统载体的主流思想、主流价值；另一方面也可以使传统载体丰富已有的资源，在具有资源的权威性优势的前提下，更好地把握大学生的需求和接受特点，把一些活泼的、具有渗透性的、对话式的、共鸣式的、带来体验新感觉的、可参与的新信息和新资源整合进去，让传统载体焕发生机和活力，在更高的平台上发挥主渠道作用。

依托新媒体进行新载体的创新，积极培育和发展一些不同于传统载体的新的载体形式。如积极构筑微载体，建立一些官方的微平台，渗入一些民间的微载体，通过微博、微信的交互育人，引领一些微课堂、微传递、微公关、微灌输、微民主等思想政治教育方法，一些交互性的话题，可以由教师发起，也可以由学生发起，通过精准的交流沟通，发挥"贴心""知心"的作用，通过"去官方化"的形式，把问题化解在微小阶段，防微杜渐。

可以依托网络新媒体，构筑起网络教学平台。教育部多次强调，要构筑起思想政治理论课的课堂教学、实践教学和网络教学的三个平台，共同促进思想政治理论课的实效性。因此，可以将精品课程上网，将课程教学的全过程植入网络技术，一方面可以最大限度地节约教学成本，节约时间和人力资本；另一方面，也可以引起大学生的学习兴趣与主动性，如一些"学习型游戏""严肃游戏"的开发与上线，一些"通关"类的学习过程、慕课的教学方式，通过引起学生兴趣的方式进行学习，润物无声，寓教于乐。

还应该根据学生参与的主动性，深挖新媒体的形式，优化创新，与时俱进，可以通过开通教师微博、班级、年级或其他集体的微信群、搭建兴趣组、教学交互平台、师生交互平台、各级手机报、微信报等新形式，对传统载体发挥重要的补充作用。

（四）载体合力的构筑

新媒体已经成为人们生活的一部分，深深融入了人们生活的各个领域，而且各种媒体业态越来越多地表现为互相融合和适应的特点，如，目前四川日报等主流媒体的做法是，"先上网再见报，先简报再详报，即日采集，及时发稿，抢得先机，覆盖多终端"。新媒体融合的环境下，既要发挥传统载体的主渠道作用，又要发挥新载体的重要补充和技术基础作用，传统载体和新载体需要在更高的平台上，精心整合，发挥合力，为高校思想政治教育的实效性发挥作用。

当前，三网融合的业态现状，将电信网络、广播电视网络和计算机通信网络逐渐整合为具有世界统一性的信息通信网络，这将对大学生思想引领的载体整合产生重要影响。大学生的学习、生活和思想的建构过程逐渐融为一体。一方面，将突破局域网的限制，将家长、学校、学生和校外力量整合在一个平台上，可以围绕大学生思想政治素质的提高发挥合力作用，另一方面，多种手段和多种载体的整合，利于形成一个全方位、全时段、全领域、全过程的高校思想政治教育载体合力，持续、多样地发挥作用。

云计算技术，将资源的整合和按需分配、扩展分配变成高校思想政治教育的资源获取手段，在一定程度上打破各高校之间的资源分布不均匀，更新速度慢、更新成本高等问题，在很大程度上促进了教学资源的共享性。当然，要实现云计算在高校思想政治教育中的作用，需要通过建立平台，整合各高校图书馆资源，整合高校特色资源，建立各高校之间的信息员制度和云协同制度，避免思想政治教育"资源孤岛"现象。

物联网技术的使用，可以将交通、建筑、水电气、消费品等各种物体进行整合，可以实现人与自然物、人造物的系统整合，有人称之为"全物质媒体化"。也可以将大学生们的消费状况、事务管理、实物管理整合在一起，借阅、就餐、门禁、自习、洗衣、用电、用水、洗澡、上网、上课等等环节都可以通过物联网技术进行整合和分析，并作为了解和引导大学生思想政治状况的重要载体，或可成为高校加强思想政治教育的辅助手段。

七、加强高校思想政治教育载体的创新管理

（一）加强新载体创新的主体管理

让主体在法制化轨道上创新使用新载体。网络不是法外之地，任何国家都要加强网络的安全监管工作和网络执法工作。新媒体的互动直播等功能，在很大程度上，促进了高校的民主建设，也促进了大学生们的民主热情和民主参与，极大地促进了大学生公民权的发挥，也极大地促进了信息传播的速度、规模和对象的无差别化，但也加大了法治监管的难度。加强新载体主体的管理，要进一步培养他们的法制观念，形成网络安全意识，加强他们法治、规范意识，确保新载体的创新要在符合法律法规的前提下进行。

培育并管理好意见领袖和网络偶像。新载体容易培养起一些教师、学生群体中的意见领袖和网络偶像，他们往往有着数量庞大的粉丝，对大学生思想政治教育的作用很大，当他们能够传播正确的世界观价值观人生观和知识的时候，便扮演了十分重要的教育者角色，但当他们传播错误的观念和思想的时候，便发挥着极大的反作用，因此，要抓住这个新载体中的关键少数就要做好意见领袖和网络偶像的管理工作，及时进行培训教育，加强他们的责任意识、法治意识和观念。

（二）加强新载体创新的形式管理

实行严格的登记管理制度。发达国家对新媒体实行了严格的市场准入机制和比较完善

的行业规范，行业道德和市场协调性比较高，既有保护性措施，也有限制性措施，实行了严格的审查审核制度。我国高校思想政治教育的载体不同于纯粹商业载体、纯媒体载体，它从设计之初就是严肃、规范而且负载着高校思想政治教育内容和目的的载体，它可以具有生活化的形式，但其形式设计、形式论证、形式审批、形式管理、形式改变都要在严格的审核管理程序下进行。

交互式载体的形式管理。交互式载体，如微博、微信等载体，可以加强信息传播的直接性和互动性，避免信息在传输过程中失真走样，也催生教育工作者由管理者身份逐渐过渡到服务者身份，为学生服务、为学生排忧解难的功能更加明显。在此过程中，管理要注重程序，尤其是对学生的反馈时间要有明确规定，否则就会使交互性受阻，要对过程建立监督机制，避免管理者传递的信息有误，或存在不良的教育管理行为，避免交互中过程中的争执和矛盾升级，避免不良形式的出现。一些不良载体的出现，也会对高校思想政治教育产生负面影响，高校也应该采取严格的管理措施，避免诸如快播、翻墙等不良形式向高校大学生的渗透。

（三）加强新载体创新的内容管理

内容为王是传统媒体时代的铁律。虽然当前新的传播技术和传播渠道层出不穷，但是高品质内容的产品仍然是媒体机构在新时代生存发展的根本，且将在未来媒体发展中起到关键作用。

加强主流内容的阵地意识，通过主流价值观念在新媒体内容上的渗透，营造出主流内容的主导氛围，把党的路线方针政策、治国理政的新战略新思想新理念与大学生的诉求结合起来，创新内容载体内容，打造"主流内容"，并及时占领宣传舆论阵地，占领高校思想政治教育载体的阵地，形成主流内容的传播氛围，更大程度上发挥新载体的正向功能。

对新载体内容同样要实行实时监测制度。新载体的海量信息中，良莠不齐、信息发布者身份复杂、目的多元，变化迅速且方向多样。要随时关注各级各类论坛、微博、微信、邮件、QQ、甚至物联网的各项内容，对大学生群体进行舆情监测，避免网络躁动、信息串联、集体失范行为的苗头，及时发现一些不良情绪、不良思想和不良行为，及时介入进行引导，必要时，做好及时的公关处理。建立起群防机制，对不良信息、不实言论、妖言惑众的内容，要及时发现、及时上报、及时肃清，形成发现、上报、解决、反馈的系统工作机制。

对不良内容及时反击。许多虚假信息具有欺骗性，广大信息受众很难辨别真假，因此，需要官方的及时澄清、及时应对、及时反击。能对大学生群体产生了良好的教育意义，也对高校思想政治教育载体内容发挥了重要的净化作用。因此，高校也需要利用一些资源优势，加强对历史虚无主义等不良思潮和表现形式的坚决反击。

第二节　新媒体时代高校思想政治教育的资源整合

"整合"的主要含义是指通过整顿、协调重新组合。思想政治教育资源整合是指把纳入到思想政治教育活动并有利于思想政治教育的各种要素，根据思想政治教育的需要加以整顿、协调重新组合，以利于思想政治教育目的的实现。思想政治教育是一项社会实践活动，需要丰富的思想政治教育资源作为支撑。然而，新媒体时代人们的思维方式发生了变化，特别是人们的思想教育方式、接受方式发生了革命性变化。面临新情况、新问题，高校在思想政治教育资源开发、利用与优化整合等功能方面还很欠缺，这已成为制约当前高校思想政治教育工作的关键因素。因此，转变观念，提高认识，重视和加强思想政治教育资源整合功能，是新媒体时代开创高校思想政治教育工作新局面的一项基础性工作，这也是深化高校思想政治教育工作的重要途径。

一、新媒体时代高校思想政治教育资源整合的必要性

新媒体技术的迅猛发展，为高校的思想政治教育活动提供了广阔的空间，但无形之中也增加了思想政治教育的价值实现难度。资源整合的最直接意义就是使有限的资源最大限度地满足人们的需要，使资源利用达到最大化。在新媒体环境下，高校思想政治教育工作要突出资源整合意识，从资源的视角来研究和探讨资源整合对思想政治教育价值实现的意义。实行高校思想政治教育的资源整合，主要基于以下几个方面原因：

（一）适应新媒体时代高校思想政治教育资源新特点的现实需要

新媒体时代，新媒体以其海量的信息、迅捷的传播速度、多对多的传播方式、受众范围广以及影响结果直接显著等特色，使其在高校思想政治教育中所起到的资源性作用正逐渐被认识和重视。新媒体在高校思想政治教育中的地位和作用的显现，赋予了高校思想政治教育资源新的特点：

1. 潜在性

如同其他资源一样，思想政治教育资源无论其存在形态、结构，还是其功能和价值，都具有潜在性，必须经过思想政治教育工作者实施主体自觉能动地加以赋值、开发和利用，才能转化成现实的思想政治教育资源。新媒体时代，高校校园媒体的教育功能需要经过思想政治教育工作者自觉主动地加以开发和整合才能得以实现。

2. 多样性

思想政治教育资源的"客观状态"具有多样性，不同地域、不同时代不同文化背景下，可供开发和利用的思想政治教育资源不同。新媒体时代，知识层面的、活动层面的以及环境与设施层面的高校思想政治教育资源，在概念和外延上得到了拓展。新媒体所承载的内容信息、文化、思维方式及其自身的知识传递的功能性作用，使得高校思想政治教育资源得到了极大的丰富。

3. 动态性

思想政治教育资源是一个与社会资源系统、人的主观价值系统和开发条件等动态适应的子系统，因而不同主体在不同情景下面对可能开发利用的思想政治教育资源是不同的。新媒体的开放、迅捷、及时和海量化信息承载量，赋予了高校思想政治教育资源动态的、开放的和较强情景性的特点，因而必须针对具体的时空条件和情景进行开发与利用。

4. 选择性

思想政治教育资源是客观社会资源经过主体筛选后具有主观性和客观性的资源，其涉及范围广泛，包括制度层面、精神层面和物质层面。新媒体在高校校园的兴盛丰富了高校思想政治教育的手段和途径，扩大了思想政治教育资源的选择性。

（二）加强新媒体时代高校思想政治教育资源利用的必然要求

新媒体时代，加强高校思想政治教育资源整合是为了合理地利用资源，使大学生思想政治教育具有更强针对性和实效性。如今的高校思想政治教育资源整合虽然取得了显著的成效，但是在整合过程中仍然存在着一些不可忽视的问题。因此，必须深化对高校思想政治教育资源整合必要性的认识，深刻认识"四个必然要求"：

1. 提高高校思想政治教育资源使用效率的必然要求

一般来说，教育者在高校思想政治教育实践中遇到和直接运用的都是大学生思想政治教育个别而具体的资源形态。但是，无论哪种资源形态都不是孤立存在的，而是与其他的资源形态相互依赖、相互支撑，有机结合在一起而形成一个整体。在高校思想政治教育资源整合过程中，存在着现有高校思想政治教育资源的有限性和所需资源无限性之间的客观矛盾。只有在现有的条件下，充分把握思想政治教育资源的属性，正确地审视和理解高校思想政治教育资源之间的内部关系，再进行全面的合理整合与配置，达到资源共享，才能更好地提高高校思想政治教育资源的使用效率。

2. 提升高校思想政治理论课实践教学资源质量的必然要求

高校思想政治理论课实践教学资源的质量，是指思想政治理论课实践教学资源作为一个系统，它的各组成要素能否满足实践教学的要求，以及各要素之间能否实现最优组合，形成合力，使之功能效益最大化。实践教学资源的质量也是影响高校思想政治理论课实践教学环节顺利实施的重要因素。新媒体时代，高校思想政治理论课实践教学资源既有人、财、物等有形的要素，又有教风、学风、校园环境、社会舆论等无形要素，这些要素之间的结构是否搭配合理，既反映了资源本身的质量，又直接影响和制约思想政治理论课实践教学的效果。即各种实践教学资源对思想政治理论课实施所起的作用不是简单的、直接的、机械的过程，而是一个有机的、综合的复杂过程。任何单个要素所起的作用都是十分有限的，只有将各种实践教学资源的力量联合起来实现资源共享，才能形成教育合力，达到资源综合利用的最佳效果，而这些只有通过对资源的充分整合才能实现。通过整合，可以将所需要的各种思想政治理论课实践教学资源按计划和要求进行调配和优化组合，使其相互联系、相互作用、相互影响，以提高资源的质量和利用效益，从而实现实践教学的既定目标。

3. 推进高校思想政治教育社会化的必然要求

高校思想政治教育社会化是指高校思想政治教育要适应社会发展的需要，贴近大学生的实际生活，以学校为中心，在全社会共同关心支持下，引导大学生适应社会、参与社会、服务社会，实现高校思想政治教育与社会教育相互渗透、相互作用的过程。高校思想政治教育的社会化从本质上来说就是为了促进大学生的社会化，它不仅是高校的任务，也与各级部门和社会各界有密切联系，因此，社会上的相关部门和相关群体都要关注和重视大学生思想政治教育，特别是要树立全员育人、全过程育人和全方位育人的大学生思想政治教育观念。随着新媒体的广泛运用，决定了高校思想政治教育资源整合方式的多样化，只有通过多样化的资源整合方式，才能达到高校思想政治教育资源利用率的最大化和效益的最优化，从而有力地促进高校思想政治教育社会化。

4. 对大学生进行立体教育和综合培养的必然要求

当前，新媒体的发展进程不断地改变大学生的思想、学习和生活状态，拜金主义、享乐主义和个人主义等社会思潮严重冲击着大学生的思想道德观念，高校思想政治教育工作者必须适应时代发展的要求，以社会主义的教育方针为指导，在大学生思想政治教育实践中，将学校教育、家庭教育和社会教育相结合，形成合力，并将各种校内资源和校外资源进行合理整合，充分发挥高校思想政治教育资源的作用，以提高大学生思想政治教育的适应性和有效性。只有这样，才能对学生进行立体教育和综合培养，规范大学生的思想和行为，引导其走上符合当前社会主义教育事业发展要求的道路上来。

二、新媒体时代高校思想政治教育资源整合的可行性

（一）需求的交互性为高校思想政治教育资源整合打下基础

高校思想政治教育资源整合的指导思想在于"优势互补、相互促进"。各高校既是思想政治教育资源的供给者，又是需求者，这种交互作用使得资源整合成为可能。不同地区、不同类型的高校在思想政治教育资源方面存在着很大差别，这种差别表现为三种情况：一是学校之间存在着思想政治教育资源的差异性。在大批的研究型院校中，思想政治教育资源优势主要体现在理论研究和学科建设方面。不足之处是教学与思想政治教育的实际工作相脱节的现象较为普遍，学校培养出来的博士大多又继而从事学科建设、理论研究，极少有人投身思政教学和实践工作，理论研究优势没有转化成教育实践优势。从长远看，虽然学科建设最终会大力推进思想政治教育的资源建设，但是，这些年来在客观上造成的现实是大批学者很少直接面对本科生开展思想政治教育工作，脱离思想政治教育工作第一线，思想政治教育资源"流失"。由于马克思主义理论与思想政治教育学科建设，尤其是与思想教育实践相脱节，造成高校思想政治教育资源的结构性"流失"严重；而以教学型为主的大批独立学院和高职高专院校恰恰弥补了这一缺陷，思想政治教育工作者（教师、行政、辅导员队伍）主要从事一线的思想政治教育工作，体验深刻，其优势在于教育观念开放、实践经验丰富以及思想政治教育信息资源密集。缺陷是队伍偏年轻化，缺乏理论归纳和总结能力不强。从整体发展来看，研究型高校与教学型高校实现思想政治资源的优势互补，既是促进我国高校思想政治教育资源均衡配置的必由之路，也是各高校提高思想政治教育实效性、创新性的现实要求。二是部分高校存在着思想政治教育资源闲置浪费的状况。一些重点院校和有思想政治教育学科设置的文科类院校，其雄厚的师资力量和丰富的实践基地等资源并未得到充分利用，因此愿意以某种方式提供给其他学校使用。三是部分高校的思想政治教育资源不足，存在着共享的需要。以上三种情况使得思想政治教育资源整合存在可行性和合理性。各种类型的高校通过资源整合实现双赢的同时，最终将促进高校思想政治教育整体水平的提高。

（二）有利的政策环境为高校思想政治教育资源整合提供保障

要实现高校思想政治资源教育整合，除了对资源的分布进行分析外，还必须从资源整合的支持系统进行考察。事实上，高校思想政治教育资源能否实现整合，以及在什么情况下能够实现整合往往受环境条件的制约。从我国现有的支撑政策来看，国家思想政治教育

司非常重视青少年的思想政治教育工作，大力支持高校做好思想政治教育工作，连续出台了相关文件，并组织了四门思想政治理论课教材的编写，以及组织骨干教师培训和辅导员队伍培训。各级教育部门也实行思想政治理论课教师全员培训，推行了持证上岗制度。中华人民共和国成立以来，如此大规模的思想政治教育培训是第一次，这在高校的各学科领域里也是独特的优势，国家和行政主管部门的政策支持为高校思想政治教育资源整合提供了政策保障和便利条件。

（三）迅速发展的互联网技术为高校思想政治教育资源整合提供支持

20 世纪 90 年代以来，信息网络技术得以迅猛发展，网络覆盖面越来越广。据统计，目前，全国高校建设有校园网、互联网已经成为校园生活中不可缺少的重要组成部分。

迅速发展的高校互联网是高校思想政治教育资源整合的技术支持，互联网具有信息量大、信息发布快、可异地传送以及不受时间、空间限制等优点，能够在一定程度上解决高校思想政治教育资源相对分散的问题。高校可利用网络技术来收集思想政治教育的资料，通过网络来丰富思想政治教育资源。目前，全国绝大部分高校都建立了思想政治教育网络或相关的校园网。从硬件设备角度看，当前开展网上思想政治教育在技术上已经比较成熟，我们只需要一些多媒体计算机，开通网络就可以参与高校思想政治教育资源的共建共享，充分发挥各类教育资源在高校思想政治教育中的作用。

总之，高校思想政治教育资源的整合与共享不仅是必要的，而且是可行的。它的必要性会随着高校的改革发展而愈显迫切，它的可行性会随着党建工作内容和技术的双重推进而与日俱增。

三、新媒体时代高校思想政治教育资源整合的理论支撑

新媒体时代高校思想政治教育资源整合需要理论支撑，不仅需要哲学、经济学和教育学等基础理论和最新形势政策的依据，还要充分吸收其他相关学科的理论知识，并密切关注其他学科的最新理论发展，唯有如此，才能使高校思想政治教育资源达到最佳整合，并充分发挥资源整合后的效应，更好地推进新媒体时代高校思想政治教育工作。

（一）哲学支撑

1. 马克思主义关于社会存在与社会意识关系的原理

马克思主义从观察社会历史现象的"现实的前提"出发，详细地论述了社会意识的从产生到发展的过程及其本质，马克思和恩格斯对社会现象的变化和历史发展与演进都做了

全面的概括与分析，从这一前提出发，详细地阐述了有关社会意识的相关问题，主要包括社会意识是如何产生、怎样发展以及它的本质是什么，并且明确提出和系统阐述了"意识在任何时候都只能是被意识到了的存在，而人们的存在就是他们的现实生活过程"，"不是意识决定生活，而是生活决定意识"的原理。马克思和恩格斯在历史唯物主义原理中所提的社会存在决定社会意识，指的是社会存在是社会意识的根源，是第一性的；社会意识是对社会存在的反映，是第二性的，社会存在决定社会意识的发展变化。

如果要全面正确地理解社会存在与社会意识的辩证关系，不但要认识到社会存在决定社会意识，还要特别重视社会意识的能动的反作用和其相对独立性。这就要求我们在高校思想政治教育实践中，不但要弄清社会存在与社会意识的关系，还必须正确理解社会意识尤其是先进意识对社会存在的能动的反作用。只有这样，才能充分发挥思想政治教育的巨大作用，从而对高校思想政治教育资源存在的必要性和可行性有个全面的认识和高度的重视。

所以，只有加强对大学生物质生活状况及其变化发展规律的研究，探寻大学生产生思想问题的物质根源，才能较为全面地掌握大学生的思想面貌以及变化发展的趋势。在具体实践中，必须准确把握大学生的生活实际，积极争取社会中的有利力量，抵制和克服社会中的消极影响，从而深化高校思想政治教育资源配置的效率和水平，提高资源的利用率和使用质量，不断增强高校思想政治教育的针对性和实效性。这就为高校思想政治教育资源的有效整合提供了最基础的理论支撑。

2. 马克思主义关于人的本质的理论

马克思主义关于人的本质的论述，为我们科学地认识大学生及其思想提供了基本的理论依据。马克思和恩格斯对前人的观点做了系统的研究和批判，去粗取精，从而吸取了人类思想史上最具有价值的理论成果，批判地继承了黑格尔辩证法的合理内核和费尔巴哈唯物主义的基本思想，创立了辩证唯物主义和历史唯物主义。马克思和恩格斯结合自己的研究，在此基础之上，在人类历史上第一次科学准确地阐述了人的本质是什么。马克思在《关于费尔巴哈的提纲》中做出了对人的本质的科学论断："人的本质并不是单个人所固有的抽象物。在其现实性上，它是一切社会关系的总和。"这就是马克思主义关于人的本质问题的最经典表述，它不仅是对人的本质的科学论断，还为科学考察人的本质开辟了正确途径。

根据历史唯物主义的观点，马克思主义第一次提出了人的本质由社会关系决定的理论命题，这具有开创性的意义，自此以后，人类研究人的本质具有了科学的思维方法和准确的理论基础。社会关系作为一个整体性的系统，是十分庞大而且非常复杂的。从马克思主义关于人的本质理论看，人的思想的形成与发展变化无时无刻不是受到社会关系的制约，这就要求高校思想政治教育必须建立在社会关系的充分发展基础之上。

以上的论证成为高校思想政治教育资源配置的重要理论依据，为高校思想政治教育资源整合确定了科学合理的目标。这也要求在高校思想政治教育资源整合的过程中应该认识到以下几个问题：首先，高校思想政治教育的主体是人，并存在于一定的社会关系之中，思想政治教育资源是被人所利用的，也一定是蕴含在一切社会关系的总和之中的；其次，大学生的思想以及高校思想政治教育资源都应该具有一定的特点和差异，要对其做出准确地把握和判断，只有将其放在大学生所处的特定的社会关系中去理解才有意义；再次，大学生思想和高校思想政治教育资源的发展变化，必定与大学生所处的各种社会关系的发展变化紧密相关。只有这样，才能充分把握和利用高校思想政治教育资源，用以增强高校思想政治教育的社会性和适应性。

（二）经济学支撑

1. 供需均衡理论

供需均衡是一个经济学术语，它涉及两个概念（即供给和需求）和一种状态（供给—需求状态）。经济学中的产品生产是指厂商的行为，产品需求是指消费者的意愿行为。供需均衡理论，指的就是生产者提供的产品只有符合消费者的需求，市场的供求才会达到均衡。如果供给与需求不匹配，即供给者提供的不是消费者所需要的，那么，一方面生产者浪费了为生产其产品所耗费的人力、物力和财力；另一方面，消费者的需求得不到满足。所以，消费者所具有的现实和潜在的消费需求，应该成为生产者在生产过程中的目标基础，只有这样，才能生产出满足广大顾客需求的优质产品，否则，生产者的生产就具有盲目性，生产和消费的供需平衡就不能圆满实现。

高校思想政治教育资源作为一种特殊的商品，其生产者为"教育者"，即高校思想政治教育相关部门、教师和职工；需求者为高校大学生，作为高校思想政治教育重要载体的思想政治教育资源在教育者和大学生之间存在着"供给—需求"关系。按照市场规则，如何配置资源、组织生产都取决于消费者的消费需求。

在高校思想政治教育过程中，大学生的需求状况是分析决策参考的一个最为重要的因素。新媒体时代，高校思想政治教育资源必须与大学生的学习、生活和思想实际紧密结合起来，从人本理念出发，切实做到大学生想之所想、急之所急，只有这样才能使传统思想政治教育过程中教育内容"入耳不入心"的被动局面得到良性转变，从而充分发挥高校思想政治教育的巨大效用，也就能够为高校和谐发展提供强有力的思想文化基础。

在经济生活中，需求和供给是相互独立而又相互依存的，一方面需求带动供给，另一方面供给也创造需求。然而，在高校思想政治教育中强调供求一致，并不是完全按照大学生的需要来提供思想政治教育资源，他们需要什么就生产什么，而是要对大学生的需求进行正面引导和层次提升，使思想政治教育产品的生产不仅遵循了供求规律，而且符合高校思想政治教育的切实需要。因此，我们提供给大学生的思想政治教育资源首先是能够符合大学生实际需求的，决不能是无原则地、只是随意迎合学生的任何需求，而是要求必须将大学生的个人需求与高校和社会的整体需求进行统一，从而能够最大限度地满足其个人需求。对于那些不符合高校和社会目标的思想政治教育资源，则是应当加以引导和纠正的。

2. 成本效益分析理论

成本效益分析是一种通过比较项目的全部成本和效益来评估项目价值的方法，成本效益分析是一种经济决策方法，就是将成本费用分析法运用于政府部门的计划决策之中，以寻求在投资决策上达到如何以最小的成本获得最大的效益。需要量化社会效益的公共事业项目价值就经常用这种分析方法来评估。

19世纪法国著名的经济学家朱乐斯·帕帕特在其著作中首次提出了成本—效益分析方法的概念，并将其定义为"社会的改良"。随后，越来越多的专家和学者开始关注这一理论，并开始逐步应用于社会生活中，甚至开始渗透到政府活动中。随着现代社会经济的迅速发展，政府的职能逐渐多元化，政府投资项目也开始逐渐增多，在政府的实践应用和积极推动下，这一理论在经济运行过程中的作用也越来越明显。这促使广大的人民也开始更加关注投资，重视投资项目支出的经济和社会效益。在此基础上，成本效益分析理论在实践方面也得到了迅速发展，现如今这种能够比较成本与效益关系的分析方法已经被世界各国广泛采用并运用于各种领域。例如，成本效益分析法运用在高校思想政治教育领域，这种成本包括思想政治教育的实际成本和机会成本，其中实际成本也叫直接成本，指的是以货币支出的教育资源价值，机会成本也叫间接成本，指的是因资源用于教育所造成的价值损失，也就是说如果资源不用于大学生思想政治教育，它可能获得最大的收益。

效益是检验高校思想政治教育资源整合水平的唯一标准。从本质上讲，高校思想政治教育工作的效益是一种精神效益，是人的世界观、人生观、价值观以及知识量、信息量等主观世界的某些积极变化。各类高校思想政治教育资源在形式上有很大的差异性，在作用上也有很强的替代性，必须结合高校思想政治教育实际确定使用哪种资源、使用多少以及选择使用的时机和场合，这就是新媒体时代高校思想政治教育资源整合所需要解决的重要问题，它直接关系到高校思想政治教育的效果。高校思想政治教育资源整合是一个动态的过程，主要是组织和支配各类教育资源为大学生教育目标服务。在资源整合过程中，应该遵照成本效益分析的方法，使教育资源能够得到有效配置，形成合力，达到事半功倍的效果。

（三）教育学支撑

1. 邓小平"三个面向"的教育理论

邓小平理论中非常重要的有机组成部分就是邓小平教育理论。1983 年 10 月 1 日，邓小平为北京景山学校题词"教育要面向现代化，面向世界，面向未来"，这个"三个面向"教育理论是基于我国正处在社会主义初级阶段的基本国情提出来的，是对我国教育事业发展的指导方针、教育的性质和方向的深刻阐述，也由此形成了鲜明的理论主题和科学体系。

随着经济全球化发展的不断深入，不同国家和地区政治、经济、文化的交融与碰撞也日益增强。我们已经不能再以褊狭孤立的眼光来看待整个社会，更不可能与世隔绝搞现代化，办教育事业同样也不可能闭门造车。邓小平的"三个面向"的教育理论实质上对教育事业提出了三项要求：第一，教育的发展必须紧密结合社会经济发展的实际情况，与国家的战略目标和战略步骤相适应，按照我国现代化建设的要求培养相应的人才，从而带动我国公民素质在科学技术、文化知识和道德水平上的整体提高；第二，要以世界的眼光和开放的精神来看待教育问题，学会借鉴和吸取世界各国先进的科学文化知识，对于世界范围内全人类共同创造的文明成果要能够为我所用；第三，教育必须在仔细分析自身特点的基础上，认真考虑现代化建设的长远目标，运用发展的思维，以使培养出的优秀人才能够适应和满足未来社会发展的需要。

邓小平"三个面向"教育理论具有实践性、开放性和预见性的基本特征。它很大程度上突破了传统高校思想政治教育资源在空间和时间上的限制，指明了高校思想政治教育资源的开发和利用的正确方向。在新媒体时代，高校思想政治教育资源整合必须遵循社会主义现代化建设的一般规律，运用世界性的眼光和发展性的思维来考虑问题，这样才能实现资源整合的科学化和合理化。如果仍旧被限制在传统陈旧的教育思想观念之中，冲不破影响高校思想政治教育资源开发和利用的制度性障碍，就培养不出社会主义的合格建设者和可靠接班人。在对高校思想政治教育资源进行整合时，只有将其置于开放的环境中，将现实与未来相结合起来考虑，才能充分发挥高校思想政治教育资源的实用性和有效性。

2. 生活教育理论

生活教育理论是著名教育家陶行知教育思想的主线和重要基石，集中反映了他在教育目标、内容和方法等方面的观点主张，陶行知探索适合中国国情教育理论的努力由此可见。陶行知的"生活教育"理论从渊源上来讲是吸取和改造的杜威教育思想，主要包括生活即教育、社会即学校、教学做合一相互联系不可分割的三个方面。这一理论最主要的特点就是主张教育要同实际生活相结合，反对传统教育中死读书的旧观念，更加注重儿童的创造性和独立工作能力的培养。

"生活即教育"是陶行知生活教育理论的核心。陶行知指出："生活教育是生活原有，生活所自营，生活所必需的教育。教育的根本意义是生活之变化。生活无时不变，即生活无时不含有教育的意义。"陶行知认为，教育这个社会想象，起源于生活，生活是教育的中心，教育应为社会生活服务，在改造社会生活中发挥最大的作用。"社会即学校"，是"生活即教育"思想在学校与社会关系问题上的具体化。陶行知认为自古以来，社会就是学校，因为所有的教育思想都来源于社会，所以社会应该是人民大众唯一的、共同拥有的大学校。"教学做合"，是"生活即教育"在教学方法问题上的具体化。生活教育理论要求学生在接受教育的过程中手脑并用，劳力与劳心同行，这就大大突破了传统教育上只重视学校教育而忽视社会教育，只重视书本学习而忽视生活实践、劳心与劳力相分离的限制，迸发出强烈的时代气息。

从生活教育理论阐发的观点来看，在新媒体时代尤其强调高校思想政治教育的实践活动必须克服传统教育理念上的错误看法，改变过去那种以学科、课堂、教师为中心的传统教育模式，而是要树立起源于生活、最终还要回归于生活的教育理念。我们要深入发掘现实生活中的高校思想政治教育资源，使现实社会生活中教育资源的作用得以充分发挥，对理论教学和现实生活中的思想政治教育资源进行优化整合，努力实现理论教学和现实生活的相互融合与统一。

四、新媒体时代高校思想政治教育资源整合的路径选择

（一）转变思想观念，科学定位资源整合

新媒体时代，高校思想政治教育的环境发生了重大变化，思想政治教育资源整合必须首先从转变思想观念入手，树立整体、全面、开放、效益、发展的新思想政治教育资源观。为此，需要树立"四个资源观"：

1. 树立思想政治教育资源辩证观

确立高校思想政治教育资源辩证观，需要我们正确处理好三个重要的资源矛盾关系：一是思想政治教育资源的有限性与无限性问题。思想政治教育的人力资源、财力资源、物力资源、组织资源等就其物质性而言是有限的，但新媒体所提供的思想政治教育资源以及

教育工作者利用资源的潜能是无限的。二是思想政治教育资源的有用性与有害性问题。新媒体所提供的资源海量、鱼龙混杂，既可以成为思想政治教育的有利资源，也可能对大学生造成不良的影响。三是思想政治教育资源量与质的问题。量与质的辩证关系要求我们在不断丰富高校思想政治教育资源的同时，也要不断提高资源的"质"，提升资源的利用率。

2. 树立思想政治教育资源层次观

高校思想政治教育资源是可以从纵横双向划分的矩阵系统。从横向来划分，思想政治教育资源可以分为人力资源、财物资源、信息资源、组织资源、制度资源和文化资源等。就文化资源而言，又可从纵向来划分为传统文化资源、国外文化资源与网络文化资源等等。思想政治教育资源的层次观要求我们对各个层次的资源进行有效整合，让思想政治教育贴近大学生生活实际，改变过去对有些思想政治教育资源不客观、不现实、理想化过重、人为拔高的情况。

3. 树立思想政治教育资源整体观

新媒体时代高校思想政治教育资源是丰富多彩的，融传统与现代、虚拟与现实、国内与国外、整体与部分为一体。一般来说，教育者在思想政治教育中直接碰到和运用的总是个别而具体的资源形态。然而，无论哪种资源形态都不是孤立的，而是同其他与之相关的资源形态结合在一起的。这就是资源的整体性质。要提高思想政治教育资源的利用效益，就必须树立对教育资源的整体观，协调好思想政治教育工作者队伍内部以及思想政治教育工作者和非思想政治教育工作者之间的关系，既要看到具体的思想政治教育资源的特性，又要看到相关的各种资源的整体优势，避免资源的重复建设与浪费。

4. 树立思想政治教育资源发展观

新媒体时代，由于高校思想政治教育资源是同新媒体的发展和人的发展需要以及教育者的开发能力联系在一起的，因而便具有了历史性质，不仅其品类、数量、规模在不断的变化中，而且其功能也在不断地发展着。思想政治教育是精神文明建设的重要组成部分，客观上应与物质文明和政治文明同步发展。高校思想政治教育工作者应坚持资源化建设导向，主动充实网络思想政治教育资源；同时要善于将各类信息加以系统分类整理，变信息资源为网络思想政治教育资源。

（二）坚持整合原则，规范资源整合

新媒体时代高校思想政治教育资源整合是依据一定的目的和需要而进行的信息加工活动，是涉及技术可行性、整合后的知识间的关系性以及高校教育功能、学生的满意度等多方面因素的复杂工作，所以在整合的过程中高校要制定出相关的原则、标准来对思想政治教育资源的整合过程予以约束、规范，只有这样才能充分发挥思想政治教育资源的强大功能和优势，更好地为大学生服务。归纳起来，高校思想政治教育信息资源整合原则为以下几种：

1. 开放性原则

开放性，是新媒体时代的重要特征。当今世界，全球化趋势日益加剧，只有致力于推进世界思想政治教育资源供应体系和需求市场的共同开放，不同思想政治教育资源才能借助于不断扩大的开放发挥互补效应。任何一个实行闭关锁国、地方保护主义政策的国家和地区都不可能在开放的时代背景中领先。要保证思想政治教育资源开发成果辈出，必须以开放的眼界，放眼整个人类资源市场。具体而言，就是要学会利用国际、国内两个资源市场，加强区域之间的思想政治教育资源整合，实现合理开发，有效使用。思想政治教育资源系统本身是一个开放的体系，它不断地同外界的其他不同系统之间发生着信息交流，实现不同地区之间资源的互补和动态交流。但同时也应当看到，新媒体技术的发展使得高校处于一个开放的信息环境之中，也使高校思想政治教育环境日趋复杂。因此，高校在构建思想政治教育环境中必须坚持社会主义的政治方向，开放高校校园媒体信息，在学生自由的选择接受和发布信息的同时，学校应给予积极的、主流的引导和约束。

2. 创新性原则

创新是一个民族的灵魂和生命力所在。创新就是要突破已有的、不合时宜的旧框框，建立起符合时代新需求的新方法、新体系。新媒体时代高校思想政治教育资源的整合也离不开创新，创新是思想政治教育资源整合应坚持的重要原则。人们总是希望能够看到新闻传媒中有新的东西出现，千篇一律的事物很容易让人产生审美疲劳，导致人们对校园媒体所传播的内容是关注度下降，校园媒体的作用就随之减弱。因此，校园媒体思想政治教育资源在进行整合和利用的过程中，应该坚持创新的原则。

3. 系统性原则

高校思想政治教育资源整合是一项系统工程，按系统论基本原理，一方面高校思想政治教育资源整合系统自身的动态平衡，是维持该系统可持续存在的基础；另一方面各高校思想政治教育资源系统之间彼此释放的功能应互相契合，建立良性的互馈机制。在教育中，最忌讳的是各种教育因素的无系统性、不协调性所导致的各种教育影响的相互冲突，使教育的效果被抵消，甚至使被教育者产生思想混乱，导致负效应。因此，在系统整合高校思想政治教育资源过程中，应在充分开发和利用人力资源的基础上，使优秀的高校教师掌握和采用最有效的介体资源，创造最有利的环境资源，充分利用雄厚的网络资源、文献资源，有效协调高校教育系统内部各部门、各单位之间的关系，使高校思想政治教育系统的内部各要素，目标一致、紧密配合，实现高校的各种思想政治教育资源的最佳整合，以充分发挥高校思想政治教育系统的整体功能。坚持系统性原则，最优化是系统论的一个组织原则，可以理解为选择解决某种条件下各种任务的最好方案，使之在资源整合过程中尽量高效、合理、协调。总之，保证高校思想政治教育资源整合系统的功能契合，保持系统内部的动态平衡，是新媒体时代高校思想政治教育资源配置环境协调发展的最基本原则，应严格遵循。

4. 实效性原则

高校思想政治教育资源整合应以学生需求为出发点和落脚点，只有紧紧把握学生需求，以学生满意的方式提供给他们所需要的信息资源，提高信息资源整合的全面性、综合性，时效性和准确性，才能真正确立起在新媒体环境下经得住考验的思想政治教育资源体系。所以，在整合的过程中高校必须站在学生的角度去分析、设计和规划，尽可能地方便学生使用，增强思想政治教育资源检索系统的可操作性和实效性。

在整合高校思想政治教育资源过程中，还应兼顾到各种校园媒体的经济性和效率性之间的平衡。根据资源本身的属性特征，高校网络媒体思想政治教育资源的整合必须遵循经济性的原则，充分体现实效性。所谓经济性原则，就是指要追求资源整合能实现的最佳效益，能用最少的投入来追求德育资源价值的最大化，要尽可能用少的物质支出和精力支出，达到最理想的效果，具体包括开支的经济性、时间的经济性、空间的经济性。整合高校网络媒体思想政治教育资源要立足经济性，追求实效性，实现效益最大化。在经费上，要用最节约的开支取得最优化的效果。在人力资源上，要充分发挥学生个体、学生团体的力量，让学生积极主动、有质有量的参与到校园媒体的运作过程中来。

5. 科学性原则

在高校思想政治教育资源整合的过程中，高校要对信息资源的整合对象、整合内容、整合方式等进行科学的论证，运用一定的技术手段和方法，确定不同类型、不同层次的信息资源整合的范围、比例，并且制定出明确的计划，科学有效地开展整合工作。只有这样，才能使高校思想政治教育资源得到合理的组合，使整合后的思想政治教育资源取得最好的组织结构和功能，最大限度地发挥新媒体时代高校思想政治教育资源的总体效用。另外还要看到，由于思想政治教育资源本身以及学生需求都具有明显的层次性、差异性，所以高校思想政治教育资源整合过程中还要按不同类型、不同层次、不同方式进行多维的整合，切忌随意拼凑。

6. 超前性原则

思想政治教育的功能不仅在于处理人们已经表现出来的思想问题，纠正其行为偏差，而且更重要的是要善于预测人们的思想走势，可能出现的思想问题，防患于未然。同样，在新媒体环境下，整合高校思想政治教育资源，也必须以超前性原则为指导，根据当前社会的发展趋势和人们思想发展态势，前瞻性地开发未来思想政治教育所需要的资源，从而提前做准备，增强思想政治教育对受教育者的影响。例如，鉴于新媒体技术的发展和互联网用户激增的趋势，当前应该加强对网络技术资源的利用，率先将其引入到思想政治教育活动中，抢占思想政治教育网络阵地，让网络成为思想政治教育资源开发的重要内容。

7. 增效性原则

高校思想政治教育资源整合应切实体现以效益为主的原则，即高校思想政治教育资源整合要有利于重新合理地组合现有资源，使其发挥更大的合力作用，实现1+1>2的增效效应。经济活动讲效益，高校思想政治教育资源整合也要讲效益，任何设定目标的社会实践活动都必须讲求效益。只有重视效益，合理整合资源，避免造成资源浪费，才能达到比整合前增效、增量的目的，最大限度地避免各种资源浪费，提高思想政治教育资源的利用率。

8. 可持续性原则

随着人们对资源稀缺性特点的认识，可持续发展战略逐渐被各国作为国策加以贯彻实施。在思想政治教育资源整合系统中，思想政治教育自然资源、社会资源和人才资源开发都必须严格遵循可持续发展原则，贯穿始终。因此，贯彻可持续发展原则，就是要求思想政治教育资源的整合既要满足当代人进行思想政治教育的需要和愿望，培养有平等公正意识的、能与自然协调的、可持续发展的新人，又不至于违反思想政治教育规律和社会发展的规律，影响下一代人和未来社会的发展。

具体来讲，合理整合思想政治教育资源，就是要及时确保教育资源的补偿和再生，避免教育资源的缺乏和枯竭，从而保证思想政治教育的"再生产"和"扩大再生产"。在这一过程中，必须注重发展的持续性、稳定性、整体性、协调性等。此外，不仅要求节约利用，合理配置资源，而且要求对资源进行保护和更新建设，做到在整合中保护，在保护中整合。总之，不利于整合的保护是无价值的，不作保护的整合是不可持续的。

（三）加强网站建设，充分发挥资源共享的功能

当前，为适应新媒体时代的要求，要通过高校思想政治教育资源整合突出抓好以下"五个网站"建设：

1. 思想政治教育主题网站建设

高校思想政治教育主题网站，常称校园"红网"或"德育网"（简称主题网站），它

以大学生为主要服务对象，以中国特色社会主义理论为构建网络内容的理论支撑，以学生熟悉的网络软件和信息技术为手段，通过开辟喜闻乐见的栏目，补充现实思想政治教育手段的不足，有目的、有计划、有组织地全方位渗透马克思主义世界观、人生观、价值观，准确传达党的路线、方针、政策和政治主张，帮助学生排除干扰、辨别是非，提高政治思想素质，为实现伟大中国梦而勤奋学习科学文化知识。主题网站是高校思想政治教育的重要载体和集中表现形式，是高校传统思想政治教育的补充和延伸，是传播红色思想的平台、提供师生交流的平台、实现信息共享的平台、引导心理健康的平台、创新思维方式的舞台。正因为如此，各级教育行政主管部门和各高校均非常重视加强主题网站建设，如四川省、山西省等在前些年就出台了《普通高校思想政治教育主题网站建设意见》，要求省域内高校建成思想政治教育主题网站和网页，着力构筑高校网络思想政治教育的重要阵地，大力推进校园网络文化建设，积极拓展大学生思想政治教育的有效途径。从实施的情况看，不少高校建成了有特色的主题网站，网站栏目和网页设计较新颖，内容紧贴时事和学生生活，更新较及时，特别是新媒体技术的充分运用，使网页愈加生动，吸引力进一步增强，网站点击率高，学生受到先进文化潜移默化的感染和熏陶，收到润物无声的效果。这些成功经验值得总结推广。

2. 党校、团校网站建设

高校的党校是在校党委直接领导下培养党员、党员领导干部、教学理论骨干和入党积极分子的学校，是高校学习、研究、宣传马列主义、毛泽东思想、邓小平理论和"三个代表"重要思想、科学发展观、习近平系列重要讲话的主要阵地。高校团校是高校对团员骨干和学生干部的培训机构，是高校团组织的一种重要教育组织形式，是加强和改进大学生思想政治教育的重要阵地，对于加强共青团的思想建设、组织建设和能力建设起到了十分积极的作用。积极分子的党性教育，具有特殊的教育优势和不可替代的作用。新媒体时代，高校党、团校要充分发挥自身优势，通过开展政治理论的专题课堂教学、以时政热点为主题的研讨会、辩论会、知识竞赛等活动，在提升大学生的思想政治素质上发挥重要作用。一方面，高校的党校、团校是大学生进行理论学习的重要平台；另一方面，大学生参加党校、团校学习，还带有一定的学习任务性质，是促进大学生学习理论知识的重要途径，因此应大力加强党校、团校网站建设，尤其应不断丰富其内容，增强其吸引力和实效性。

3. 党委职能部门、学生事务管理服务部门网站建设

高校党委职能部门是按照《中国共产党普通高等学校基层组织工作条例》的规定开展工作的，即党的委员会根据工作需要，本着精干高效和有利于加强党的建设的原则，设立

办公室、组织部、宣传部、统战部和学生工作部门等工作机构。各机构在履行其工作职责的过程中，其网页设置的基本栏目除了直接与工作相关以外，还应建有专栏，介绍党的基本知识。这些内容，构成了网络思想政治教育资源不可或缺的内容。高校的学生事务管理部门在教育、管理和服务学生的过程中，主要是在校园网上发布大量工作信息，特别是关于学生奖励、活动和违纪学生处分处理的信息，对学生的思想政治教育起着重要作用，构成高校网络思想政治教育资源的重要内容。

4. 内设教学、科研机构网站建设

高校内设教学、科研单位包括内设行政机构、科研机构和教学单位。现在高校校园网络的建设，除了专题性的网站外，多属于工作平台性质。在这样的架构下，高校内设行政、科研机构的网页建设，多数均没有思想政治教育价值取向的内容设计，但在事实上，这些内设机构网页上的内容，作为一种隐性思想政治教育资源，也应从思想政治教育视角进行建设，使其充分地发挥作用。高校的教学院系，作为教育教学的基层单位，其网页建设的学科专业特色较强，与学生所学专业关联度高，学生关注度高，实际浏览次数多。因此，教学院系网页中的党建栏目、学生工作栏目、团学活动栏目等，也应承载大量的思想政治教育资源，成为新媒体时代高校思想政治教育资源的重要阵地。

5. 其他专题性网站建设

在高校开展党建和思想政治工作的过程中，总会结合一段时间的中心和重点工作建设专题性网站，如在"保持共产党员先进性学习教育""学习实践科学发展观""创先争优""群众路线教育"等活动中，建设保持共产党员先进性教育活动专题网站、学生党员科学发展观学习实践活动专题网站等。在新媒体时代，这些专题网站建设，应特色鲜明、主题明确、学生集中关注度高，使其成为开展高校思想政治教育活动的重要载体、高校思想政治教育资源的重要补充。

（四）优化资源整合，提高资源利用率

当前优化高校思想政治教育资源整合、提高资源利用率，可从以下几个方面入手：

1. 扩大整合主体范围，充分发挥微观资源和宏观微观资源的作用

（1）从微观资源方面分析

首先，马克思主义理论课教师应该成为新媒体时代高校思想政治教育资源的主要整合者。马克思主义理论课教师具有丰富的思想政治教育理论知识，具有一定的教学经验，熟悉本校及所属地区的思想政治教育资源分布情况，熟悉学生的思想状况，加之熟练掌握新媒体技术，他们是整合思想政治教育资源最合适的人选。同时，教师本身具有的思想、知

识、经历等，其言行、教学方式等都是重要的思想政治教育资源，教师本身是这种资源的拥有者，当然应该是这种资源的整合和利用的主体。其次，大学生应该成为开发的主体。现代社会的发展，使得新媒体成为大学生生活中不可缺少的部分，新媒体在大学生之间的交流和学习中所起到的作用变得越来越重要，他们在相互交流的过程中既受到新媒体所传播的信息影响、也受到对方思想的影响，他们的思想、经历、生活经验等都成为思想政治教育资源，所以，大学生不仅是高校思想政治教育资源利用的主体，同时，也应该成为整合的主体。

（2）从宏观资源方面分析

高校领导者和教师（马克思主义理论课外的其他教师）都应该转变各自为政的思想，尤其是学校领导的思想关系到整个学校及校外思想政治教育资源的整合，学校领导首先要重视新媒体时代高校思想政治教育，只有从思想上重视，才能谈资源的整合和利用。学校领导是思想政治教育决策系统的核心，只有重视思想政治教育，才会在制度、规范的制定上有所体现，才会在奖惩等方面进行合理分配，所以，学校领导是制度层面的静态资源的开发者，也是高校思想政治教育人力资源的整合利用主体。学校领导也是校内、外资源整合的协调者。新媒体时代，建立学校、家庭、社会三位一体的思想政治教育网络，形成全员育人的局面已是大势所趋。

2. 创新整合模式，实践探索高校思想政治教育资源整合

从技术操作层面探索高校思想政治教育资源整合模式，有学者提出有"三种整合模式"可供参考。

（1）OPAC 整合模式

OPAC 即：Online Public Access Catalog，联机公共检索目录，是高校图书馆进行信息资源整合的最基本方式，值得高校思想政治教育资源整合借鉴。OPAC 书目系统资源整合包括馆内资源整合和馆际间的资源整合两种方式。馆内 OPAC 系统资源整合主要指 OPAC 书目住处与其电子全文图书、电子全文期刊、视听资料的对应链接以及书刊与其评论信息、来源信息的对应链接。学生检索到书目信息后，可以立即阅读书刊的全文，还能浏览与之相关的文字、音频、视频等资源。馆际间 OPAC 系统资源整合主要是通过执行 Z39.50 协议，聚合不同平台上的异构 OPAC 数据库，建立书目整合检索系统。整合后，学生只需通过一个 OPAC 系统界面即可检索到相关思想政治教育的 OPAC 资源。这里的"Z39.50"协议是一个对于整合数字信息资源有重要意义的计算机网络协议，它在信息资源的整合中正在发挥着越来越大的重要作用。

（2）跨库检索的整合模式

　　由于不同的数据库有着不同的编码结构和表达方式，每个数据库使用的检索技术和数据存放格式不同，各数据库以不同的检索界面呈现给学生，学生要掌握这些检索系统的使用方式并非易事。因此，对不同的思想政治教育资源数据库的信息资源进行整合，构建同一个检索平台，实现多数库的跨库检索。跨库检索的实现机制，就是学生登录到同检索界面提交用户名和密码，指定检索配置，包括提交检索词，选择要检索的数据库和站点、检索方式等，然后提交选择，系统调用每一个选定的数据库和站点，并把检索表达式转化成系统可识别的表达式，让每个数据库自主完成检索过程，数据库返回的是包含有相应记录信息的静态页面。同时，系统还要对各静态页面进行格式转化以及信息解析工作，提取所需要的信息，转化成统一的格式，最后再对检索的记录进行整合排序，把整合好的统一结构的记录提供到统一的检索界面。

　　（3）指引库建设的整合模式

　　在网络思想政治教育资源整合过程中，要把杂乱庞杂的信息资源整合成用户易于接收的形式提供给学生，就必须开发出具有二次信息检索功能的指引库。但指引库实际上只是采用超文本技术建立的虚拟数据库，从物理上并不存储各种实际的信息资源，但学生通过对其的访问却可以检索到有关思想政治教育的实际资源，即它可以指引学生到特定的网址获取所需要信息。指引库的建立首先要搜索相关网站，这种搜索可以采取自动搜索技术、用户登录和手工查找等方式，然后集成相关站点的相关页面信息和数据库信息，确定检索体系以及所使用的检索语言，同时建立各种索引，例如关键词索引、分类索引等，最后建立便于用户使用的人机检索界面，可使用户直接点击或浏览所要查询的主题。

3. 有效运用资源，增强高校思想政治教育的效益

　　（1）适用人力资源

　　人力资源是从事高校思想政治教育的专兼职人员。整合新媒体所提供的高校思想政治教育资源，需要有专门的队伍进行专门的研究和操作。要增强思想政治教育的效益，首要的还是必须充分发挥好人力资源的优势。

　　（2）善用财物资源

　　财物资源是构成高校思想政治教育所需要的物力和财力的各种成分的总和。高校思想政治教育的网站建设和技术维护都要依赖于具体形态的物力资源，也离不开高校思想政治教育的经费投入与支持。物力资源与财力资源一起在高校思想政治教育过程中起着一种物质基础和支撑作用。因此，必须确保资源投入的总量与实际需要相适应。

　　（3）巧用组织资源

　　新媒体时代高校思想政治教育是高校党政工作的一个重要组成部分，加强和改善校党

委的领导，是做好思想政治教育的关键。需要强调的是，大学生党员应以身作则，在思想、道德、作风上自觉成为其他同学的表率。思想政治教育只有在党委的统一领导下，党、政、工、团共同努力，齐抓共管，各部门密切协作，构建一个纵横交错的思想政治教育网络，群策群力，才能使大学生的思想政治教育有声有色。

（4）活用文化资源

新媒体时代高校思想政治教育内容是思想政治教育文化资源整合的结果，没有思想政治教育文化资源就没有思想政治教育内容，思想政治教育也就无从谈起。思想政治教育文化资源越丰富，思想政治教育内容的选择性也就越广越充实。因此，我们要善于借助新媒体技术，大力开发整合思想政治教育的文化资源，为其教育内容改革提供充足来源。

4. 以校内资源为中心，优化整合校际资源

各高校的思想政治教育资源各有所长，应该在整合利用本校资源的基础上，优化整合校际资源，促进资源共享。新媒体的发展为高校思想政治教育资源共享提供了可能。首先，加强校际合作，促进教师资源共享。教师资源共享形式多样，可以互聘教师、交流思想政治教育经验、跨校选课、进行远程教育等。其次，加强校际资源共享，创造新的资源。各高校思想政治教育资源的整合主体具有各自的思想和智慧，在校际合作情况下，不仅可以整合利用本校资源，还可以利用外校资源，从而可能产生新的想法，形成新的资源。再次，建立以中央网站为中心的高校思想政治教育网络平台。可以建立以中央网站为枢纽、各高校思想政治教育网站为支撑的网络系统，共同组成网站网络，自己作为网络的子系统，可以共享其他网站的资源，这既体现了统一性，又体现了多样性。

（五）建立健全管理体制，为资源整合提供保障

1. 要整合好传统媒体与新型媒体资源

加拿大传播学者迈克·卢汉提出："报纸是人体的延伸，广播是耳朵的延伸，电视是视力、听力的同时延伸。"以此，网络则是报纸，广播，电视等传播媒体的延伸。高校校园媒体在高校文化建设，特别是高校思想政治教育中的作用是通过它的导向性和影响力来实现的，而这种导向性和影响力又要通过校园媒体的整合和延伸来实现。因此传统媒体承担校园宣传工作的首要因素当之无愧。在新媒体技术高速发展的今天，新媒体已经成为我们生活的主流媒体，它不仅对大学生的学习和生活产生重大影响，而且在高校思想政治教育中所起到的作用也越来越显著。无论是传统媒体还是新型媒体，每一个媒体都有对自己的定位，即对自身传播的性质、任务、传播对象的规定。如何充分利用各个媒体的资源，充分发挥各个媒体的传播优势，以达到最佳的思想政治教育效果，是高校媒体联动和整合

的主要目标。因此，我们要整合好传统媒体与新型媒体资源，通过极强的视觉吸引力和声音感染力，充分发挥两者在高校思想政治教育中的作用。

2. 要实行管理模式的变革

高校的媒体管理工作多由学校党委宣传部或共青团组织、学生工作部门以及学生社团负责，这体现出高校媒体运作中的政治把关性和操作主体的学生化倾向，学生在校园媒体中的主动权在提升，这一趋势有其存在的必要性和合理性。但在新媒体时代，文化多元、信息激增、受众兴趣和选择方式日益多样化，如果一味固守现有管理模式，势必影响到高校思想政治教育资源的进一步优化整合。因此，高校校园媒体有必要实行管理模式的变革，实质性的变革措施就是依据校内各大媒体形态已经基本完备的现实状况，组建校内媒体的综合管理协调部门，统一负责全校各种媒体的有机配合和协调运转，从而形成校内新闻宣传的整体系统合力，打破以往高校报纸、校园广播、电视或校园网络分别由多个部门分散管理、各自为战的格局。只有这样，高校媒体才有可能获得一个较有利的、有序、有效的发展空间，并依托其中，扬各自优势，避各自不足。目前我国许多高校已在实践探索中组建起了能较好地实现上述功能的校园传媒统一管理机构"新闻中心"，有了这个机构，党委宣传职能部门对媒体的管理相应转变为对媒体传播内容上的必要指导和要求，相关具体运作则交由新闻中心去实施，从而实现真正意义上的宏观舆论调控。这样，高校校园媒体传播就可以获得更多的、能遵循自身运作规律的发展空间，为其顺应时代发展争取到一个较为有利的环境。例如将各媒体的新闻资料综合起来由负责报纸的媒体编辑出版报纸，由负责网络的媒体发布网上新闻，由负责广播的媒体播出一些时事的新闻，由负责电视的媒体制作视频新闻。新闻中心负责新闻采写和平衡协调各媒体，新闻中心的采编人员在熟悉全面工作的前提下，具体负责某项工作，从而使媒体整合的广度和深度得以延伸。新闻中心的运作可以有效地解决稿件的综合处理、相互传递、技术手段、时间差等问题，统一策划和采访新闻、撰写通稿、编排版面、制作节目等相互配合、相互补益，使理论和实践更好地相结合。即是说，整合后，新闻中心的采、编、播、制作、管理、发行等工作融为了一体，成为统一的信息集散地。

3. 要建立健全运行管理的相关制度

高校校园传媒主管部门要统一制定媒体运行、管理的一系列规章制度，保证校园传媒工作的制度化和规范化，以制度建设推动思想政治教育资源整合。首先，重视队伍建设，突出专业化，通过建立人才引进制度，规定校园传媒的用人标准和选拔程序，保证通过竞争选拔专业知识牢固、专业技能扎实的新闻传播人才。其次，建立一套完整的工作制度和纪律，制定校园传媒传播工作中的具体行为规范。次之，建立培训制度，定期和不定期举办业务培训班，以提高校校园传媒工作队伍的实际工作能力。再次，建立绩效考评制度，定期对校园传媒工作者的工作进行考核，对在宣传工作中表现突出的，给予奖励和表彰。最后，强化网络监控，有效引导网络舆论等基本内容，从而为高校思想政治教育资源整合提供保障。

（六）加大投入，为资源整合提供支撑

加大资金投入，增加高校思想政治教育资源的总供给量。如果没有相应的资金投入，是难以取得所需要的思想政治教育资源的。一些地方思想政治教育资源储备较为丰富，但整合利用不够，其原因常常是缺乏必要的资金投入。因此必须加大投入，以增加高校思想政治教育资源的现实供给量。随着经济的发展，国家应加大高校思想政治教育投入比例，并且要有计划地逐年增加；地方应结合本地经济发展状况和思想政治教育发展需要进行投入，制定切实可行的投入计划，保证投入到位；每个单位应根据自身思想政治教育活动开展情况来加大投入，进一步完善新媒体技术硬件建设，为高校思想政治教育资源的有效整合提供资金支撑。

第七章　新媒体时代下高校思想政治教育机制建设

第一节　高校思想政治教育的机制建设理念

一、大学生思想政治教育机制的概念

一般认为，"机制"一词早期主要用于自然科学领域，特别是生物学中说明生物的机理。近代，很多社会学家包括马克思主义者将这一词汇引入社会科学领域，用有机体理论来描述、解释、说明社会。在思想政治教育学体系中，所谓的大学生思想政治教育机制即指教育对象、内容、手段与方式、环境、评价与反馈等诸多要素及环节联系在一起所形成的特有的运转方式。

二、大学生思想政治教育机制建设的原则

大学生思想政治教育机制与一般意义上的教育方式方法不完全一样。方法是在教育过程中所运用的具体的思想方法和工作方式，是实现预先设定目标不可缺少的手段，是具体多样而变化的。而教育机制则是指那些经过教育实践证明有效的、经过不断总结归纳的、抽象且制度化了的方式和方法。因此大学生思想政治教育机制建设应遵循以下几个基本原则。

（一）大学生思想政治教育机制建设要遵循系统性原则

大学生思想政治教育过程中的系统性，则是指在教育过程中需要整合社会各种资源以及高校内部各构成要素的优化组合配置而形成的机理和运行方式。就高校内部的职责而言，思想政治教育的基本方式是通过专门的思想政治理论教学直接进行。这种系统性体现为在特定的教育目标指引下，有专门的师资并针对特定的对象——大学生进行，即思想政治学科教师遵循思想政治的教育目标，通过课堂主渠道、主阵地的全面讲解以及其他辅助

渠道，如社会实践的协同育人，让大学生对思想政治的内容有基本的认识。学生在课后通过自己的亲身实践感受到思想政治理论在社会中的价值和意义，从而脚踏实地，努力奋斗，在服务国家、服务社会的伟大实践中创造人生价值。同时，大学生活不仅仅停留在课堂，学校其他部门和人员的管理与服务都对思想政治教育有着直接的影响。因而，教育目标的实现还需要整合高校内部的其他部门，比如党委宣传部、团委、学生处、教务部门、就业指导部门以及后勤服务部门的力量，在教育过程中需要人员、部门的分工合作，能有机地联系在一起使之相互关联，彼此促进，到达相对协调的状态。正是在系统性整合下，使得保障教育过程按照一定方式有规律地运行，最终实现整体大于部分的综合效应。

（二）大学生思想政治教育机制建设要遵循主体性原则

由于时代的变迁，大学生成长的环境发生了深刻的变化，大学生价值观念的形成受多种因素的影响，既有的教育方式受到冲击，教育效果受到严重影响。为增强大学生思想政治教育的实效性，在教育机制的建设过程中需要遵循新的价值理念，以人为本，真正实现将人作为教育活动的出发点和归宿点，尊重教育对象和教育者的主体地位。

主体性原则是指在教育过程中真正尊重教育对象，要以大学生为中心，突出教育的目的是促进大学生的全面发展，将他们视为能动的、自主的、独立的个体，通过启发、引领大学生的内在需求，要求在思想政治教育的具体内容设计方面、教育方法选择方面、实践活动的安排方面的相关机制的实施和运行上注重发挥大学生的主体性，创设民主、和谐、宽松的教育环境，有目的、有计划地组织与规范提高大学生的意识和观念。教育过程中既要考虑思想政治教育的政治性功能，也要充分考虑学生个人的全面发展。教育目标能合理地体现大学生的发展需求和满足他们的利益诉求，使他们成为思想政治认识和实践活动的主体。思想政治教育方式上避免从抽象的层面谈得过多而回避现实的需求，改灌输为疏导，将思想问题的解决和实际问题的解决结合起来，有效调动他们的学习积极性，引导他们接受和认同思想政治观念，培养他们的分析判断和辨别能力。教育目标的达到更有利于促进提高全社会的凝聚力和向心力，最终实现如恩格斯在《社会主义从空想到科学的发展》中所提出的"人终于成为自己的社会的主人，从而也就成为自然界的主人，成为自己本身的主人和自由的人。"

遵循学生为中心的主体性原则要求在思想政治教育机制建设中要特别重视教育的层次性。不同层次、不同年龄阶段甚至不同的受教育背景使得大学生的身心发展特点以及他们的世界观、人生观、价值观差异性比较大，心理需求层次是不完全一样的。

尊重学生的个体差异，满足不同层次学生的需要，把握个体特征，需要分别对待，因人制宜，具体问题具体分析，具体问题具体解决。教育活动中应把握底线教育，鼓励先进性，对现代公民需要遵守的基本规范和价值要求方面的内容必须强化，在学生的先进分子中基于国家和社会的共同价值理念，则需要确立坚定的马克思主义信仰，有远大的共产主义理想成为社会主义的接班人。因此在教育过程中需要根据学生的不同层次，根据不同需求因材施教，循序渐进。如果以"一刀切"的方式进行教育活动，遵照完全一致的标准和要求，希望学生达到某种认识的方式，则难以达到预期效果。教育目标定得太高，部分学生可能感到高不可及，无望达到，可能丧失学习的积极性，使得思想政治教育流于形式，失去应有的广泛感召力和引领的力量。若目标的定位太低，则让大学生们感觉了无新意，没有追求上进的意愿和动力，同样无法取得良好的教育效果。以学生为主体的教育机制建设，就是针对不同群体，不同阶段渐进式的教育，这样既能展示思想政治强大的包容性，又能满足不同层次学生的现实需求，能最大限度地形成大学生的思想共识，成为凝聚大学生群体的精神纽带，使大学生的思想政治素质得到切实提高。

尊重学生的主体地位并非弱化教师的主体作用。现代社会信息获取的方式发生了根本的变化，教师的角色定位也在发生着相应的变化，其不仅仅是知识的传承者，更是学生能力的塑造者，在庞杂的信息面前教会学生辨别与选择，使学生学会分析与思考，进而不盲从，会质疑，遵循自己内心的信念，有坚定的信仰。在思想政治教育活动中，面对大学生思想活动的独立性、选择性、多变性和差异性日益增强的现实，教师要思考如何使大学生在多元时代养成良好的思想道德品质才能保障社会的发展和进步的持续性，使大学生能够担负起未来社会发展的重任。教师的作用不可替代，思想政治理论有待教师的阐释和说明以提高理念的吸引力。因此尊重教师的主体性地位首先应健全教育工作队伍，加大投入，完善教育工作中的相应配套措施。从物质的基本保障，理论素养的提升以及完善的思想政治教育的培训制度等方面入手，加大培训力度，提高教育工作者的思想政治素质和业务水平，使思想政治教育机制建设能顺利开展和推进，保证教育目标的最终实现。

（三）大学生思想政治教育机制建设要遵循理性化原则

大学生思想政治教育机制的理性化是由思想政治本身的理论性以及教育对象所决定的。就思想政治而言，其既有价值目标，又有价值要求；既体现了社会主义的本质需求，又继承了中华优秀传统文化的精髓，还对世界其他文明的有益成果进行了吸收，是对新时期建设什么样的国家、建设什么样的社会、需要什么样的现代公民等重大问题的理论概括。其理论的深刻性不言而喻，因此在建设思想政治教育机制时需要进行理性思考，深入把握和揭示思想政治每一个概念所承载的深刻内涵和理论价值，进而掌握运行过程中的客观规律性，提高思想政治教育的理论化水平。

高校中思想政治的教育对象是在校大学生。他们已经具备相当基础的科学文化知识和良好的身体心理素质，在长期的学习生活中也渐渐形成了相对稳定的世界观、人生观和价值观，开始用理性的方式去看待和解决问题，有较强的自尊心。在进行教育活动时不恰当的方法必然影响教育效果，因此在教育过程中需要特别讲究教育的方式方法，首当其冲的是改变教育的思维方式，最直接的是思想政治理论课教学的显性教育活动中的理论性建设，从教育目标、原则、内容、方法的选择上都需要从本质和规律层面进行思考和操作，通过理论的力量和逻辑说理的魅力吸引学生、感染学生、鼓舞学生，晓之以理、动之以情的教育理念尊重学生，在教育过程中始终以平等的方式与学生进行心灵沟通和交流。杜绝教师摆出高高在上的姿态，以及言之无物的空洞说教。在高校校园内涉及学生日常的管理教育工作的方方面面，以及校园环境熏陶方面通过潜移默化的方式影响学生，理应坚持"以理服人、以情动人"的隐性教育方式。各种规章制度的制定、宣传、贯彻、执行、效果的反馈都坚持理性方式，以理而非以力服人，减少人为情绪性因素的影响。这样能激发学生学习的内在动力，以说理解释和疏导以及行为感染等形式开展教育活动，让理论、理性、客观、标准、公正的理念和行为模式得到学生的理解进而信服，最终信仰。

大学生思想政治教育中的理性化原则还直接催生出对教育机制制度化建设的需求。一般认为，制度具有普遍性、稳定性、公开性、规范性的特征，教育机制的制度性主要是指在大学生思想政治教育过程中用一套相对稳定的规范贯穿规划、实施、保障、反馈等全部环节，使整个运行过程更为规范和有序，能有效地促进思想政治教育的长期、持续和稳定推进。通过规范的制度强化教育机制建设，将所倡导和弘扬的价值原则和理念融入科学规范的制度管理中。随着对机制运行规律认识的不断加深，制度在得到规范的同时越来越科学化和人性化，消除以往教育管理和教育活动过程中没能得到很好解决的人治化色彩浓厚和制度形式化、非人性化的弊端。教育者的理论分析、判断，大学生通过理性选择达到的自律和约束主体行为的规章制度（他律）的有效结合，可促进良好教育机制的形成及高效运行，最终确保教育目标的实现。

第二节　高校思想政治教育的管理机制

一、思想政治教育管理机制的内涵

何为"机制"，《辞海》的解释是，机制原指机器的构造和动作原理。张耀灿、陈万柏指出，机制的原意是指机器的构造和工作原理，是指机器运转过程中的各个零部件之间的相互联系、相互制约及其运转方式。

于真、严家明指出，机制是指事物在运动中，各相关因素、各组成部分间通过一定的方式进行的联动作用关系等。从上述定义可以看出，"机制"一词已经由最初描述自然科学领域的问题，发展引申为事物的运行原理及功能。现在"机制"一词已广泛运用于政治、经济、文化、教育等社会领域。

所谓"管理"，字面意思指的是管辖和智力，其实质含义是指为了取得预期的效果、达成一定的目标，根据管理工作的性质及规律，有效整合各种资源和实施各种管理职能，进而动态追求效率的过程。

大学生思想政治教育管理工作是根据高校思想政治的要求，通过计划、组织、控制等，有效利用各种资源，以达到高校思想政治工作预期目标的活动过程。其致力于大学生的思想工作，受认知、情感、意识、精神等多种因素的影响，同时也受社会生产力水平、生产关系性质等的制约。因此，大学生思想政治教育工作属于社会机制，表现出社会中人与人之间的联结关系。

大学生思想政治教育管理机制则是指大学生思想政治教育管理者在一定的目标指引下，在遵循思想政治教育客观规律的前提下，协调利用各种管理资源，实现思想政治教育整体目标和整体功能的过程。

二、大学生思想政治教育管理机制的特征

（一）目标性

目标性是新媒体视域下大学生思想政治教育管理机制的主要特点之一，它是指大学生思想政治教育管理机制既规定了自身的运行方向和操作指向，也确定了管理活动要达到的结果，是思想政治教育目标的具体化体现。大学生思想政治教育管理机制的目标包含两个方面，一是直接目标，二是最终目标。

直接目标要求大学生思想政治教育管理机制实现科学化，这集中体现为规范化管理、制度化管理和民主化管理的有机统一。

最终目标要求发挥大学生思想政治教育管理机制的社会效用，也就是要求大学生思想政治教育管理机制在社会主义制度下能够帮助大学生认清自己在整个社会和教育系统中的主体地位，并调动学生的主体意识，激发学生的潜能，促使学生全面、自由地发展，同时还要保证高校思想文化建设与中国经济建设、民主建设协调发展，进而促使中国社会主义事业的全面发展。

（二）功能的整合性

一个系统的好坏与否，最终会体现在其整体能够的发挥程度上。思想政治教育管理机制是一个非常复杂的系统工程，由多种要素共同组成。尽管系统中各个要素都发挥着各自不同的作用和功能，但在系统运行中则要求它们必须相互协调、共同作用，以适应思想政治教育管理机制整体功能的要求。因此，功能的整合性也是大学生思想政治教育机制的重要特点，它要求大学生思想政治教育机制明确各构成要素的性质以及各要素之间的辩证关系，并对它们进行综合有效的协调，进而使它们始终处于最佳的运行状态，最终实现教育目标。

（三）复杂性

大学生思想政治教育管理机制还体现出明显的复杂性。其形成原因源于以下几个方面。首先，大学生思想政治教育管理工作的对象是大学生，而大学生思想的多元化和复杂性就决定了高校思想政治管理机制的复杂性。其次，人的思想观念的形成、思想认知的转变都要经历长期而复杂的过程，而且人在克服旧思想、形成新思想时都是在多次反复中运行的，这些都增加了大学生思想政治教育管理机制的复杂性和难度。最后，随着全球化的不断发展，国际上一些不良的形态也在不断渗透和颠覆学生的思想。所有的这些都决定我国意识领域斗争的长期性和复杂性，也决定了大学生思想政治教育管理机制的复杂性。

大学生思想政治教育管理机制的复杂性具体体现在以下几个方面。第一，构成大学生思想政治教育管理机制的每个要素都是一个复杂的系统，如管理主体、管理方式和管理机制运行的程序、环境、动力等。第二，构成大学生思想政治教育管理机制的要素是不断变化的，如工作内容、保障机制的调整等，固定不变的要素无法适应现代大学生思想政治教育机制运行需要。第三，大学生思想政治教育管理工作没有固定的模式，体现出一定的不确定性。

（四）实践的能动性

实践的能动性也是大学生思想政治教育管理机制的一个显著特点。思想政治教育学是引导指示人们形成正确思想行为的科学，其本身是一个动态的实践过程，具有明显的实践特性，是为实践服务的。所以，大学生思想政治教育管理机制也具有实践的能动性，只有在实践过程中，其实效性才能得到彻底的体现。而且，大学生思想政治教育管理机制的能动性也充分体现了其在思想政治教育管理实践中所具有的自我分析、自我调整、自我创新的主动性和积极性。

三、大学生思想政治教育管理机制的意义

（一）能够提高大学生的思想政治素质

现代化社会主义建设对大学生的思想政治素质提出了新的要求，其要求大学生能够适应新的社会发展形势，做到与时俱进，勇于创新，维护公共利益，弘扬民族精神，推动精神文明的有效发展。而大学生思想政治教育管理机制为提高学生的思想政治教育素养提供了基本保障，在这一管理机制下，高校思想政治工作的重心在于全民族整体素质上，并用社会主义先进文化来指导实现，使师生之间形成良好的互动关系，进而进一步引导学生积极学习法律知识，积极开展德育工作，指导学生以法律和社会主义道德来规范自己的行为准则，完善大学生思想政治教育体系。同时，将公民道德规范、爱国主义教育等融入教学，在教学中开展讲文明树新风活动，促使学生养成助人为乐、遵纪守法、主动维护国家利益等良好习惯和作风。

（二）能够协调管理工作中各方关系

大学生思想政治教育管理机制是一个系统化的整体，不仅需要硬件的支持，也需要相关团队的密切配合。大学生思想政治教育管理机制在合理运用物质资源的基础上，将高尚的社会主义思想道德情操与良好的日常行为习惯有机结合，在对各方关系进行协调的过程中确立了学校与社会生产力发展相适应的道德观念以及道德规范，使得教育工作者在人员、制度等方面得到全方位的发展。

四、大学生思想政治教育管理机制的建设与优化

（一）强化组织领导机制建设

一般来说，大学生思想政治教育的组织领导机制不仅应考虑组织机构的设置以及各级教育行政机构的职权划分及相互之间的隶属关系，还应建立起合理的管理制度与管理结构，这样才能对各种相关要素进行优化整合，促进工作的顺利开展。具体来说，包括以下几个部分。

1. 发挥现有组织领导机制的优势

随着改革开放的不断推进，我国大学生思想政治教育持续向前发展，逐步形成了具有中国特色的大学生思想政治教育体制。从宏观上来看，我国大学生思想政治教育体制由以

下两个部分组成：（1）以党委为核心的领导体制，即大学生思想政治教育的重要问题、基本任务、工作方针、指导思想等都由各高校党委来负责。此外，各高校党委还应对学生的思想政治教育状况以及思想政治教育的新动向进行定期分析，并制订具体的实施计划与总体规划。（2）与领导体制相适应的党政合一的管理体制。各级党委的职能部门是管理机构的主要参与者，具体的组织实施部门包括团委、学生处、教务处、思想政治理论课教学部、学生工作部、党委宣传部等，队伍管理部门包括人事处、学生工作部和党委组织部。共青团干部、学校党政干部、班主任、辅导员以及思想政治理论课教师是工作队伍的主要组成人员，他们的具体分工有不同侧重：从生活、学习、思想等方面对学生进行指导的职责由班主任承担；以党委的部署为依据来进行有针对性的管理与日常教育的职责由辅导员承担；对学生进行人文素质教育、思想品德教育和思想理论教育的职责由思想政治理论课教师承担；教育的实施、协调、组织职责由共青团干部和学校党政干部来承担。此外，各高校都对大学生思想政治教育的方式、途径、主要任务、原则、目标、指导思想等进行了明确、严格的规定。

总体来说，改革开放以后逐步形成的体制具有十分积极的意义，不仅调动了行政部门和党委的主动性，还有效地提升了大学生思想政治教育的实际效果。

不可否认的是，由于世界形势处于不断的变化之中，大学生的思想政治教育是一个系统复杂的工程，不可避免会出现一些不足之处，如队伍建设受到僵化管理体制的制约、工作进度受到内部分工的影响、"全员育人"受到了分工体制的阻碍、宏观领导体制有待改革等。在这样的情况下，要想使大学生思想政治教育继续顺利地推行下去，应对管理体制与领导体制进行进一步的优化。从管理体制方面来看，对执行体制与决策体制进行创新是当务之急。从领导体制方面来看，首先应从省、自治区、直辖市层级提高对大学生思想政治教育的重视程度，设立专门机构、抽调专门人员，将其向中央部委进行信息反馈、任务落实的功能充分发挥出来，有效在高校与中央之间进行上传下达的沟通，并对高校进行及时、适当的督查与指导。从各高校内部来看，应继续保持党委领导下的校长负责制，由教育部来对校长的责任程度与责任范围予以明确。

2. 构建三维决策系统

大学生思想政治教育能否顺利推进往往受到很多因素的影响，其中决策是否科学就是一项不容忽视的影响因素。如果决策欠科学，则教育效果会大打折扣；如果决策科学合理，则教育效果会事半功倍。

一般来说，决策的科学性主要取决于三个方面的要素，即视野是否开阔，指导理论是否科学以及是否抓住主要矛盾。

因此，在对这些因素进行综合考虑的基础上，应构建大学生思想政治教育的三维决策系统。

（1）决策咨询系统

决策咨询系统是第一个维度，其组成成员来自以下三个方面。

第一，毕业生代表和用人单位代表。毕业生代表是以往大学生思想政治教育的体验者，用人单位代表则是高校学生培养质量的检验者，他们的意见可为决策提供重要参考。

第二，基层思想政治工作者和相关领域的校内外专家。不论是校内的基层思想政治工作者还是在大学生思想政治教育领域具有多年经验的校内外学者与专家，他们都对大学生价值观念形成与发展的基本规律以及大学生思想政治教育有较深刻的认识，因此他们的观点与看法往往来自实践，具有更强的针对性。

第三，在校学生代表。作为教育对象和服务对象，在校学生代表是大学生思想政治教育的直接对象与直接利益相关者，他们对相关问题有自己的切身体会，他们的感受是进行工作反馈的重要依据。

（2）决策信息系统

决策信息系统由多个要素组成，如信息工作制度、信息传输手段、信息工作机构、信息工作队伍、信息源等。决策信息系统的作用在于为大学生思想政治教育提供信息的传递、存贮、加工、收集等相关服务，能够在教育对象、教育执行者与决策者之间进行有效的沟通。具体来说，担任信息传输任务的人员主要包括班级信息员、院系信息员、学校学生工作部门信息员以及学校党委信息调研秘书等。为有效提高对信息的加工利用能力，高校应对信息系统进行持续的改进与调整，从而为大学生思想政治教育的科学决策提供有力保障。

（3）决策中枢系统

决策中枢系统承担着决策、指挥与领导的职责，是拥有决策权的领导所组成的领导核心。正是在决策中枢系统的领导下，决策咨询系统与决策信息系统的工作才得以顺利开展并服务于决策中枢系统，可见三个系统之间是相互配合的。

具体来说，决策中枢系统的人员由负责职业发展教育、心理健康教育以及学生思想政治教育的副部（处）长、团委书记、研究生工作部（处）长、学工部（处）长、分管党委副书记（副校长）以及校长（党委书记）等组成。决策中枢系统是高校党委的代表，应对高校的德育工作状况与学生思想状况展开定期分析，对相关的政策、任务、方针、思想等重要内容展开相关研究，在对信息进行汇总的基础上实施计划与总体规划的制定。需要特别说明的是，决策中枢系统应实行集体决策制，而决策实施的后果也应由集体来承担。

3. 促进组织领导机制的创新

科学的决策离不开良好的组织领导体制，否则将难以取得理想的实际效果。近年来，高校的教学管理模式不断进行着创新与变革，特别是学分制的推广使学生与某个班级、院系之间的隶属关系不再那么明显。在这样的情况下，大学生思想政治教育的组织领导机制也必须进行相应的调整与变革，具体可从以下几个方面入手：（1）为进行资源的有效共享与整合，可在一些学生人数较多的高校建立起若干院系间的横向联合，使学生事务能够实现有效的沟通。因此，各高校职能部门可对各院系中的分散资源进行重组，对结构进行优化，从而实现资源的优化配置。特别是工作内容较为庞杂，需要多个院系参与时，这种体制可以对学生的需求做出快速反应，实现各种资源、人员之间的有机配合，将工作效率提升至一个新的水准。（2）一些高校的学生人数较少，为提升管理效果，可将管理层次予以减少，将管理幅度予以拓展，对中间管理层进行弱化，即采取扁平化运作模式。具体来说，可依据职能的具体分工来成立学生活动中心、学生服务中心、就业指导中心、生活指导中心、心理咨询中心、思想指导中心等，为学生的生活、思想与学习提供直接的建议、指导与服务，使学生的就业问题、生活问题、心理问题、思想问题等得到及时有效的处理与解决。相关组织机构不再出现在院系一级，这就使现行的三级管理体制简化为二级管理体制。需要注意的是，可安排辅导员一方面对班级管理工作继续负责，另一方面将某个中心的工作承担起来。（3）高校可尝试建立起功能专一的新机构，这一机构由与学生教育管理相关的原有部门、科室重组而来。此外，高校还可建立若干由直属校党委副书记或副校长领导的中心，如负责社会实践与校园文化的学生活动中心、负责医疗保险与健康预防的健康服务中心、负责咨询服务与心理教育的心理咨询中心、负责人生规划与职业指导的就业指导中心、负责日常行为与宿舍生活的生活与行为指导中心、负责学术咨询与学风建设的学习辅导中心、负责学籍管理与招生的招生注册中心等。此外，还可根据具体需要来建立思想政治教育中心、勤工助学与经济资助中心等。院系层级既可单独设立中心，也可将若干中心合并在一起来与学校各中心的职能进行对接。由于机构设置精细，这样的体制有利于在学生事务管理中实现互不重叠、互不交叉的职责单一管理模式，从而使上下一条线，实现左右协调、主从分明的管理效果，使机制的整体效能充分发挥出来。

（二）重视反馈机制建设

反馈机制是一个系统非常重要的组成部分，主要对运行中或运行周期结束后收集到的信息进行汇总处理，对系统要素进行协调或平衡综合，校正偏差，以便评估和判断系统运行的效果。因而在大学生思想政治教育机制建设中有必要对系统运行所收集的相关信息进行科学的处理，通过反馈机制来调控检验整个教育系统，更好地提升教育工作的实效性。需要特别强调的是，反馈机制不仅仅是系统运行结束之后的事后评判，在系统运行的任何阶段都可以基于信息的反馈对相关机制做出校正，这种调整不仅是对教育内容本身的优化和整合，还是对教育方式方法的更新和完善。凡是有利于发挥思想政治教育实效性的举措都应该得到采纳。

1. 信息反馈的特点

在大学生思想政治教育过程中，信息反馈的特点可概括为以下两个方面。

（1）确定性与模糊性

从一个方面来看，经济活动中的反馈可提供数量化的精确指标，电器机械系统中的反馈可以精确地计算数据偏差。与此不同的是，思想政治教育过程中的反馈很难达到这样的精度，而常常呈现出模糊性的特点。

从另一个方面来看，精确性也是大学生思想政治教育中信息反馈的特点之一。这主要表现在其反馈内容常表现出一种对立统一、相辅相成的关系，如规章制度的完善与对思想教育的重视、以理服人与以情感人、物质利益与精神力量、业务与政治等。这种辩证关系在很大程度上决定着信息反馈的程度与范围，使其在质与量两个层面都达到一定的准确性，并最终成为一种艺术性较强、层次较高的活动。

（2）准确性与及时性

大学生思想政治教育的信息反馈应保证一定的准确性与及时性，这既是其与其他系统反馈的重要区别之一，也是教育活动对反馈机制的基本要求。具体来说，在大学生思想政治教育中，当代大学生是信息反馈的主体，他们是一群特殊的社会群体，具有鲜明的个性特点与思想倾向，一旦在教育过程中接收到相关信息，就会立即在大脑中产生各种各样的反应。当得不到及时回应时，这些反应就会带来进一步的情绪，甚至带来严重的社会影响。所以，大学生思想政治教育中的信息反馈必须准确、及时，从而为教育效果提供有力保障。

2. 反馈机制的运用

在大学生思想政治教育过程中对反馈机制进行运用时，应注意以下几个方面的问题。

（1）完善信息反馈制度

①贯彻民主集中制

建立一个令行禁止、畅所欲言的环境是进行大学生思想政治教育的有力保障，因此应通过民主集中制来创造、巩固这样一个民主氛围，使信息反馈能够有效进行。因为信息反馈依赖于人的主动操作，只有通过制度保障才能使人的反馈行为真正得以实施。因此，应引导反馈在民主风气中按照相应的规定与原则来进行。

②贯彻岗位责任制

为使信息反馈能有畅通的渠道，承担思想政治教育过程中信息反馈职责的各级机构及其工作人员应将信息反馈视为自己应尽的职责，应尽职尽责地完成自己的任务，履行岗位职责。

③加强制度间的协调

反馈系统的整体效应通过制度来予以强化。从一个方面来说，为使系统内部的反馈行为得以协调，应健全教育工作内部的反馈制度；从另一个方面来说，为更好地发挥思想政治教育对其他系统的促进与服务作用，应建立思想政治教育系统与其他系统之间的反馈制度。

（2）明确相关人员与相关机构的职责与权限

为使大学生思想政治教育的信息反馈真正落到实处，应对相关人员与相关机构的职责与权限予以明确，从而使他们提供的反馈信息更好地服务于政策的制定。

具体来说，大学生思想政治教育的信息反馈系统分为横向系统与纵向系统。所谓横向系统，是处于同一层次的不同职能机构之间的信息反馈。所谓纵向系统，是指处于不同级别、不同层次的机构之间的信息反馈。将横向系统与纵向系统有机结合在一起，有利于将各职能部门的力量联合起来，形成教育合力与优势互补，实现信息之间的顺畅沟通与有效利用。

（3）采用多种方法、多元渠道进行信息收集与反馈

①要有发达的信息采集渠道。首先，应在大学生思想政治教育与管理体系内建立起信息上报的反馈渠道。此外，聘请专门的信息员来对大学生思想政治教育机制方面的信息进行收集和分析也是十分有效的方法。②信息的收集方式可以灵活多样，如可采取召开座谈会、量化评估、工作汇报、问卷调查等形式。

（三）加强调控机制建设

大学生思想政治教育是一个复杂的系统工程，不可避免地会在运转过程中出现一些偏离工作重心的情况。因此，应构建大学生思想政治教育的调控机制，使系统内部的各项要素有机统一在一起，为根本任务和总体目标而服务。

1. 运用调控机制的总体要求

大学生思想政治教育过程中的调控机制旨在对行为、思想等进行整合与调控，从而调动系统内部各要素的积极性与主动性。具体来说，整合与调控应从以下几个方面入手。

（1）建立管理系统，实行目标管理

对整体目标进行分解与细化，将其落实到具体的机构与人员身上，从而形成一个相互制约、相互监督的管理系统，使各机构与相关人员明确自身职责所在，从而使各方面的工作相互配合，形成合力，为总体目标的实现发挥积极的推动作用。此外，还可采取分配、奖惩、聘任等方法来有效调控工作的进展情况。

（2）强化调节权威

为使系统的自我完善与调节能力不断增强，应对管理、指挥部门的权威与领导职能进行强化，使其对整体工作的进展情况进行有效调控，为实现教育目标创造条件。

（3）对大学生的内在需要进行调节

为使大学生思想政治教育工作在自我调节中稳步向前，应了解大学生在思想政治教育方面的实际需要，并据此来培养、激发他们的内在动力。因此，应采取科学的精神导向、利益导向与政策导向，设定合适的目标，引入竞争机制，从而有效调节大学生的内在需要。

2. 常态调控机制

所谓常态调控机制，就是在大学生思想政治教育的正常运行状态下所使用的调控机制，具体包括以下两方面的内容。

（1）沟通机制

调控活动中最基本的手段就是沟通机制，对沟通机制的有效运用对于化解冲突大有裨益：①要改善外部沟通，使社会各方面的工作力量与学校之间建立起有效的整合与协调，从而创造良好的工作氛围。②要对学生的行为与思想动态及时了解，对学生的接受程度与反馈情况准确把握，建立起教育主体与教育客体之间的联系。③要加强系统内部的协调一致，实现系统部分的有效沟通，使相关文件精神与工作目标能够在各部门及每位工作人员之间有效传达。

（2）时间管理机制

根据时间管理机制的要求，应将大学生思想政治教育的总体目标分解为具体的阶段性目标，并在重要的时间节点对目标的执行情况进行监测。一方面，时间管理机制是对工作方针与政策进行调整的重要依据。另一方面，时间管理机制有利于实时掌握工作的进展情况，从而将目标管理与过程控制有机结合在一起，使大学生思想政治教育按时、保质、保量地达到既定目标。

3. 危机调控机制

所谓危机调控机制，就是在大学生思想政治教育遇到突发状况时所采取的调控手段。

经济全球化的发展使大学生不断受到越来越多元化的价值观念与文化思潮的冲击。他们在面对一些新问题、新情况时往往要经历思想上的矛盾与冲突。在这样的情况下，如何对他们价值观念的变化进行动态掌握，从而进行预判、准备预案就具有十分重要的意义。

由于思想政治教育涉及众多部门与众多人员，不可避免会遇到一些突发情况。因此，为及时应对可能遇到的情况，应防患未然，提前建立起预警机制与危机调控机制，使各部门在处理危机时能够权责分明地与其他部门进行协调，从而降低危机事件带来的负面影响，保障思想政治教育的正常运行。

（四）完善保障机制建设

大学生思想政治教育工作的有效开展，有赖于健全有效的保障机制。简单而言，保障机制就是为了确保某项工作正常地进行所必需的基本条件。为确保高校思想政治工作的有序进行，就要完善大学生思想政治教育保障机制。

1. 大学生思想政治教育保障机制的内涵

大学生思想政治教育的保障机制是大学生思想政治教育机制的子系统，指的是为实现大学生思想政治教育目标，通过大学生思想政治教育系统内部起保障作用的各要素之间相互制约、相互作用，从而构建而成的工作方式以及管理规范等，具体包括思想保障、队伍保障、物质保障以及环境保障等。

经过高校多年的思想政治教育工作，我国建立起了相应的教育保障体系，但随着国内外社会环境的变化、高校办学规模的变化、大学生思想观念的改变等，大学生思想政治教育也要随之发生变化。因此，在社会不断变化的大背景下，我国必须加强对大学生思想政治教育保障机制的建设和优化，从而使大学生思想政治教育体系更加规范和完善。

2. 保障机制的建设

大学生思想政治教育过程中的保障机制能够为教育工作的开展提供有效的保障，主要包括物质保障机制与环境保障机制两个方面。

（1）物质保障机制

大学生思想政治教育的物质保障是教育工作顺利进行所必需的基本物质条件，主要包括以下三个方面。

首先，基本建设。缺乏必要的设施、设备与场所，大学生思想政治教育就无法顺利进行。

第一，活动场地。进行大学生思想政治教育时，常常需要开展各种活动，如座谈、报告、讲座等，因此就离不开报告厅、会议室等活动场地。此外，当举办一些大型活动时，还需要一些空间较大的室外公共活动场地。

第二，宣传场所。网络中心、校园广播站、校园电视台、宣传栏、文化长廊、校报等传播媒体是大学生思想政治教育的重要宣传阵地，应加强宣传场所的建设。

第三，办公场所。时代的快速发展使大学生的价值观念受到很多因素的干扰，与学生进行单独交流就显得越来越重要。在过去的很长一段时间，办公室都是由若干班主任、辅导员共同使用的，当需要与学生沟通思想时就往往受到客观条件的限制，所以应开辟出专门的办公场所。此外，就业指导、心理辅导等方面的工作量也呈现出逐年增加的趋势，这也要求开辟更多的办公场所。

第四，办公用品。在当前的形势下开展大学生思想政治教育，工作形式逐渐变得多样化，除各种社团活动与社会实践活动之外，还有录像观看、参观访问、报告讲座等。因此，为了便于资料存档，也为了提高教育活动的实效性与趣味性，应配备必要的办公用品，如电脑、打印机、录音笔、摄像机、照相机等。

其次，经费投入。与经济工作相比，大学生思想政治教育往往需要更多的政策扶持与资金投入。高校行政主管部门在日常管理中应对思想政治教育逐年增加财政投入，为其编列专门预算，并采取多种方法保障预算落实到位。具体来说，除日常办公经费外，奖励基金、科研经费、教育培训费、活动费用、基本建设费等都需要得到资金上的支持。

第一，奖励基金。为了对大学生思想政治教育中涌现出的先进事迹、先进个人、先进集体进行表彰，应设立专项奖励基金，从而调动更多参与者的积极性。

第二，科研经费。大学生思想政治教育不是一成不变的，而必须随着形势、环境的变化而进行相应的调整。在这样的情况下，提供必要的科研经费有利于思想政治教育工作不断创新，在理论研究、实践调研等方面都取得突破性进展。

第三，教育培训费。大学生思想政治教育离不开思想政治工作者的参与，而他们的工作能力、知识水平对教育效果往往具有决定性影响。因此，应经常性地组织教师参加相关的专题培训会、交流会与研讨会，这也离不开经费支持。

第四，活动费用。为了实现更好的宣传效果，大学生思想政治教育常常需要举办社会实践活动与宣传教育活动，没有必要的经费支持是不可能完成的。

第五，基本建设费。高校应将思想政治教育过程中的基本建设纳入院系的总体建设规划之中，并为其编列专项预算经费，从而为大学生思想政治教育的顺利进展创造良好条件。

为了保障经费来源，高校应探索、建立多渠道的经费投入机制。一方面，可加大资金投入的力度，使传统文化与思想政治教育经费的增长幅度不低于财政收入的增长幅度。另一方面，为了有效补充经费不足的问题，还可多形式、多渠道依靠社会力量来募集资金。

最后，活动基地建设。近年来，社会主义市场经济体制不断深入发展，社会与高校之间的联系越来越密切。社会这片沃土为大学生思想政治教育创造了良好的条件。在新形势下，对大学生开展传统文化与思想政治教育可摆脱原有思维定式，将眼光投放到更加广阔的背景，对各种社会性活动基地进行充分利用，深化教育内容，丰富教育方法，拓宽教育渠道，提高教育效率。

第一，加强素质拓展基地建设。素质拓展不仅有利于身体素质的提升，还能有效调动参与者的积极性。此外，在参加素质拓展的过程中，参与者之间通过相互合作还能提升人际交往能力，培养战胜难关的勇气。各种形式的大学生素质拓展基地应得到高校及各级行政教育主管部门的大力支持。

第二，加强培训基地建设。为全面提升师资培训的实效性与针对性，教育部、各级教育行政部门应建立起培训基地。需要注意的是，培训基地的建立应对当地的实践优势、师资优势、学科优势等进行综合考虑，从而更好地为传统文化与思想政治教育工作输送更多的优质教育资源。

第三，加强爱国主义教育基地建设。爱国主义教育基地是对广大青年学生进行社会主义教育、集体主义教育、爱国主义教育的场所，旨在通过历史文化知识的传播来增强他们爱党爱国的意识，纪念馆、博物馆是爱国主义教育基地的主要形式。高校应对爱国主义教育基地进行充分利用，通过基地提供的建筑、文字、图片、影视资料、音频资料等引导大学生树立正确的价值观。需要特别说明的是，在重大历史纪念日与节假日组织的参观访问活动往往能取得更好的教育效果。

第四，加强社会实践基地建设。参加社会实践对于从整体上提升大学生的素质具有十分积极的意义，因而也是大学生普遍欢迎的教育方式。高校、各级教育行政部门应建立勤工助学基地、社区活动基地、部队活动基地、科研实践基地等各类丰富的基地，为大学生的社会实践创造良好条件。

（2）环境保障机制

大学生思想政治教育的效果还在很大程度上受到社会环境与高校文化气氛的影响。因此，应对环境保障给予充分重视，从社会环境与校园环境两个层面来入手。

首先，社会环境建设。社会环境既可能为大学生思想政治教育带来破坏性影响，也可能为思想政治教育带来良好的天然土壤。因此，建立良好的舆论环境与社会文化环境，确立正确的舆论导向，搭建和谐的人际关系与社会环境，丰富社会的人文关怀就是对大学生思想政治教育最大的支持。

第一，构建和谐的人际关系。人际关系具有很广的范畴，既包括社会关系、工作关系，又包括家庭关系。其中，社会关系又包括与国家的关系、与社会的关系、与集体的关系、与他人的关系等。如果人与人之间能够融洽相处、友爱诚信，家人之间能够相互尊重、相互关爱，社会各阶层团结平等，不同部门、不同地区之间能够形成公正、公开、公平的有序竞争，则人际关系就是和谐的。因此，应建立起促进人际关系和谐、社会良性运转的机制，如生态环保机制、建设养成机制、社会管理机制、利益协调机制等，从而有效化解人际矛盾。

第二，确立正确的舆论导向。为使思想政治教育体系深入人心，应营造良好的思想舆论氛围，充分利用社会科学、文学艺术、广播影视、新闻出版等媒介的导向作用来为和谐社会的建立创造思想理论基础。具体来说，应坚决维护党对舆论工作和新闻事业的绝对领导，应充分发挥思想政治教育对社会思潮的引领作用，建立起为思想政治教育服务的舆论保障机制。

第三，构建和谐的社会环境。应在全社会范围内积极推进和谐文化创建活动，将思想政治教育和精神文明建设有机结合在一起。应调动广大人民群众的参与热情，充分运用各种手段加大传统文化与核心价值观的宣传力度。同时，应加强作风建设，创建活动平台，用群众喜闻乐见的形式开展工作。

第四，注入浓厚的人文关怀。纵观人类社会的发展历程，人不仅是手段更是目的，因此所有的工作都应将人的发展作为最终落脚点。换句话说，坚持"以人为本"的方针，改善人类的生存状态，实现人的全面发展是一切工作的出发点与归宿。因此，应将实现好、维护好、发展好最广大人民群众的根本利益置于应有的高度，并将其作为一项基本原则来对工作进行统筹安排。

其次，创建优美的校园环境及周边环境。在大学生的日常生活与学习过程中，校园环境与周边环境是他们接触最多的，因而对他们的影响也是巨大的。为加强大学生思想政治教育，应对校园环境及周边环境的建设给予充分重视。

第一，校园环境建设。校园环境建设是一种特殊形式的社区文化建设，它将制度文化、物质文化与精神文化有机结合在一起，对广大青年学生价值观的形成会产生潜移默化的影响。同时，校园环境建设又是一项系统工程，需要协调各方面的力量。

近年来，很多高校在进行校园环境建设时都对校园环境的教育功能、审美功能、使用功能等因素进行综合考虑，旨在通过优美的校园环境来净化大学生的心灵，陶冶他们的情操，培养他们关爱他人、关爱社会、关爱自然的意识。小到花草树木、景点设计，大到校舍建设、校园规划，很多高校都融合了文化传统、心理环境、集体舆论、精神面貌等多种因素的影响，旨在创建一个生机勃勃、奋发图强的育人环境。为了更好地将学风、教风、校风、校训的引导与激励作用充分发挥出来，有些高校在对道路、教学楼命名时运用了校训，还有一些高校则在校园长廊中对健康向上的文化和党的政策、方针、路线、理论等进行宣传，营造了浓厚的大学校园文化气氛。

为了有效激发学生热情，提高学生的综合素质，同时也为了营造良好的学风，增强校园学术氛围，很多高校开展了与学生特点相一致、与时代特征相吻合的丰富社会活动，如文艺会演、数学建模大赛、辩论比赛、演讲比赛、校园歌手比赛、书画摄影展、读书论坛、学术报告会等，为大学生思想政治教育工作塑造了良好的校园环境。

第二，周边环境建设。除了营造良好的校园环境，加强校园周边环境建设也是十分必要的。各级政府应将校园周边环境的优化列为重要的工作任务，要对学校周边的商业、娱乐、文化经营活动进行依法管理，对干扰高校正常生活秩序、工作秩序的娱乐活动要依法取缔，努力抵制非理性文化、低俗文化以及腐朽文化、消极文化对校园文化的侵扰，为大学生思想政治教育创造有利条件。

第三节　高校思想政治教育的评价机制

一、大学生思想政治教育评价的内涵

思想政治教育评价就是以社会对思想政治教育的要求为依据，确立指标体系，运用先进的评价方法，对思想政治教育的实际效果进行价值判断的过程。

大学生思想政治教育评价则是高校教育主管部门以学生思想政治教育目标、要求为依据，确立指标体系，运用各种先进的方法，对学校思想政治教育保障机制、实施过程、实施效果进行价值判断的过程。大学生思想政治教育评价机制是学校考核教育者工作者绩效、制订教育决策的重要依据。

二、大学生思想政治教育评价的基本原则

大学生思想政治教育评价的基本原则是人们基于对大学生思想政治教育评价的特点和规律的认识，而对大学生思想政治教育评价提出的基本要求。

（一）方向性原则

方向性原则是决定并保证大学生思想政治教育评价活动性质和方向的准则。思想政治教育是我们党的工作和社会主义建设的重要方面，它要服从和服务于党的中心工作，满足社会主义经济、政治、文化、社会建设发展的需要，为培养有理想、有道德、有知识、有纪律的一代新人作贡献。这是思想政治教育的历史性责任，也是思想政治教育历史经验的

总结。从这个意义上说，思想政治教育具有很强的党性和政策性，其内容的选择、实施乃至最后结果都必须符合党性所规定的要求，这一点丝毫不能动摇。因此，大学生思想政治教育评价必须坚持方向性原则，保证思想政治教育不脱离党的事业，始终为党的中心任务服务。坚持方向性原则，就是要坚持大学生思想政治教育评价的正确导向。大学生思想政治教育评价具有鲜明的导向性，它所制定的标准对引导思想政治教育的方向起着重要的作用。

坚持方向性原则，就是要为实现思想政治教育的目标服务，确保思想政治教育目标的实现。确定思想政治教育的目标以后，就要对照目标对思想政治教育的效果进行考察，看其是否达到或在何等程度上达到预期的目标，并由此判定思想政治教育的成效。因此，大学生思想政治教育评价要正确处理方向目标与达度目标的关系。方向目标是达度目标的基础，达度目标是方向目标的具体化。两者是本源关系，不能颠倒。以学校思想政治教育为例，在学生思想政治教育目标中，党的教育方针是方向目标，具体操行指标是达度目标。若本末倒置，无视教育方针贯彻与否，只就操行而论操行，则势必会在培养什么人的问题上出现错误导向。

坚持方向性原则，还要在进行大学生思想政治教育评价时保持明确的评价目标。大学生思想政治教育评价实际上是一种管理手段，每一次评价就是对思想政治教育系统进行一次调控。大学生思想政治教育评价的目标是思想政治教育目的和任务的体现，也是方向性原则的具体体现。在进行评价时保持明确的目标，就是要保持评价的严肃性，严格按程序和指标体系的规定进行评价，不能随心所欲，愿意评什么就评什么，也不能愿意怎么评就怎么评。大学生思想政治教育评价始终保持明确的目标不偏移，坚持方向性原则就有了保证。

（二）辩证性原则

坚持唯物辩证法，是大学生思想政治教育评价的一条基本原则。其基本要求是：

第一，要坚持普遍联系的观点。任何事物都不可能孤立存在，都同周围的事物相互联系着，都是统一的联系之网上的一个环节或一个部分，思想政治教育也是如此。从这一观点出发，在大学生思想政治教育评价中，不仅要看到思想政治教育本身，看到思想政治教育内部诸要素之间相互作用和相互制约的关系，还要看到思想政治教育系统与外部环境之间的广泛联系。只有这样，才能有效地防止"抓住一点，不及其余"的形而上学倾向。

第二，要坚持发展的观点。从本质上说，世界上的一切事物都是发展变化着的，"从事物的发展、运动、变化中来观察事物"也是唯物辩证法的基本观点。从这一观点出发，在大学生思想政治教育评价中，就要坚持大学生思想政治教育评价的动态性特点，在发展中观察、分析思想政治教育，决不能仅凭一时一事的印象就给思想政治教育的效果下结论。

第三，要坚持具体情况具体分析的观点。具体情况具体分析是马克思主义的灵魂，也是唯物辩证法的一个非常重要的观点。从这一观点出发，在大学生思想政治教育评价中，就要努力把握具体的思想政治教育活动的特殊性，切忌从抽象的概念、僵死的教条出发。离开了对具体的思想政治教育活动的特殊性的分析，就不可能做出符合思想政治教育实际情况的正确评价。

第四，要坚持透过现象看本质的观点。任何事物都有自己的本质规定，而事物的本质是由它本身所包含的特殊矛盾构成的，事物的现象只是它的外部表现。因此，要真正地认识和把握事物，就必须透过现象抓住本质。从这一观点出发，在大学生思想政治教育评价中，就要在考察、分析思想政治教育外部表现（内容、形式、手段等）的基础上，注重对思想政治教育的本质、主流和发展趋势的评价。

总之，我们要运用辩证的思维方式，多角度、多方位、多层次地对思想政治教育效果进行评价，把显性效果和隐性效果、直接效果和间接效果、近期效果和远期效果的评价结合起来、统一起来，从而对思想政治效果做出全面、客观的评价。

（三）客观性原则

客观性原则是由党的实事求是的思想路线和大学生思想政治教育评价本身的性质决定的。党中央一再指出，在各项工作中，都必须实事求是。大学生思想政治教育评价也不应例外。它要求大学生思想政治教育评价必须采取客观的实事求是的态度，不能主观臆断或掺杂个人感情，要真实全面地反映思想政治教育的效果。

大学生思想政治教育评价，是人们根据教育目标对所实施的各种思想政治教育活动的效果和人们思想政治道德素质的发展水平进行的科学判断。这种判断如果是客观的、实事求是的，就能发扬理论联系实际的作风，推进思想政治教育的发展。如果背离客观，不符合实际，就会挫伤人们的积极性，妨害思想政治教育的发展。

客观性原则应贯穿大学生思想政治教育评价的全过程。在设计和构建评价指标体系时，不能为了照顾某个评价对象或为了排斥某一评价对象，把不应列入的条件列入，或把应列入的条件不列入。指标体系一旦确定，任何人都不能随意改动。那种在评价过程中，随意确定标准，随意脱离既定的指标体系而变动评价标准（无论是提高标准或降低标准）的做法都是错误的。在实施评价的过程中，要广泛地搜集材料、听取意见，力求客观公正地对待问题和处理问题。特别是对人的思想品德状况和发展水平进行评价时，尤其要重视客观性原则。因为客观的评价会使人们增强信心，更加积极向上，而不客观的评价，会使人们背上包袱，甚至会使人们失去前进的信心而自暴自弃。

（四）全面性原则

全面性原则是依据辩证唯物主义的基本原理规范评价活动的基本准则。它要求大学生思想政治教育评价活动必须从整体出发，照顾到思想政治教育系统的方方面面，全面准确地判断思想政治教育的效果。

贯彻全面性原则，首先，要注意评价标准的全面性。思想政治教育是一个由众多因素构成的复杂系统，在评价中要按照思想政治教育的客观规律处理好各种因素之间的关系，在评价指标体系中不宜过分强调某个评价指标，也不要遗漏某些与评价相关的重要因素，只有这样才能保证大学生思想政治教育评价的客观真实。其次，要注意评价过程搜集信息的全面性，在评价过程中要采取多种方式和手段搜集评价信息，避免在没有充分搜集有关信息的情况下就进行判断。在实地评价时，要多看多听，不能只听少数几个人的意见或偏听偏信。如对一个单位的思想政治教育进行评价时不能只听几个领导的汇报，应该搜集上下左右各方面的意见，然后再进行分析、归纳，做出恰当的评价。再次，要注意分析问题所采用的方法的全面性，要善于运用矛盾分析的方法、层次分析的方法、综合分析的方法去研究大学生思想政治教育评价中的种种现象和材料，尽可能地避免大学生思想政治教育评价失真、失实现象的发生。

（五）相对性评价原则

思想政治教育的评价，通常都要通过系统收集、分析各种反馈信息，才能确定其是否实现了思想政治教育的目的以及受教育者的思想实际是否发生变化和变化的程度。在这一分析评价的过程中，由于收集和反馈而来的信息具有一定的误差性和效用性问题，以及教育对象的思想所具有的丰富性、复杂性、变化性、隐潜性等特点，使得对思想政治教育评价具有一定的相对性。

此外，思想政治教育还具有阶段性和发展性的特点，人们对其实效性进行评价也只能是对一段时间内的所进行的思想政治教育活动的考评，其评价的结果也只能说明这一时期的思想政治教育实际效果的好坏，而不能对其以后的实效性进行评价。这些特点就决定了对思想政治教育的评价是相对的，而不能绝对化。

（六）评价与指导相结合的原则

大学生思想政治教育评价是按照一定的原则、标准对思想政治教育活动或教育对象的思想品德状况做出肯定或否定的判定，使被评价者从中受到启发和教育。因此，评价是手段，不是目的。应将对评价对象的评价与对其指导结合起来，促进人们思想政治素质的提高和思想政治教育的发展。

指导是评价活动的继续和发展。它把评价的结果上升到一定的理论高度加以认识，并根据评价对象所具有的主、客观条件，提出指导性意见和新的要求，使评价对象能掌握自己在今后一个时期内发展的方向，发扬优点，克服缺点，争取更大的进步。

对思想政治教育进行指导的内容和范围十分广泛，有对整体教育活动的指导，也有对教育者业务能力的指导；有激励促进性指导，也有批评纠偏性指导。原则上，指导必须结合评价的实际，有针对性地进行，否则评价和指导就都失去了存在的意义和价值。

三、大学生思想政治教育评价的意义

大学生思想政治教育评价是根据教育目的的要求，运用一定的评价指标和评价方法，检查和评定思想政治教育效果的教育环节。思想政治教育实际效果的好坏和大小，反映了思想政治教育价值的取向和实现程度。大学生思想政治教育评价，实际上是对思想政治教育活动的社会价值实现情况的判断过程，它的意义主要表现在以下几个方面。

（一）思想政治教育评价是思想政治教育正确决策的基础

任何思想政治教育都是在特定的时间、地点、条件下，对特定的人群进行的思想塑造、转化工作。要增强思想政治教育的有效性，就要从实际出发，对思想政治教育的具体对象、环境等做出实事求是的分析和估价。这种评价活动无疑是思想政治教育正确决策的基础，同时也是思想政治教育过程的起点和开端。思想政治教育过程，在某种意义上可以说是思想政治教育信息传输、加工、处理和反馈的过程，其中反馈这个环节起着特别重要的作用。而大学生思想政治教育评价是对思想政治教育效果的衡量和判断，是思想政治教育系统反馈的一种重要形式。通过大学生思想政治教育评价，思想政治教育的领导部门或受教育者能够了解自己输出的信息作用于下属部门或受教育者后产生的结果，从而对思想政治教育信息的再输出进行调整。可见，大学生思想政治教育评价有利于教育者认识教育的良好条件，发现薄弱环节，掌握新情况和新问题，并为思想政治教育领导者和管理部门的科学决策提供实际材料，使领导部门和教育者能够及时准确地调整自己的信息输出，对思想政治教育过程进行科学调控，保证思想政治教育目标的实现和任务的完成。

（二）思想政治教育评价是思想政治教育有效管理的关键

大学生思想政治教育评价是依照一定的指导思想、目标和价值准则，并遵循严格的程序，通过系统地搜集信息和有组织、有计划地对思想政治教育的客观效果进行判断估价的活动。进行这一活动不仅是要使人们对思想政治教育的现状及其效果做出评价与判断，更重要的是要使人们树立起正确的思想政治教育的价值观，也就是使我们明确思想政治教育应该做些什么，应该避免什么，应该追求什么，应该摒弃什么。在评价中，对思想政治教育的成绩、经验的肯定性评价，能够有效巩固、拓展、深化教育成果，激励受评对象组织、开展、参加教育活动的积极性和创造性，促进受教育者提高思想道德素质的主动性与自觉性。而对教育过程中的失误、教训的否定性评价，也能够有效制止、克服教育的不良后果，激发受评对象吸取教训，避免重犯错误，争取成功。从这一意义上讲，大学生思想政治教育评价可以说是思想政治教育的直接"指挥棒"，这一"指挥棒"既引导、推动，也督促思想政治教育活动朝着正确的方向前进，从而产生巨大的管理效益。思想政治教育管理是由过程管理系统和目标管理系统构成的，过程管理服务于目标管理，目标管理又体现在过程管理之中。但在许多具体情况下，往往出现过程管理与目标管理相脱节的现象。大学生思想政治教育评价是维系过程管理与目标管理的纽带，它能通过管理信息的反馈与调节，使过程管理与目标管理统一起来，从而保证对思想政治教育的有效管理和调控。

（三）思想政治教育评价是思想政治教育全面总结的依据

大学生思想政治教育评价是根据评价指标体系的要求，运用科学的测量、统计和评价方法，对思想政治教育的现状和实效进行判断和评价，通过定性与定量相结合的分析方法获得对评价对象全面客观的认识，其结果具有科学性和权威性。只有以大学生思想政治教育评价的客观结果为依据，才能全面总结思想政治教育的成败得失，积累经验，改正错误，充分调动领导部门、教育者和教育对象的积极性，共同完成思想政治教育任务。

（四）思想政治教育评价是思想政治教育科学研究的需要

任何一门学科的形成和发展，都要经历由实践到理论，理论指导实践，再由实践上升为理论的多次反复过程。开展思想政治教育理论研究，就是要对思想政治教育实践进行分析、总结、综合，从而认识和把握思想政治教育的内在规律性。大学生思想政治教育评价可以为理论研究提供全面而丰富的感性材料和实践经验，为提高思想政治教育理论研究的水平创造条件。此外，在理论研究的过程中，不能没有一定的评价标准的指导，不然的话，分析和综合就不可能实现，最多只能是材料的堆积，在某种评价标准的指导下，分析、综合思想政治教育材料的研究过程，实际上也是一种评价，即对已经占有的思想政治教育材料的评价，当我们经过研究向领导部门提出自己的看法和建议时，实际上已经对某一思想政治教育过程做出了自己的评价。因此，大学生思想政治教育评价既是加强科学研究的需要，也是思想政治教育理论研究的重要内容。

四、大学生思想政治教育评价的方法

(一) 调查评价法

调查评价法就是指通过问卷调查、访问量等方法对大学生思想政治教育进行评价的方法。调查评价法从对评价对象进行调查研究着手，体现出明显的调查特色。这一评价方法具体包含以下两种形式。

1. 调查法

作为调查评价的一种重要方式，调查法主要是通过向被调查者发放问卷，直接对被调查者的思想政治水平的高低、思想政治观点的正误等进行测试，并以评价的结果作为大学生思想政治教育如何开展的依据。抽样调查是调查法最常采用的一种方法，适用于较大范围的评价对象。

2. 实地考察法

相较于调查法，实地考察法是一种更为直观的评价法，其比较注重感受性。评价者往往要直接深入到大学生思想政治教育的第一线，对教育的过程、环节和效果进行实际考察和调研，详细了解教育主体的思想和工作、教育客体的学习和生活情况，进而获得对评价对象的直观感性认识。查阅资料、听取汇报、访问座谈是实地考察最常采用的方法，可从看、听、问等多个方面直观了解评价对象，进而获得详细、真实的材料。

(二) 分析与综合法

掌握科学的思维方法是对大学生思想政治教育评价进行科学判断的依据。所谓科学的思维方法，即辩证思维的方法，其中归纳与演绎、分析与综合发挥着重要的作用。归纳这一思维方法是指从个别事物出发而得出一般的结论；演绎这一思维方法是指从一般的原理出发而得出个别的结论。分析和综合在归纳和演绎中起着重要作用。分析是指在事物或现象的整体中分解出事物的基础和本质。综合是指将分解的各个部分、本质等加以综合成一个整体。

由此可知，只有对大学生思想政治教育进行全面的辩证分析，才能得出科学的评价结果。在具体的评价过程中，要将大学生思想政治教育这一整体分为各个部分，既要分析教育目的、动机、实施方法，也要分析教育效果、社会作用、学生的素质水平；既要分析教育所取得的成绩、经验，也要分析教育中存在的问题、教训；既要评价教育的主要方面，也要分析教育的次要方面。在具体分析的基础上，再进行综合分析，从而形成对大学生思想政治教育的效果、社会作用等更高层次的整体性认识。

（三）自我评价与他人评价相结合

大学生思想政治教育评价还可采用自我评价与他人评价相结合的方法。所谓自我评价就是被评价对象对自己的思想政治教育工作（对教育者而言）或接受思想政治教育的过程与效果（对受教育者而言）做出评价。自我评价实际上也是一种自我总结，可以是个人的，也可以是单位的。

他人评价是与自我评价相对的，如上级对下级的检查评价，督导系统的督导评价，专家、同事的评价，同学、家长的评价等都属于他人评价。

在大学生思想政治教育评价中，应将自我评价和他人评价相结合，即将两种评价结果进行整合，也就是将两个不同的评价结果进行对比分析、综合研究，进而得出评价结果。

（四）定性分析法

定性分析，是指要判明大学生思想政治教育主体所确定的目标，通过对教育对象施加影响以后的思想政治观点在性质上、方向上是否同工作者的目标相一致。

定性分析法可以明确大学生思想政治教育性质规定性，具体可通过好与坏、先进与落后等来表述。但这种方法的缺点是缺少数据支持，对大学生思想政治教育评价不够深刻，难以反映大学生思想政治教育评价的质量，因此需要定量分析来进行补充。

（五）定量分析法

根据上述内容，仅评价大学生思想政治教育的好坏与否、有无价值等是远远不够的，还需要了解好的程度、价值的体现程度等，也就是要使大学生思想政治教育评价更加深化和精确化，这就需要进行定量分析。

大学生思想政治教育评价的定量分析，主要是从数字方面对它的作用大小进行评测，这种评测可通过等级的数量概念来说明。例如，可以通过优、良、中、差；负价值、零价值、有价值、很有价值；很落后、落后、先进、很先进；负效果、零效果、有效果、很有效果等反映数量程度的概念来表述。

在实际的大学生思想政治教育评价中，应将定性分析与定量分析结合起来，这样才能使大学生思想政治教育的评价更加客观和科学。

五、大学生思想政治教育评价的具体内容

（一）思政课程教学评价

1. 显性思政课程评价

（1）学科思政课程设计评价

某一门课程或者一类型课程是否具有思政课程的潜在价值，并不仅仅取决于课程所包含的内容是否具有德育的成分，而且表现在其课程教授过程之中，如果在课程内容的教授过程中，教育者仅仅把课程所包含的德育成分，作为一种知识性的教育内容，作为一种"关于思想道德"的知识的传授，尽管课程内容存在着德育的成分，其课程内容所具有的功能至多也只是充当了知识教育或者是智育的效果，而没有达到德育的效果。而只有把这种"关于思想道德"的教育转化为真正对学生思想道德素质形成和发展起积极促进的教育性因素，才能真正使思政课程的潜在价值转变为现实价值。

（2）活动思政课程设计评价

活动思政课程既不同于传统意义上的课外活动，也不同于学科思政课程（学科思政课程往往以一定的课程的形式出现在学校课程计划和课表中），更不同于为了达到某种德育目的或目标而进行的行为训练。它具有主动性、参与性、活动性、自发性和民主性等特点，因此，在活动思政课程评价过程中应坚持这些基本的原则。活动思政课程的评价并不是或者不仅仅是对活动课程的效果的评价过程，而是对学生活动进行系统评价，按照现代活动思政课程标准对学生在校期间的活动进行综合评价，逐渐使学生在日常生活中的自觉或不自觉、有意识或无意识行为和活动，向着具有真正德育价值的活动性课程转化。从这个意义上说，唯其有当代高校思政课程评价这个环节存在，现代活动思政课程才能够成为真正意义上的思政课程。

（3）显性思政课程体系的总体设计评价

在学校学科课程总体中设计什么样的课程体系，学科思政课程以什么样的方式和排列顺序呈现在学生面前，不仅深刻地影响着学生思想道德素质的形成和发展，而且其本身也暗含着一种价值取向，影响着学生对学科思政课程的评价。学生在学校期间接受教育的过程是一个在一定时间范围内以渐进的方式逐渐积累的过程，因此，作为学校教育的总体必须考虑以什么样的程度和进度开设一定的显性课程，这些显性课程以什么样的排列组合方式呈现在受教育者面前。

因此，教育活动中难以避免地存在着一定的价值取向。从思政课程发展历史来看，古

代教育把"德行"作为最高的价值，所有课程设计都为这个目的服务，近代教育把"科学"作为最大的价值，所有的课程都围绕"科学"的价值、"理性的"价值展开，引发了目的性价值与工具性价值之争，现代教育领域关于教育是什么，教育什么，谁来教？怎么教等问题的争论不仅没有平息，而且愈演愈烈。无论是高等教育领域经久不衰的关于"专业教育"和"普通教育"，"职业教育"和"通识教育"的讨论，还是普通教育领域方兴未艾的关于应试教育与素质教育之争，都表明以什么样的显性课程来教育学生的争议未解决。而在学校显性课程总体中设计什么样的课程体系，显性思政课程以什么样的方式和排列顺序呈现在学生面前，不仅深刻地影响着学生思想道德素质的形成和发展，而且其本身也暗含着一种价值取向，影响着学生对显性思政课程的评价。如我国目前高校直接学科思政课程主要在学生低年级开设，并且广泛存在着任意压缩、精简学时的现象，这都给学生一种明确的暗示，这类课程不仅不重要，而且可以任意变更。因此，在整个学校思政课程体系中，其占主导性地位的学科思政课程的地位如何，是衡量学校思政课程的方向性的一个重要价值指标。

总之，对于显性思政课程设计来说，在我国，选择和确定任何一种类型课程都应坚持两个基本标准：一是任何一门具体学科课程都必须建立在马克思主义指导下，建立在辩证唯物主义和历史唯物主义科学的世界观基础上，以传播社会主义先进文化为主要目标。二是作为学校教育的总体必须考虑以什么样的程度和进度开设一定的学科课程，学校学科课程以什么样的排列组合方式呈现在受教育者面前，都要直接反映社会主义的价值要求。

2. 隐性思政课程评价

（1）学校物质环境的评价

学校物质环境在隐性课程构成中是相对稳定和有形的"硬环境"，因而较容易确定其评价标准，而且能够形成相当精确的量化指标。各国的学校环境研究者在长期实验研究的基础上，先后提出了一些物质环境的评价指标，例如学校自然环境的选择，学校建筑物的风格、人均占有的空间标准、运动场地标准，校园绿化标准，教室内照明、采光、通风、温度湿度、色彩等标准，以及相应教育教学条件的配备等，但是，这方面的研究依然十分有限。我们认为，对学校物质环境的评价提供一个量化的指标是必要的，但是，量化指标体系的评价只是为当代高校思政课程物质环境评价提供了一个基础，现代德育的物质环境评价更为重要的是对学校物质环境的德育功能的发现和解释，也就是评价一个学校在物质环境注入的教育因素。

对学校物质环境的评价并不单纯是对学校"硬件"状况的评价，而主要是评价学校物质环境的利用程度，在客观环境中赋予了多少教育的含义。正是在这个意义上，一个物质条件相对比较简陋的学校，可以通过对物质条件的运用，使学校物质环境充满人性化的特点。同样，一个物质环境相当优越的学校，可能因其过分注重物质环境中的"硬件"，忽视其"软件"建设，使整个学校物质环境显得冷淡和充满技术主义倾向，起不到很好的育人效果。因此，对学校物质环境的评价的重点是对物质环境所赋予的教育意义的评价。其评价的过程，实质上是一个学校客观物质环境的重新解释和建构的过程。

（2）学校精神文化环境的评价

同学校物质环境相比，学校精神文化环境的评价机制显得更为复杂。精神文化氛围是一种能够确切感受到，但又十分难以通过量的方式来进行评价的隐性课程形态。对学校精神文化环境的评价一般采取"自然探究评价方法"，即深入到被评价学校环境中，对学校日常生活进行观察、描述，对学校中的具有典型的事件、学校的规章制度、学校组织文化的气氛、人际关系以及学校的群体心态进行主观描述，并在此基础上，对学校精神文化环境进行一种总体的判断和解释，从中寻找出一些具有普遍意义的评价标准。虽然这种评价标准具有一定的主观性和易变性，但经过多次观察和评价，依然可以作为评价学校精神文化环境的重要指标。

当然，对当代高校思政课程设计的评价过程并不是对显性思政课程评价和隐性思政课程评价之和组成，当代高校思政课程由于显性课程和隐性课程的大思政课程观念的提出，已经把学校思政课程联系成为一个整体，当代高校思政课程是作为一个整体对大学生思想道德素质发挥作用，实现着"整体大于部分之和"的潜在德育功能的。对当代高校思政课程进行评价不仅应从当代高校思政课程构成要素来进行评价，而且应从整体上对当代高校思政课程进行价值评价，使当代高校思政课程设计更科学合理，其功能发挥更加完善。

（二）大学生思政教育的实施评价

当代大学生思政教育实施过程是教育者和受教育者通过一定的方式和途径与现代课程发生一定的矛盾运动的过程，在这个过程中是否体现了德育的特点，是否具有一定的德育性，就必须对教育者活动、受教育者活动及其活动的方式进行评价。

1. 教育者及其活动的评价

当代大学生思政教育实施过程中的教育者是整个教育实施过程的发动者、组织者、支配者。早期的教育者评价主要集中在对教育者的水平及个性评价，随着教育评价在欧美的广泛发展，教育者的评价的焦点已转移到对教育者责任的评价上来。当代大学生思政教育实施过程中教育者及其行为的评价虽然离不开对教育者的责任评价，但其主要评价领域侧重于教育者在教育实施过程中的态度和行为，因而，从某种意义来说，教育实施过程中的教育者及其行为的评价主要是一种态度的评价，正是因为教育者在教育实施过程中所持有的特殊态度及其行为表现，使得整个教育实施过程中具有一种道德的、人格的力量，使当代大学生思政教育的潜在价值转化为现实价值。

2. 受教育者及其活动的评价

当代大学生思政教育实施过程是教育者和受教育者与当代大学生思政教育发生双向互动的矛盾运动过程，而要使这种双向互动活动符合当代大学生思政教育要求，受教育者也必须具备一定的标准，才能实现其德育的价值。

（1）主动性

在当代大学生思政教育实施过程中，受教育者在客观上处于一种被领导、受控制和受教育的地位，但是在教育实施过程中，受教育者并不是消极被动的，其在一定条件下也可以转化为思政教育过程中的教育者（如在自我教育阶段）。因此，受教育者的主动性发挥程度如何是评价当代大学生思政教育实施过程中的价值性的一个重要指标。

（2）参与性

受教育者在整个教育实施过程中所接受的教育性经验如何，在某种程度上取决于其对当代大学生思政教育的参与程度。参与程度越高，其接受的德育影响越丰富，而整个思政教育实施过程也越具有德育的价值。

（3）全时性

当代大学生思政教育是一种全天候、全方位的教育，受教育者必须在任何时候都投身于高校构筑的思政教育"德育场"内，接受其影响。

（4）全面性

当代大学生思政教育的实施过程不仅仅是一个认识的提高、思维的发展过程，而且是一种情感的陶冶、意志的培养和行为的磨炼过程，要求受教育者从方方面面提升自己的道德素质。

总之，当代大学生思政教育实施过程中的受教育者在当代大学生思政教育实施过程中并不是一种消极被动的因素，而是一种积极的、活动的主体性因素。在当代大学生思政教育的实施过程中，受教育者不仅接受着现存的德育内容和成分，而且在与教育者和当代大学生思政教育发生相互作用的过程中，产生了新的思政教育因素。

3. 思政教育方式的评价

现代思政教育实施过程中不仅教育者与受教育者活动必须符合当代大学生思政教育基本原则，而且其实施方式也应具有德育性。即在思政教育实施过程中，应采取教育、教学的方式，不能演化为教育学术语的"灌输"。

灌输的特定含义，使之与教育和教学区别开来。教学的目的是在认知，亦即其结果是认知的获得。可是灌输的目的，却往往是想有意甚至恶意的形成一种似是而非的信念，使人盲从或顽强地信仰这些似是而非的假知识。教学的过程是符合认知的，理性的，是一种追根问底的开放性讨论，较重视思想方法的启示，而又不忽视真正的知识材料。但灌输的历程则是不符合认知的，甚至是一种宣传、欺骗或洗脑的历程。为禁锢人心于某一特定的信念，只问目的，不择手段。

因此，一种真正的教学活动，不是一种灌输，它必须满足一些基本条件，即在教学目的上，它是为了促进大学生的思维的发展，是在开启大学生的心智，而不是用某种特定的知识和观念来禁锢大学生的心灵；在教学内容上是能经得起批判、检验和比较评价的，是合理的有根据的；在教学方法和教学过程中是根据大学生身心发展特点和水平的，是与大学生的愿望和发展水平及能力相适应的。因此，从这个意义上说，教育、教学不等于灌输，通过教育、教学的方式来进行思政教育，不会导致道德灌输。

思政教育的实施方式应采取教育、教学的方式，教育学上对"灌输"与教育、教学的区别，为我们提供了进行当代大学生思政教育实施方式的评价标准。

第八章　新媒体时代下高校思想政治教育的实践探索

第一节　新媒体与思想政治教育相结合的实践探索

一、新媒体环境下大学生网络舆情引导的依据和途径

在信息大爆炸、新媒体称雄的信息时代，互联网+新媒体平台日益成为社会舆情的敏感区和发源地，其重要性、影响力和渗透力已经远远超越了传统媒体。网络舆情深刻改变和重塑社会舆论生态，对当代大学生的思想、行为和生活产生直接作用和广泛影响，给青年大学生的健康成长和实现党在新形势下的大学生思想政治教育工作目标造成了不容忽视的冲击。

（一）网络舆情改变和重塑社会舆论生态

1. 网络颠覆了传统的信息传播方式

在信息社会到来和网络时代崛起之前，人们之间的信息传播主要依靠人与人之间的口耳相传、文字交流和纸质媒介等方式，呈现出点对点、单向度、被动性、线性的特征。公众掌握和接收的信息极其有限，个人发表意见、发布信息、传播思想的渠道和平台十分狭窄，也决定了信息传播速度、传播范围和影响力的局限性与效度。社会舆论基本处于官方掌控和主导的范围，对一些不利于社会安定团结和有悖国家治理的信息，政府有关部门可以轻而易举地进行防范、删除、封堵。然而，网络技术以其层级扁平性、多向互动性和交流开放性等特点，使信息传播和交流实现了自由顺畅、高度共享、即时交互的目标。事实上，智能手机的出现，已经将我们带入另一个世界。在这个世界，信息不再是稀缺物，很难再成为垄断资源。网络消除了参与者身份、地位、阶层等个体性的差异，人人都可以自由、简易、快速地在网络上发布信息，也可以根据自己的兴趣、爱好和关注话题发表观点、搜索信息，并与其他用户就共同关心的话题进行广泛讨论、深入交流。这种无障碍的

信息传播模式完全改变了传统信息传播的主客体关系，模糊了信息创造者、发布者、传播者以及接收者之间的界限，传统的"我说你听"传播模式被大家都是"言说者"的传播方式所取代，权力主导的话语权力体系也被解构。网络技术发展和网络工具的普及，改写了信息传播的规则，带来了信息传播方式的彻底变革，颠覆了传统的信息传播模式，解除了政府部门对信息的垄断权和控制权，使得公众信息以由此形成的及社会舆论大面积形成、大范围传播与产生巨大社会影响成为可能。

2. 网络具有很强的舆论放大效益

在网络上，每个人都可以作为信息的制造者、传播者和接收者，并且可以同时兼具三种身份、扮演多种角色。特别是随着自媒体时代的到来，"随手拍"成为常态，"微博直播"日益普及，公民记者大量涌现，标志着整个社会舆论环境已经从"大喇叭"时代转型升级为"麦克风"时代。在"麦克风"时代，无形无色的网络力量无孔不入地渗透到经济社会的各个领域和人们生活的各个方面。在网络上，一则消息、一句评论或一张图片都有可能引爆网络舆情，只言片语、点滴涟漪可以在刹那间波及全球、辐射全世界，引发网络社会甚至是现实社会的轩然大波和广泛反响。正是凭借着便捷性、平民化、普泛化、自主化和快速性等压倒性优势，网络的强大互动功能推动着信息传播朝着社会的广度和深度扩散与渗透。网络舆论以其跨越时空的强大生命力、渗透力演绎了社会舆论世界和现实生活中的"蝴蝶效应"。

3. 网络日益成为社会舆论的"发酵器"和主推手

随着我国网民队伍的日益壮大，网站、网页的成倍增长，互联网已经成为人们生活中不可缺少的重要部分。人们在网上或"指点江山"，或"激扬文字"，或"隔网喊话"……在这样多元而复杂的网络舆论生态下，许多与公众切身利益相关的社会热点难点问题，尤其是社会关注、百姓关切的消息一经"上网"，就会立刻被无所不在、无时不在的网民迅速"围观""转载"和"追踪"。网络上关于某一现象或特定问题所给予的关注、所形成的讨论也随之向现实社会渗透、扩散和影响。很多社会舆论事件往往发端于网络信息，许多现实生活中的集体行动或群体性事件最初都是在网络中酝酿和发酵。可以毫不夸张地说，"自媒体时代，是每一个人只要有简单的条件（有电脑或手机，能上网，会发帖、跟帖，会发微博等）就拥有了个人能够使用和控制的媒体，就可以随意向外界披露信息和发表意见，就相当于手中有了'麦克风'"。而网民中有关较大影响力或极大影响力的意见领袖，甚至掌握关着"核按钮"，产生舆论聚变和裂变，最后酿成舆论海啸。网络对社会公共生活与社会舆论生态的影响随着时间的推移而更加明显、日益深刻。网络不仅完全改变了信息传播的方式和形态，而且彻底颠覆了社会舆论的生成机制和演变格局，一跃成为社会舆论的"发酵器"和推手。

（二）网络舆情的新特点及其对当代青年的影响

由于网络打破信息传播主体的一元化和垄断性地位，网民既不是传统意义上的"受众"，更不是人云亦云、毫无主见的"应声虫"，而是集信息的挖掘者、发送者、接收者、加工者、使用者于一体。每个网民对网络事件的围观、点赞、转载或评论，都有可能直接影响网络舆情的发展方向，甚至是对现实社会的影响。网络舆情表现出与传统社会舆情大相径庭的新特点。

1. 网络舆情内容丰富但复杂化

网络的开放性为求知欲极强的当代青年打开了知识宝库的大门，网络海量的信息和形式多样的服务功能给当代青年带来了极大便利的同时，也面临着许多问题和挑战。一方面，由于网络公共理性发育不足，尚未形成规范有效的网络参与秩序。网民对网络信息的关注往往止于表面，通常按照自己既有的思维去认识、了解，容易忽略甚至不愿相信事件背后的真相；另一方面，当前正处于社会利益结构重大调整的转型时期，各种社会问题层出不穷，各种社会矛盾趋向激化，各种社会情绪此起彼伏。得意者、得益者、得利者可以在网上尽情潇洒，失意者、失败者、失利者也可以在网络上找到属于自己的"领地"。在网络这个对任何人、任何事几乎都可以畅所欲言的缥缈空间里，既有积极健康向上的意见，又有消极偏激虚假的蜚语，既有理性审慎、科学严谨的态度，又有无理取闹、无中生有的"奇葩"，网络虚假信息防不胜防，各种网络闹剧层出不穷，整个网络秩序呈现出无秩序的混沌状态。甚至可以发现，互联网中网络暴力现象大量存在，不少网络舆论质量低下，很难找到理性探讨的网络空间。由于大多数青年尚处于世界观、人生观、价值观从幼稚到成熟转型的关键阶段，极易受到外界思想观念的影响。良莠不齐、鱼龙混杂的网络信息，在使网络舆情趋于复杂化的同时，也深刻影响着青年的价值判断和价值选择。

2. 网络舆情传播迅速但不可控性强

当碰到新奇的情况或一个热点事件发生时，网民可以在第一时间于微信"好友圈"、微博、QQ群、社交网站等网络平台发表看法、高谈阔论，尽情享受、挥霍网络赐予的言论自由，使其形成网民关注的焦点，使得个体零散的意见快速聚合，不同见解的舆论剑拔弩张，就在这种汹涌澎湃的舆论"拉锯"中，迅速形成初具规模的舆情声势。在网络知名人物、"意见领袖"和主流媒体等介入后，网络舆情对事件的影响力度将以指数级倍增，影响范围将呈波浪状向外扩散、放大，很快就形成了"滚雪球式"的传播效果。缺乏理性和价值观的引导，个别的、局部的甚至是不真实的问题，经由网络传播，可以轻而易举地演变为全局性、社会性的问题。但问题并未仅限于此，网络舆情形成后，与现实社会中的舆情交替传播，相互影响，对社会生活中的各个方面产生深远影响。特别是对公共决策、民主政治、社会伦理道德和文化安全等方面产生正面或负面影响。与其他舆情形态相比，网络舆情具有突发性、多元性、交互性、扩散性和偏差性等特点，个人主观判断、情感直觉和情绪化意味浓厚，因此极为容易出现非理性和群体极化的倾向。这对网络舆情的可控性提出了挑战，也使青年网络舆情引导增长了难度。

（三）大学生网络舆情引导的基本策略和实现途径

以"00后"为主体的大学生群体处在一个世界观、人生观、价值观趋于成熟的关键阶段，但尚未最终定型，极其容易受外界因素的影响和形塑，波动性极大。思想文化对大学生思想观念、理想信念和价值取向的影响不可小觑。要实现"两个一百年"奋斗目标和中华民族伟大复兴中国梦，保证中国特色社会主义现代化建设事业后继有人，就要准确把握社会信息化、网络生活化对青年思想和行为的深刻影响，扎实有效做好大学生网络舆情引导工作，使网络舆情引导成为当代大学生成长、成才、成功的重要武器。

1. 抢占网络舆论阵地，牢牢把握网络舆情引导权

当前，社会意识领域的竞争、斗争和博弈日趋复杂，各种思想文化交流交融交锋此起彼伏。网络作为各种社会思潮宣扬和兜售其"价值秘方"的重要市场，是各方势力竞相争夺的敏感地带。在网络社会，一些热点话题和敏感问题极易被居心叵测的人利用，通过歪曲事实、挑拨离间、添油加醋等手段，造成"波涛汹涌"的网络舆情。网络舆情对青年大学生的思想、思维、性格、道德和日常行为的影响与日俱增。从这个意义上讲，互联网已然成了宣传思想战线和意识领域争夺人心、争夺大学生的主战场。要赢得未来，必须赢得大学生，而只有贴近网络，方可赢得大学生。对此，高校各级党委、各个部门和思想政治教育工作者必须牢固树立阵地意识，及时跟上互联网发展的步伐，做好官方网站、官方微博的建设和应用，积极促进传统媒体和新兴媒体融合发展，通过创建校务微信、思政专家微博、公众微信平台等方式，全面进军新媒体舆论场，主动抢占网络舆论阵地、网络舆论空间，做到平时"润物细无声"，重大问题不缺位，焦点问题不迟钝，关键时刻不失语，牢牢把握网络舆情引导权、主动权。

2. 加强预警机制建设，正确引导网络舆情走向

由于网络信息鱼龙混杂、良莠不齐，因而在网络世界里，既能"乱花渐欲迷人眼"，又如"黑马激起万里尘"。网络在给人们带来便利的同时，也对网络谣言、网络暴力的产生蔓延起到推波助澜的作用。网络谣言扭曲事实真相、颠倒是非黑白、混淆舆论视听，而

网络暴力则会破坏社会正常秩序、颠倒社会主流价值。由于"00后"大学生网民年龄偏小、认知受限、经验不足，缺乏鉴别网络谣言、抵制网络暴力的定力，极其容易被网络谣言所误导、被网络暴力所俘获。这些"网络病毒"毒性极强、危害极大，并且具有隐蔽性和传染性，一旦"中毒"即被毒害思想、侵蚀灵魂、腐蚀情操，导致大学生道德崩溃、精神颓废、信仰缺失、心灵物化、物欲横行，进而侵蚀社会的主流价值观和道德观，最终掏空国家和民族长远发展的精神根基。因此，做好大学生网络舆情引导工作意义非凡，关键是要建立一套反应灵敏、响应快速、运转顺畅、应对有力的网络舆情预警机制，建设完善网络舆情收集、分析、研判、应对工作机制。通过经常性、不间断获取网络舆情信息，全面分析、科学甄别，合理研判网络舆情中苗头性、倾向性问题。宣传思想战线和青年工作者要增强政治鉴别力、政治敏锐度，对涉及政治立场、社会思潮、重大问题等网络舆情，要及时迅速捕捉热点焦点，掌握全面、准确、详细的信息，做到率先发声、权威发声、引导发声，努力抢占舆论先机、舆情制高点，通过主动回应社会关切、满足大学生网民关注心理，引导网民在互动参与、真诚对话和理性讨论中发现事实真相、辨明是非曲直，消除公众的疑虑和不安，稳定和安抚网民情绪，杜绝网络谣言的产生和扩散，引导网络舆情从无序、混沌的状态朝着正常、有序、可控和建设性的方向发展。

3. 掌握基本规律和方法艺术，提升对大学生网民的网络舆情引导力

在复杂多变的网络舆论生态中，舆论导向正确的刚性要求，与讲求良好的传播效果和引导效果的柔性做法，力求实现和谐统一。而要达成这种统一，必须要以熟悉网络舆情形成特点、传播规律和掌握驾驭网络舆论的艺术，提高防范和化解网络舆情危机的能力与水平。一是要深入研究大学生网民的网络心理、行为习惯、网络偏好以及大学生网络沟通、联络、交流和聚集方式，通过主动设置议题、利用舆论领袖、增强人性化关怀等手段巧妙、灵活地引导网络舆情，做到网络舆情引导有方、有术、有力、有效。二是要贯彻尊重包容、平等互动的原则。广大思想政治教育工作者与大学生网民进行对话、交流，要坚持理性的精神和谦卑的态度，抛弃高高在上、盛气凌人的姿势，用真诚、坦诚、热诚赢得大学生网民的认可、信任和支持，建立起与大学生网民有效沟通和良性互动的长效机制，努力实现对大学生的引导、吸引和凝聚。三是要善于用大学生的语言、大学生的思维、大学生的逻辑以及大学生乐于接受的方式与大学生网民进行交流，准确掌握大学生普遍关心、高度关注的现实问题，对接大学生网民多样性、多元化的网络需求、心理问题、思想困惑，广泛运用微博、微信、手机媒体等新媒体工具，认真做好解释说明、分析论证和网络舆情引导工作，引导广大学生树立网络文明意识，帮助大学生培育积极向上的价值观。

4. 激发网络正能量，进一步强化社会主义核心价值观对网络舆情的引导功能

做好大学生网络舆情引导工作，必须要高扬社会主义核心价值观的旗帜，传播"好声

音"，激发正能量。一方面，要依托网络技术和网络平台，在网络上设论坛、定主题、立专栏，讴歌真、善、美，鞭挞假、恶、丑，传递真、善、美，传递向上、向善的价值观，引导大学生树立和实践正确的利益观、权利观、道德观，自觉抵制庸俗、低俗、媚俗之风，增强道德判断力和道德荣誉感，向往和追求讲诚信、尊道德、守戒律的生活；另一方面，要根据当代大学生的特点、兴趣和爱好等，把文学、影视、音乐、艺术乃至生活，赋予网络的表达形式和展现途径，把社会主义核心价值观的内涵和要求活灵活现、淋漓尽致地充分镌刻在网络作品之中，做到春风化雨、润物无声，最大限度地增强广大青年对社会主义核心价值观的价值认同、情感认同和理论认同度，不断提升社会主义核心价值观在网络舆情中的影响力、渗透力和主导力。

二、新媒体环境下创新高校校园文化建设的原则与对策

高校校园文化是高校在长期的办学实践和发展过程中逐步创造、不断积淀而形成的具有自身特色的一种特殊类型的社会文化形态，它是高校办学思想、育人理念、理想追求、教学实践、管理机制、行为规范的总和，是高校发展进步的精神基石、动力源泉和核心竞争力。新媒体的广泛应用和日益普及对高校校园文化建设产生新的影响，赋予了高校校园文化新的内涵、特征和发展趋势，通过新媒体传播大量互联网信息等正在逐渐影响着师生们的学习和生活，对高校校园文化的建设既带来了新的机遇也迎来了新的挑战，研究和加强新媒体视域下高校校园文化建设意义深远、势在必行。

（一）新媒体对高校校园文化的影响

1. 新媒体对高校校园精神文化的影响

新媒体具有音乐、收音、录音、照相、摄像、上网浏览和信息交流等众多功能，随着移动互联网时代的到来，新媒体环境下的高校校园生活更容易在网络的海量信息中搜索到自己需要的学习资料和生活信息，真正做到了"足不出户，尽知天下事"，极大地方便了师生的学习生活，大大拓展了他们的视野。在当前中国特色社会主义事业蓬勃发展的新时期，新媒体的广泛发展有利于社会主义主流思想的传播和正能量的传递，能很好地帮助学校开展德育教育，帮助学生树立正确的世界观、人生观和价值观，直接或间接地促进中华民族伟大复兴的中国梦的实现。但是，由于整个世界意识及思想环境的多样化和复杂化，使人们对个人利益的要求成了社会生活的基本动力，久而久之便大大地削弱了社会主义核心价值观的主导地位，导致了部分老师和学生缺乏爱国主义、集体主义、责任心、奉献精神等；另一方面，由于大多数的学生都处于一个思想尚未成熟的阶段，认知体系比较片

面，没能拥有一个辩证全面看待问题的态度，导致负面的思想弥漫了整个大学校园，影响了整个校园主流文化发展。

2. 新媒体对高校校园行为文化的影响

大学作为人们心中的"象牙塔"，是培养高层次人才的摇篮，学习是大学生的第一要务，课堂是老师传递知识的主阵地。以往师生的课堂都只局限在三尺讲台上的黑板和粉笔，但随着新媒体应用日益普遍，促使高校的教学方式和学习方式等多种校园行为文化发生了深刻地变化。多媒体、视频、图片等技术在课堂上得到广泛应用，课余时间同学们也可以在网络上查阅下载学习资料，甚至通过网上寻找答案排疑解难，极大地方便了师生的学习和生活，大大提高了学习的效率，彻底改变了传统单一枯燥的学习方式。此外，新媒体环境下校园网络的日益发展和新媒体技术的迅速普及，突破了不同国家、地域、民族之间的制度、观念、语言和风俗等传统束缚，把整个世界连成一个小小的"地球村"，世界的时空界限变得日益模糊，几乎消除了社会交往的"社会藩篱"。在大学校园，人与人之间的交往非常频繁，各种活动的组织、恋爱的发展和交际的拓宽都离不开新媒体技术传播，以往人与人之间单纯的书信和面谈已经不能满足现代人交流的需要，特别是随着智能手机的出现和普及，还有 QQ 和微信的出现，使人与人之间的交往打破了时空的限制，提高了沟通的效率，降低了沟通的成本。但同时也让人与人之间的交往增添了许多的陌生，交往中缺乏了真感情的流露，变得敷衍甚至虚伪。

3. 新媒体对高校校园制度文化的影响

新媒体在校园新闻中的广泛应用和迅速发展，使在传统媒体意义上建立的校报、广播站等逐渐退出了校园文化的中心地位，取而代之的是跟新媒体技术息息相关的一些新兴机构，如校园网、官方微信、官方微博、网络电视台等，这些管理机构正在出现并发展壮大，已经成为校园生活及新闻宣传不可或缺的文化重要平台。这些平台的产生一方面是为了更好地服务学校的教学工作，打破传统的教学模式，丰富教学手段和形式，拓展教育渠道和途径；另一方面是为了保证社会主义核心价值体系得到正确的传播，加强正能量的输送，更好地帮助师生树立正确的"三观"。在这些平台产生的同时，相应的管理制度也要应运而生，逐步形成和丰富适应新媒体环境的制度文化。加强对这些平台的监督和引导以及对新媒体制度文化的建设，才能保证校园文化的主流思想得到发展，保证学校成为社会主义人才培养的基地。

（二）新媒体环境下创新高校校园文化建设的原则

随着新媒体发展步伐的不断加快，加强对新媒体环境下高校校园文化建设是不容忽视的重大问题。新媒体确实给师生们带来了很多的方便，改变了传统的教学模式，提高了学习和交往的效率，但是也带来了很多负面的影响，如果我们不能很好地引导和规范新媒体技术的应用，不仅影响青年大学生的健康成长，而且还关系到我国高等教育事业的科学发展。移动互联网和媒介融合时代，繁荣发展高校校园文化需要牢牢把握以下几项原则。

1. 坚持传承和发展相统一

高校校园文化是高校在长期办学实践的过程中，经过历史积淀而逐步形成的一种特殊的社会文化形态，这种积淀的过程既是传承的过程，也是发展的过程。新媒体的快速发展和普及应用，开辟了高校校园文化建设的新领域：一方面，高校作为创造知识、培育人才的重要摇篮，是传承优秀传统文化的重要平台。高校校园主体可以结合各自学科的不同理念、专业特点、办学特色和历史传统等，运用新媒体手段积极传播中华文化的历史价值、优良传统和知识体系，充分展现高校校园文化的独特魅力和发挥其引领社会风尚的功能；另一方面，新媒体的出现使得发展高校校园文化比任何时候都显得更为重要和迫切。高校应按照高校校园文化的独特价值和发展规律，充分发挥高校师生的思想文化创造活力，广泛运用新媒体打造更多的校园文化精品，推动高校校园文化在传承中创新、在创新中发展，使高校校园文化成为我国社会主义文化"百花园"中的一朵艳丽奇葩。

2. 坚持开放与融合相统一

高校校园文化是一种依托于社会文化又区别于社会文化和其他亚文化的相对独立的文化体系，它随着社会文化的发展而变化。媒介融合的加速，新媒体的应用普及，促使高校对外联系互动的渠道、方式和形式变得日渐丰富且推陈出新，对外开放的广度越广、深度越深，变得越来越便捷、快速而富有效率，构筑出一种全新的文化交流和传播方式，赋予了高校校园文化建设新的内涵和发展方向。高校校园文化与社会文化之间的融合程度、趋同性、互动性日益明显。例如，高校学者在其微博上发布其对某个社会问题或事件的看法和意见，可以在瞬间把信息传达到其"粉丝"和其他用户手中，广播、电视、报纸等传统媒体纷纷跟进，就会在现实生活和网络社会之间掀起对这一问题或事件的轩然大波，进而影响社会管理和政府决策。因此，在移动互联网和媒介融合的时代，高校校园文化建设应该坚持开放性和融合性相统一，努力借助新媒体的强大力量，积极汲取和借鉴一切社会优秀文明成果，古为今用、洋为中用，让高校校园文化绽放绚丽光彩。此外，新媒体对经济社会发展和人们生产生活的影响已经远远超越了纯技术或某一学科的研究范式，必然要求对人才培养和科学研究的理念与模式进行调整，这是社会生活网络化、信息化在高等教育领域中的新确证和新影响。高校应适时调整学科设置和专业结构，敢于打破学科间的壁垒，更加注重不同学科之间的融合与渗透，增设新媒体应用、管理和对经济社会发展影响方面的课程，积极搭建产学研一体化、跨学科融合研究等各类平台。

3. 坚持多元化与主导性相统一

高校校园文化对青年大学生的成长成才具有潜移默化的熏陶作用，对社会主义文化发展进步及社会风尚具有明显的导向和引领作用。在移动互联网和媒介融合的时代，高校师生不仅可以随时随地利用各种终端在网络上发微博、玩微信、聊QQ，参与各种讨论，进行信息交流，还可以在网络上开展各种商业活动，铸就了一种全新网络社会文化。这种文化作为高校校园文化的重要组成部分，致使高校校园文化更加多元化：一方面来自于高校不同学科、专业和办学理念的差异和历史传统的不同，形成形态各异、种类万千的文化风格和品位；另一方面也来源于媒介融合造就网络文化的多样性。尽管高校校园文化具有多元化的特征，但是，我国高等教育的性质、根本任务和社会主义办学方向，决定了高校园文化建设必须坚持主导性，即必须坚持马克思主义指导思想在高校校园文化建设中的主导地位，用社会主义核心价值体系引领高校校园文化繁荣发展，善于占领网络信息传播和网络舆论的制高点，毫不动摇地坚持用社会主义荣辱观引领网络舆情，引导青年大学生知荣耻、明是非、识美丑、辨善恶，坚决抵制庸俗、低俗、媚俗之风，积极营造文明和谐、健康向上的高校校园文化环境，使网络成为宣传党的主张、弘扬社会正气、创造先进文化的重阵地。因此，坚持多元化与主导性相统一，是新媒体视域下高校校园文化建设必不可少的一个重要原则。

（三）新媒体环境下创新高校校园文化建设的对策

今天，我们正处于移动互联网和媒介融合时代，媒介融合是以计算机技术、移动通信技术和互联网技术等多种技术相融合为基础，众多传播媒介汇集一体发挥多种功能的媒介传播形态。随着媒介技术、媒介业务的融合程度不断加深，新媒体获得迅猛发展，这对校园文化产生巨大的影响。为了更好地营造积极向上的校园文化氛围，在坚持"三统一"的原则上打破传统思维，根据新媒体发展的规律和校园文化建设的特点寻找新的对策。

1. 完善新媒体应用管理制度，营造积极向上校园文化环境

首新媒体在大学校园的广泛应用是社会进步的体现，是高等学校发展的需要，但是新媒体带来的各种思想广泛传播对健康校园文化的塑造带来了很大的冲击，这需要我们在思想上重视新媒体这把"双刃剑"，使之在校园中更好地服务我们的学习和生活。此外，需要我们警惕新媒体带来的负面思想冲击校园健康生活，加强对新媒体应用管理制度的完善，使风险得到有效管控，积极营造高雅和谐的校园文化。建立师生互动的公共平台，并且做到身份公开、信息交流真实，及时发现和过滤各种庸俗和低级的信息，建立起校园网

络文化的安全"防火墙"，必要时候运用技术、行政和法律手段及时制止。最后，在学校层面要加强对新媒体管理人员进行教育培养，完善新媒体管理人员的选拔、管理和考核制度，使之成为一名校园文化主流思想的传播者，同时相应新媒体平台例如校园新闻网站、官方微博、官方微信等需要在相关老师指导下开展工作，规范他们的日常管理制度，把好新闻报道的出口关，提高他们对事情的认知能力，减少负面思想的传播，保证整个校园文化积极向上。

2. 加强媒介素养教育，增强文化自信

媒介素养教育就是指导公众正确理解、建设性地享用大众传媒资源的教育。为了更好地运用新媒体技术，使之成为我们学习和生活的好帮手，必须要加强师生的媒介素养教育，也就是增强师生对网络媒介的认知能力、对网络信息的解读和评估能力、创造和传播能力、利用网络媒介信息发展和完善自我的能力。只有增强了媒介素养教育，才能保证校园主流文化得到发展，保证青少年学生的身心不受腐朽思想的影响，保证学校的各项教学工作沿着社会主义方向进行。在提高师生的媒介素养教育中必须坚持"引进来"和"走出去"相结合战略。"引进来"即引进一些新媒体教育的专家和学者通过学术论坛、交流会、报告会等各种形式教会学生如何提高自己对信息的辨别能力，如何抵制腐朽思想的影响，做到更好地运用新媒体技术服务我们的生活和学习；"走出去"即通过引导学生走出校园，走入社会，用心去了解新媒体技术的发展对社会带来的利弊，认真去揭露腐朽思想通过新媒体技术毒害人们心灵的真面目。只有坚持"引进来"和"走出去"战略，才能真正提高师生的媒介素养能力，才能帮助学生树立正确的"三观"，才能真正了解中华民族五千年的灿烂文化，从而增强了对社会主义文化建设的自信心。

3. 传播社会主义核心价值观，维护社会的正能量

网络具有开放性、自由性和无边界性的特点，在给人们带来方便和快乐的同时，也为各种谣言和错误思潮的传播"插上了翅膀"，是一把锐利无比的双刃剑。面对世界范围思想文化交流交融交锋形势下价值观较量的新态势，面对改革开放和发展社会主义市场经济条件下思想意识多元、多样、多变的新特点，积极培育和践行社会主义核心价值观，对巩固马克思主义在意识领域的指导地位、巩固全党全国人民团结奋斗的共同思想基础，对促进人的全面发展、引领社会全面进步，对集聚全面建成小康社会、实现中华民族伟大复兴中国梦的强大正能量具有重要现实意义和深远历史意义。由于现在的青年学生处于一个思想尚未成熟的阶段，再加上对网络媒介的认知能力、对网络信息的解读和评估能力、创造和传播能力、利用网络媒介信息发展和完善自我的能力都较为薄弱，往往容易被社会上一些负能量思想的侵蚀，对问题的了解停留在表面，缺乏对新媒体商业属性和政治属性的分

析，进而导致主流思想传播受到阻碍，负能量在校园粉墨登场。

在新媒体环境下，各种网络信息充斥整个校园文化，影响社会主义建设者和接班人的教育，这不仅迫切需要高校尽快打造一支具有良好媒介素养和新媒体技能的校园文化建设者队伍，更需要校园文化建设者们能够进一步统一思想、形成合力，坚持"三统一"原则，完善校园文化管理制度，加强媒介素养教育，保证社会主义核心价值观成为高校文化建设的主流思想，只有这样，大学校园文化才会更好地迎合移动互联网和媒介融合时代，并呈现出勃勃生机，社会主义现代化的建设才能拥有可靠的保证。

第二节　新媒体时代下高校思想政治理论课教学探索

新媒体时代的到来对青年学生而言开阔了视野，拓展了知识面，丰富了交流方式，增强了自主性，但同时也对传统思想政治教育造成了一定的冲击，对思想政治理论课教学提出了新要求。所以，加强新媒体环境下的思想政治教学的研究并进行创新显得尤为重要。

一、新媒体时代加强思想政治理论课教学的重要意义

在我国高校普遍开设思想政治理论课，这是由我国社会主义制度的性质所决定的，是执政党的指导思想和执政理念在高校的传播和贯彻，是培养大学生树立科学的世界观、人生观和价值观的主渠道。因此，正确认识高校思想政治理论课的作用及意义十分重要。

（一）大学思想政治课的定位

这门课的性质是什么？或者说，这门课应归于哪一类课程？该如何定位？比如，从事这门课程教学的老师，当他走上讲台时，可能会认为这是政治课；而下面听课的学生可能会认为这是政治宣传课、政治说教课、政治灌输课；一些校级领导会认为这是上级部门布置下来的硬课程，动摇不得；其他专业课的老师会认为，这种课我也会上，没必要占用这么多课时，还不如让出一些课时给我的专业课；家长会认为这种课应该为那些思想品德不好的学生开设，自己的孩子思想品德没问题，这类课应该免修，甚至学费也应当少缴……

对这些模糊思想的产生作具体分析：高校思想政治理论课是执政党执政理念的主旋律，涉及上层建筑的意识领域，属于政治课，这是毋庸置疑的。但是高校政治理论课的教师不是承担一般的传道、解惑和授业职责，他传播的是执政党的指导思想，高扬的是马克思主义的伟大旗帜。在这旗帜下，每个人都是平等的。教师丝毫不具有天生的马克思主义面孔，或者是一副绝对真理在握的样子。师生之间应当进行平等的对话，教师不仅要做到

以理服人、以情感人，还要以自身丰富的知识和社会阅历、以扎实的理论功底和理性的思辨能力去获得学生的共同语言。

（二）大学思想政治课的作用

思想政治理论课究竟起到怎样的作用？作用有多大？习近平总书记在学校思想政治理论课教师座谈会上发表的重要讲话，从党和国家事业发展的全局出发，深刻阐述了办好思政课的重要意义，深入分析了教师的关键作用等，为推动思政课建设提供了根本遵循。党的二十大报告指出，"用社会主义核心价值观铸魂育人，完善思想政治工作体系，推进大中小学思想政治教育一体化建设。"新时代新征程上，我们要全面贯彻落实党的二十大精神和习近平总书记关于思政课建设的一系列重要论述，努力培养德智体美劳全面发展的社会主义建设者和接班人。那么思想政治理论课起到什么作用呢？包括以下四个方面。

1. 感悟的启迪

"三字经"的首句是："人之初，性本善。"鲁迅说，即使是一个天才，他的第一声啼哭也不会是一首好诗。一个人的成长过程，也是不断感悟的启迪过程。这里的家长、各级学校、社会条件，甚至一段生活阅历都会起到积极作用。大学生时代是即将走上社会的最后学习时期，但给予积极的感悟并没有结束。思想政治理论课教师应该以自己的人格魅力、品德修养、社会阅历去启迪人生。

2. 知识的传授

感悟毕竟是经验的，经验必须要有理论作为支撑。目前的大学生所学的四门必修课，各自有自身的理论特点，尤其是"原理"课，是从整体上概括了马克思主义的基本原理，是科学的世界观和方法论。原理本身虽然比较抽象，但它由一系列的知识点、概念和范畴组成，具有内在的、严密的逻辑性，认真教授这方面的知识是十分重要的。这就要求教师具有深厚的理论根基、较强的科研能力，还要有高超的授课艺术，这三者是统一的。

3. 信念的确立

大学生是具有激情、富有理想、朝气蓬勃的群体。但他们没有走入社会，人生经历不丰富，一方面对有些事情容易陷入理想化；另一方面又会感到不理解和困惑。尤其是当今社会上一些负面的价值观念和理想判断，经常影响学生们的日常学习和生活，大学校园早已不是一块纯净的世外桃源。信念的确立有助于大学生毕业后走上工作岗位时，能够积极面临各方面的挑战。但在大学时代，通过教师的一系列教学活动，让学生们在比较中选择，在困惑中认清，逐步确立各自的理想信念很重要。我们不可能期望大学生都具有整齐划一的信念，但我们可以积极引导大学生们确立不同层次的理想信念。

4. 行动的引导

无论是怎样层次的理想信念，最终都可以落实在行动中得到体现，大学生的日常行为也反映了其整体的思想素质。例如校园社团活动，既有高层次的专家讲座，也有陶冶艺术情操的各类文化活动，更有社会流行的大众娱乐文化，如那些影视明星、歌星的粉丝，在大学生的群体中也大量存在。作为思想政治理论课的教师，有责任引导大学生积极参与高层次的校园文化活动，这对提高大学生身心健康是十分重要的。

总之，大学生是国家宝贵的人才资源，是民族的希望、祖国的未来。要使大学生成长为中国特色社会主义事业的合格建设者和可靠接班人，不仅要大力提高他们的科学文化素质，更要大力提高他们的思想政治素质，形成健全人格。只有真正把这项工作做好了，才能确保党和人民的事业代代相传、长治久安；加强和改进大学生思想政治教育，是当前全社会共同关注的一个时代课题。党和国家领导人高度重视高校学生思想教育工作，因此，中共中央、国务院《关于进一步加强和改进大学生思想政治教育的意见》指出，"高等学校思想政治理论课是大学生思想政治教育的主渠道"，应"大力推进多媒体和网络技术的广泛应用，实现教学手段现代化"。

二、新媒体环境下思想政治理论课教学方法的运用和创新

在新媒体环境下，信息传播自由、获取快捷、内容不可控等特性不仅给人们获取信息带来便捷，而且作为一种有效的潜移默化的思想政治教育形式，对大学生思想政治意识、价值尺度、道德观念的形成有着重要的影响。思想政治理论课作为大学生思想政治教育工作的主要渠道，必须主动适应新媒体环境下的新要求，采取新对策，唯有如此，才能增强大学生思想政治教育的实效性。

（一）与时俱进革新理念

新媒体环境对高校思想政治理论课教学理念的影响主要体现在两个方面：第一，现代技术本身的特点对教学理念的影响。以互联网为例，互联网自诞生之日起，就以其时间的无限性与空间的延伸性彰显一种开放、自由以及平等的创新精神和技术理念，这种理念必然延伸到高校思想政治理论课的教学之中。第二，新媒体的广泛使用对大学生思维特点、价值观念以及行为方式产生巨大影响，这种影响进一步对高校思想政治理论课教学理念的创新发挥巨大作用。因此，大学生思想政治理论课理念创新应体现在以下几个方面。

1. 虚实互补理念

虚拟社会的形成与发展不断丰富人类自身的发展内涵，使人类虚拟发展成为人类本质的必然组成部分。因此，正确处理好虚拟社会与现实社会的关系成为重大的理论课题。虚拟社会与现实社会是人类生存与发展的必然组成部分，这两大社会的和谐发展促进人类本质的实现。我们不能因为人的基本生存和需要离不开现实社会，就以现实社会取代和压制，甚至决绝虚拟社会，因为虚拟社会已经不可置疑地成为一个客观存在的社会场域。同时，我们也不能以虚拟社会取代和消解现实社会，更不能远离现实社会，因为人的物质需要、情感、亲情等需要在现实社会中完成，再加上虚拟社会只有在现实社会基础上才能健康有序地发展，那种离开现实社会追求在虚拟社会生活的人，不仅不能发展自己，反而限制自己的发展，导致自己畸形地发展。高校思想政治理论课教师在利用新媒体技术与手段时必须正确把握虚拟与现实的关系，将虚拟与现实的和谐互补作为高校思想政治理论课教学的首要理念贯穿高校思想政治理论课教学的各环节。

2. 平等交互理念

新媒体使教师的权威地位开始动摇，传统教学中教师与学生的不平等地位以及单向灌输式教学理念受到极大挑战。这种挑战主要基于两方面依据：第一，现代信息技术的发展突破时间与空间的限制，使大学生的思维能力、创新能力得以提升。大学生通过网络等载体可以自由获取大量科学文化知识以及其他各种信息，这导致在某些情况下教师与学生观念的冲突甚至教师的信息量不及学生。第二，新媒体上的资源作为一种公共资源具有共享性，任何人都有在新媒体平台上进行构建和创新的机会。面对这一挑战，高校思想政治理论课教学工作者必须与时俱进，树立平等交互理念。

3. 双主体理念

双主体理念是在现代建构主义教学观与现代信息技术相结合的基础上提出的一种高校思想政治理论课教学理念。现代建构主义强调学习的主动性、社会性和情境性。现代建构主义教学观强调，教师不单是知识传授的载体，不是知识权威的象征；教师应该以学生学习为中心，重视学生对各种现象的不同理解和看法，并以此为依据对学生的看法进行调整，这时教师便由知识灌输者变为学生学习的组织者与指导者。这种建构主义教学使学生的主动性、积极性和创造性得以充分发挥。新媒体技术为现代建构主义教学理论的落实搭建了良好平台，其中最典型的就是网络教学。它游离于传统教学的物质空间之外，减少了传统教学对学生的肉体与精神的束缚，增加了更多的虚拟因素。它强调以学生为主体，通过多样丰富的媒体呈现真实的环境创设、不受时空限制的沟通交流，正在改变着传统教学中教师和学生之间的关系，使学生能够真正成为知识信息的主动建构者，从而呈现出常规教学所没有的优势。教师在现代建构主义的指导下，利用现代信息技术的巨大优势，可以科学合理地进行课堂教学内容、方式的创设与选择，从而有利于学生的自我学习。

4. 个性创新理念

高校思想政治理论课教学个性创新理念的提出是基于新媒体技术对大学生产生的影响的积极回应。现代信息技术为大学生创新意识的激发和培养提供了肥沃的土壤。"有时仅仅是一个想法，或仅仅是两种或几种新媒体因素的创意组合，便能掀起一股新的应用潮流，甚至获得风险投资者的垂青。"高校思想政治理论课教师要积极响应这一趋势，树立个性创新的理念：第一，高校思想政治理论课教师必须尊重大学生的个性意识与创新精神，努力激发他们内心深处的思想火花。第二，高校思想政治理论课教师须对大学生的个性意识与创新精神进行积极正面的引导。第三，高校思想政治理论课教师必须积极探索适应新时期大学生个性特点的教学内容和教学方法，使教学内容具有选择化，学习方式具有多样化以及学习形态具有多维化。

（二）巧思妙想制订方案

1. 方案制定过程更趋便捷化

高校思想政治理论课方案的制订过程是资料的获取、选择和重组的过程；是高校思想政治理论课教师把握学生思想动态和思想疑惑的过程；是教师根据所占有的资料和学生的思想问题进行目标确定和方法选择的过程。新媒体技术的应用在很大程度上克服了传统的教学方案制定过程中的时空限制、经费不足、图书资料有限以及资料陈旧等问题。教师可以利用电脑的易操作性去实行网上备课，可以利用网络信息资源以及网络图书馆，以花较少时间和精力去获取最新信息，还可以通过手机、QQ、微信、微博等新型交流工具及时了解学生思想动态，从而大大提高了教学方案制定的效率，使教学方案制定更趋便捷。

2. 方案涵盖内容更趋合理化

高校思想政治理论课教师在选择方案的内容时应该要更加的合理化。要想合理化，就必须达到以下要求：第一"全"，即教师所选取的内容不能零散、残缺不全，而应该是围绕既定目标形成体系。第二"准"，即方案的内容必须具备客观性，既符合高校思想政治理论课教学的规律和特点，又符合社会和大学生发展的客观需要。第三"精"，即方案所涉及的内容抓住主要矛盾，突出重点，具有针对性。第四，"快"，即所选内容必须及时有效。现代信息技术的应用，为高校教师达到以上要求提供了前所未有的机会。教师可以利用网络搜索相关的网络书籍和资料，尤其是前沿性的知识；可以获取社会热点问题以及学生所关心的诸多焦点问题；可以及时了解学生的认知结构与认知需求，从而使自己的教学更具突出性；现代信息技术的反馈功能也使教师及时根据反馈信息去调整、丰富自己的教学内容。

（三）灵活运用实施模式

将现代信息技术的交互性、灵活性、开放性、共享性以及协作性与高校思想政治理论课方案实施相结合，从而可以产生更具时效性的方案实施模式，主要有以下几种。

1. 基于多媒体教室的课件型教学实施模式

这种教学实施模式是以教师为主导、以课件为前提的演示型教学实施模式，也是当前被教师普遍采用的一种教学实施模式。教师在教学之前利用丰富便捷的网络技术，通过 Flash、PowerPoint 等多种网络软件把思想政治理论课的教材内容制作成教学课件。课件的内容与传统的备课一样必须包括教学目标、教学内容、教学难点和重点、教学案例分析、教学阅读书目以及教学课后思考题等。同时，这种课件要求集图、文、声、影于一体。在具体的课堂教学中，教师利用计算机和学生进行交互，多媒体与教学内容的结合给学生呈现出一幅生动活泼的画面，有利于激发学生的参与意识和学习意识。

2. 基于传统媒介与现代媒介有机结合的混合型教学实施模式

在传统的思想政治理论课教学中，教师利用板书向学生传递教育信息。为达到较好的教学效果，教师必须具有真实的情感投入，必须通过板书、仪表、手势、语言、声音等艺术去活跃和丰富课堂教学。但是在传统教学中信息传递量小，而且教师也不可能时刻想出新花样去吸引学生的眼球。新媒体的应用，可以在很大程度上克服这一弊端。现代媒体通过图、文、声、影的合理配合，不仅为学生创设了一个图文并茂、声像并举、能动会变、形象直观的教学情境，而且可以根据学生的喜好和课堂教学的需要及时调整多媒体的呈现方式，把学生的积极性和主动性充分地调动起来。网络教学并不是没有弊端，网络教学使学生和教师、学生和学生之间的隔离成为可能，这样就缺少了人与人之间的情感投入、情感互动以及情感交流。因此，传统媒体教学和网络媒体教学是非替代性的关系，必须使两种教学密切结合，有效整合传统教学模式和网络化教学模式的优长，建构一种混合型教学模式。

3. 虚拟课堂型教学模式

在虚拟课堂型教学模式中，师生无须面对面，教师和学生人手一台电脑，通过网络介质进行知识的传授和讲解，学生可随时根据自己的观点去向老师提问并就相关问题和老师进行探讨。同时，学生可以在接受这一教师的教学时接受其他课程的教育和学习。以 QQ 教学为例，教师通过创建一个 QQ 群把选修这门课程的学生添加为成员。教师通过语音、视频以及发送文字的形式去讲授这门课程，学生可以在 QQ 群里发表问题和看法，也可以通过 QQ 与老师进行一对一的交流互动而不打扰其他同学的学习和思考。教师通过 QQ 邮箱把思考题以及考试考核重点群发到各个学生邮箱中，学生则在规定的时间内把教师规定的作业发到教师的邮箱。这种教学使教师和学生都处在平等的地位，教师成为教学的主导者，学生成为教学过程的主体者，从而使双方的参与意识相对提高，教学效果得以充分的体现。

4. 基于新媒体通信工具的个别辅导教学实施模式

新媒体技术的发展和普及，为高校思想政治理论课个别辅导教学模式的建立和实施提供了契机。比如，现在有很多大学通过 QQ 进行个别辅导教学，教师通过 QQ 就可以深入了解每个学生的学习情况和学习问题。教师可以以"朋友"的姿态在 QQ 上和学生进行一对一交流，了解学生的家庭情况、生活学习以及面临的种种困惑，从而使问题的解决更具针对性。教师还可以就国内外大事或国家政策和学生进行探讨，对学生进行积极引导，这比单纯地灌输教师的观点更具时效性。同时，教师和学生可以通过 E-mail 发送节日贺卡、动漫以及电影；通过微博相互关心关注；通过微信进行全方位沟通交流，为进一步的思想政治理论课教学的实施打下了良好的情感基础。

三、构建新媒体环境下的思想政治理论课教学考评体系

（一）教学考评概念

教学考评是教学效果评价的一系列方法制度的统称，主要由考核内容与方法、考试命题与评分、成绩评价与统计反馈等环节构成。高校思想政治理论课的教学考评关系到"培养什么人""如何培养人"的问题，既可以衡量大学生马克思主义理论素养和道德品质，也能够反映教学理念和教学水平。

（二）高校思想政治理论课考评方式改革及与创新

结合新媒体环境下信息传播方式的改变以及与当代大学生及大学思想政治课堂的巨大改变，我们应思考构建一种全新的、适合时代要求的大学思想政治教育考评理念和方式。

1. 转变考评理念

高校思想政治理论课兼具理论教育和知识教育功能，政治性、思想性和实践性都很强，特别是在新媒体环境下，更强调对受教育者高尚品质的培育、创新思维的训练和实践能力的开发。因此，今后我们要改变以往淡化、弱化"创新型"人才培养的考试方式，实

现教学考评由"理论型""知识型"向"创新型"的转变；由重理论概念考核向重应用能力考核转变；由重书本知识考核向重社会实践考核转变；由重考核结果向重学习过程转变。着眼于提高学生对实际问题的理论思考能力，对理论知识的实践运用能力；着眼于提高学生的精神境界和道德理想来确立考评标准。

2. 扩大考评体系外延

结合大学生的个性特点，把学生在思想政治理论课教学过程中的参与程度、能力表现等纳入考评范围。对学生参与专题讨论、上台演讲等活动进行评定，将成绩考评和能力的培养融为一体，完善相应的激励和竞争机制，使学生自信、自强、自立等自主性品格在教学中得到充分尊重与完善，不断提升学生分析问题、解决问题的能力及创新的品质和能力。

3. 健全灵活多样的教学考评方法

评价方法的确立与评价者、评价对象、评价目的甚至评价程序等密切相关，是一个相当复杂的过程。高校思想政治理论课教学评价作为一个动态的过程，涉及诸多环节和方面，任何一种评价方法都不可能面面俱到，只有健全灵活多样的评价方法并交互使用，才能确保评价结果的客观性、真实性和准确性。尤其是在新媒体条件下，大学生日益敏感、自尊和自主，灵活富有实效的考评方法更容易为他们所接受和配合，可以采取以下几种方式进行教学考评。

（1）笔试考核与实践考核结合法

笔试考核具有形式统一、题型多样、覆盖面广等优点，能够有效地检测学生对相关知识的掌握程度。实践考核更直接、更真实，能让学生通过完成实际任务和真实情景来表现其学习成效，既能反映学生的知识和能力，又能揭示出学生的态度、责任心、合作精神等，应加大对实践活动的考察力度，包括调查、参观、看电影、课堂辩论赛、办展览等。

（2）平时作业与期末测验结合法

这种方法需要增加平时作业在评价中的地位和权重，且平时作业可采取机动灵活、形式多样的方式，如课程论文、读书体会或者是教学录像的观后感等。在对平时作业的评分上，可分为优秀、良好、一般和较差四个等次，按一定权重进行换算后与期末测验成绩相加。

（3）理论认知与日常行为结合法

在高校思想政治理论课教学中，经常出现理论认知与日常行为之间相脱节和背离的情况，理论考核高分并未及时转化为思想道德行为的良好表现。因此，高校思想政治理论课教学要把能否做到"知行统一"作为考核评价的重要标准。

（4）课内表现与课外实践结合法：我们不仅应该重视学生的课堂表现，还应把学生的课内表现与课外实践有机结合起来。课内表现主要由任课教师进行记录和考评，课外实践则由班主任、班干部和学生代表等共同评价。在学期末把每个学生课内表现和课外实践的总成绩按一定权重换算后将其作为学生总评成绩的重要组成部分。

总之，随着新媒体时代的到来，思想政治理论课的教学应顺应时代变化，善于运用微博等新网络媒体，线上教育与线下教育相结合，通过各种途径激发学生的学习兴趣，提升教学的质量，为构建社会主义核心价值体系，培养优秀的社会主义建设者服务。

新时代习近平青年教育观的核心要义

习近平总书记立足党、国家、民族和人类前途命运，以辩证唯物主义和历史唯物主义为指导，针对我国青年工作面临的新情况、新问题、新任务，研究中国青年的基本特点，探索中国青年运动的基本趋势，探寻中国青年工作的基本规律，提出许多关于青年工作的新思想、新观点和新理论。习近平总书记关于青年工作的重要论述是指导青年工作的理论法宝，是推动中国青年运动不断发展的逻辑遵循，它深刻揭示了新时代背景下青年运动的前进方向，明确了青年一代成长的路径选择。

一、把握"三大规律"，认同青年价值

习近平总书记在治国理政的生动实践中，牢牢把握中国共产党执政规律、社会主义建设规律和人类社会发展规律的内在逻辑，充分认识青年的特点，高度肯定了青年在社会历史中的地位和作用，从三个维度肯定了青年的重要价值：青年是党、国家和民族的希望，青年是实现中国梦的中坚力量，青年是全球治理的强大力量。

青年是党、国家和民族的希望。马克思、恩格斯基于人类社会发展的历史规律，提出青年是人民生命的源泉，是社会变革的依靠。马克思指出："最先进的工人完全了解他们阶级的未来，从而也是人类的未来，完全取决于正在成长的工人一代的教育。"习近平总书记用历史眼光审视中国共产党的命运，从历史发展的规律中研究青年的作用。他强调，"历史和现实都告诉我们，青年一代有理想、有担当，国家就有前途，民族就有希望，实现中华民族伟大复兴就有源源不断的强大力量"，"青年是祖国的未来、民族的希望，也是我们党的未来和希望"。这些论述揭示出青年是推动社会进步的重要力量、青年对无产阶级政党具有重要意义，生动诠释了青年群体独特的个体价值与社会价值。近代以来，我国青年不懈追求的美好梦想，始终与振兴中华的历史进程紧密相连。在革命战争年代，广大青年满怀革命理想，为争取民族独立、人民解放冲锋陷阵、抛洒热血。在社会主义革命和建设时期，广大青年响应党的号召，向困难进军，向荒原进军，保卫祖国，建设祖国，在新中国的广阔天地忘我劳动、艰苦创业。在改革开放历史新时期，广大青年发团结起来、振兴中华的时代强音，为祖国繁荣富强开拓奋进、锐意创新。青年的奋斗使我们党战胜无

数困难，从一个胜利走向另一个胜利，使我们的国家和民族从"站起来"走向"富起来""强起来"。习近平总书记关于青年工作的重要论述立足中华民族从自立到自信到自强的伟大历史征程，从历史发展、社会进步的角度来认识、理解和把握青年，充分肯定青年在历史和现实中的地位、作用，高度认同青年的价值，为青年成长奠定了坚实的思想基础。

青年是实现中国梦的中坚力量。青年是中国特色社会主义的时代践行者，是共产主义事业的时代开创者。习近平总书记指出："中国梦是历史的、现实的，也是未来的；是我们这一代的，更是青年一代的。中华民族伟大复兴的中国梦终将在一代代青年的接力奋斗中变为现实。"人作为社会发展的主体力量，通过实践满足自身需要，其自身需要满足的过程也正是完成党的事业、践履国家愿景、实现民族希望的过程。青年拥有鲜明的群体特质：他们充满激情和斗志，洋溢着活力与生机，他们是社会主义建设事业永不枯竭的力量源泉，是肩负中华民族伟大复兴光荣使命的生力军。中国青年承担着历史的重担，承载着时代的使命，全党全社会要关心和爱护青年，为青年实现人生出彩搭建舞台。

青年是全球治理的强大力量。习近平总书记指出："建立一个公平、包容、可持续的地球，是包括全球青年在内的每个人都要重视和担当的责任。"习近平总书记勉励全球青年充分认识他们在全球治理中肩负的责任担当，为人类社会实现可持续发展作出应有的贡献。国之交在于民相亲。习近平总书记指出："青年是人民友谊的生力军。青年人情趣相近、意气相投，最谈得来，最容易结下纯真的友谊。"青年在国家沟通、文化交流中是最重要的桥梁。青年理应树立人类命运共同体的理念，成为推进人类和平与发展的中流砥柱，为建设繁荣、文明、和谐的人类命运共同体贡献力量。

二、站在"三个事关"的战略高度，引领青年思想

习近平总书记特别重视青年思想政治教育，站在事关中国共产党长期执政、事关国家长治久安、事关中国特色社会主义事业后继有人的战略高度，论述青年思想政治工作。

理想信念教育。理想信念是青年的思想源泉和行动指南，是青年成长成才精神上的"钙"。理想信念教育包括五个方面的教育内容。一是中国梦教育。习近平总书记对青年满怀期望："广大青年要坚定理想信念，志存高远，脚踏实地，勇做时代的弄潮儿，在实现中国梦的生动实践中放飞青春梦想，在为人民利益的不懈奋斗中书写人生华章！"中国梦就是党和国家为青年指明的奋斗目标。习近平总书记希望青年把个人理想和实现中国梦的社会理想结合起来，在实现自我价值的同时创造社会价值。二是中国特色社会主义教育。中国特色社会主义是当代中国的鲜明主题，是中国人民建设社会主义的基本经验，是中国共产党领导中国发展进步的伟大旗帜。习近平总书记强调："增强学生的中国特色社会主

义道路自信、理论自信、制度自信、文化自信，立志肩负起民族复兴的时代重任。"三是马克思主义教育。习近平总书记指出："马克思主义始终是我们党和国家的指导思想，是我们认识世界、把握规律、追求真理、改造世界的强大思想武器。"我们要号召广大青年原原本本学习和研读经典著作，学而信，认识到马克思主义是一种信仰、一种真理、一种价值、一种规律，从而更好地用科学理论武装头脑。四是国情教育。习近平总书记强调："谋划和推进党和国家各项工作，必须深入分析和准确判断当前世情国情党情。"国情教育的目的是让青年深刻了解中国的发展阶段，科学地认识我国国情的基本特点，深刻理解社会发展规律，正确看待社会发展进程中的相关问题和矛盾，深刻认识国家的发展战略和前途命运，树立正确的人生观和价值观，提高辨别是非能力和分析判断能力，增强忧患意识和责任担当，做到知国、爱国、报国。五是党史、国史教育。习近平总书记指出："学习党史、国史，是坚持和发展中国特色社会主义、把党和国家各项事业继续推向前进的必修课。这门功课不仅必修，而且必须修好。"只有敏锐捕捉和准确把握"新的历史特点"，才能更加自觉坚定和卓有成效地进行新的伟大斗争，不断夺取新的伟大胜利。青年只有学习历史、研究历史、总结历史、运用历史，不断增强历史底蕴，努力掌握历史思维，逐步具备历史眼光，才能坚定对党的事业的自信。

社会主义核心价值观教育。习近平总书记指出："青年的价值取向决定了未来整个社会的价值取向，而青年又处在价值观形成和确立的时期，抓好这一时期的价值观养成十分重要。这就像穿衣服扣扣子一样，如果第一粒扣子扣错了，剩余的扣子都会扣错。人生的扣子从一开始就要扣好。"青年群体具有自身的特点，他们开始接触社会但对社会缺乏整体认知，他们开始接受各类社会思潮但缺乏独立判断能力，他们开始面对各种诱惑但缺乏理性选择能力。处于这个阶段的青年容易迷失自我，容易被别人利用。社会主义核心价值观实质是一种价值准则，会对青年的思想和行为起到规范、引导的作用。我们要将社会主义核心价值观教育融入青年理论教育的主阵地，融入青年社会实践的新领域，做到全员育人、全过程育人、全方位育人，引导广大青年成为社会主义核心价值观的示范者和引领者。

文化自信教育。习近平总书记在党的十九大报告中精辟地论述了文化自信的重大意义："文化是一个国家、一个民族的灵魂。文化兴国运兴，文化强民族强。没有高度的文化自信，没有文化的繁荣兴盛，就没有中华民族伟大复兴。"青年是文化创造和传播的主力军，我们要将文化自信教育作为青年思想政治教育的重要内容，教育引导青年在弘扬中华优秀传统文化、革命文化和社会主义先进文化中坚定文化自信。习近平总书记指出："中华优秀传统文化是中华民族的精神命脉，是涵养社会主义核心价值观的重要源泉，也是我们在世界文化激荡中站稳脚跟的坚实根基"因此，我们要让中华优秀传统文化进课堂、进教材、进头脑，充分发挥中华优秀传统文化感染人、教育人、激励人的重大作用。革命文化烙印时代特征、彰显民族特色，是青年教育最生动的教材。因此，我们要大力弘扬革命文化，让革命文化真正滋养当代青年。社会主义先进文化是以马克思主义为指导，面向现代化、面向世界、面向未来的，民族的、科学的、大众的文化，是社会主义保持先进性的时代产物，对各种社会思潮具有重要的引领作用。对青年进行社会主义先进文化教育，让青年坚定文化自信，有助于抵御消极错误思潮的影响和侵蚀，丰富青年的精神世界，增强青年的文化创造力。

三、立足"两个一百年"奋斗目标，明确青年成长路径

当代青年学生的人生黄金时期同"两个一百年"奋斗目标的实现完全契合。习近平总书记不但论述了当代青年学生所处的历史方位、所承担的历史使命、所肩负的时代责任，还指出了青年成长的主要路径：读书学习、榜样示范、知行合一。

读书学习。2013 年同各界优秀青年代表座谈时，习近平总书记勉励各界优秀青年把学习作为首要任务："青年人正处于学习的黄金时期，应该把学习作为首要任务，作为一种责任、一种精神追求、一种生活方式，树立梦想从学习开始、事业靠本领成就的观念，让勤奋学习成为青春远航的动力，让增长本领成为青春搏击的能量。""博学之，审问之，慎思之，明辨之，笃行之。"青年要把学习理论和社会实践结合、把观察和思考结合，在学习知识、观察现实、实践锻炼的过程中培养发散思维、实践能力和创新精神，积极投身中国梦的生动实践，把个人发展同国家发展、民族复兴紧密结合起来，把个人梦融入中国梦，彰显青年的人生价值。

榜样示范。中国传统教育历来重视榜样对青年的示范引导、目标激励、行为规范等作用。习近平总书记重视榜样对青年的示范作用，提出"向先进典型学习，可学者多矣！最关键的是要学精神、学品质、学方法"。从社会发展角度讲，任何社会都要塑造自己的理想角色——榜样，通过榜样为人们提供行为参照模式，提供社会道德规范与行为标准。青年要看榜样、学榜样、做榜样，把榜样人物同主观自我高度融合，成为传承正能量、弘扬正气的清流，成为构筑中国精神、中国力量的先锋。

知行合一。习近平总书记要求青年知行合一，做实干家。"学到的东西，不能停留在书本上，不能只装在脑袋里，而应该落实到行动上，做到知行合一、以知促行、以行求知"，"做人做事，最怕的就是只说不做，眼高手低""不论学习还是工作，都要面向实际、深入实践，实践出真知；都要严谨务实，一分耕耘一分收获，苦干实干"等论述体现了习近平总书记对知行合一的重视与要求。当代青年要坚持学用结合，将所学理论知识运

用于服务基层、服务群众的伟大实践；要注重道德实践，自觉将个人梦想同祖国和人民的需要结合起来，在实践中提升自身道德素养，实现自己的人生价值。

习近平总书记关于青年工作的重要论述充分体现了马克思主义政党始终代表青年、信任青年、依靠青年的阶级本性。习近平总书记在纪念五四运动 100 周年大会上的讲话中指出："新时代中国青年运动的主题，新时代中国青年运动的方向，新时代中国青年的使命，就是坚持中国共产党领导，同人民一道，为实现'两个一百年'奋斗目标、实现中华民族伟大复兴的中国梦而奋斗。"今天，新时代中国青年处在中华民族发展的最好时期，既面临着难得的建功立业的人生际遇，也面临着"天将降大任于斯人"的时代使命。青年要以实现中华民族伟大复兴为己任，不辜负党的期望、人民期待、民族重托，不辜负这个伟大时代。

参考文献：

［1］习近平．在同各界优秀青年代表座谈时的讲话［J］．中国高等教育，2013（10）．

［2］习近平．习近平谈治国理政［M].北京：外文出版社，2014.

［3］郑永廷，林伯海．"四个全面"战略布局与思想政治教育创新发展［J］．思想理论教育导刊，2016（4）．

供给侧视域下高校思政课教学改革对策思考

习近平总书记在 2015 年 11 月的中央财经领导小组第十一次会议上提出，在适度扩大总内需的同时，应加强供给侧结构性改革，增强侧供给体系效率与质量，增加经济不断增长动力。此外，习近平总书记在 2017 年 10 月十九大报告中提出，深化供给侧结构性改革。在提出"供给侧改革"概念之后，此概念不仅成为高校重点关注的话题，而且是进行理论研究的重要指导方向之一，为社会其他领域的改革创新提供了全新的思维与方法。随着社会经济的不断发展，教育水平也有所提高，践行"供给侧改革"理念，对教育领域也具有积极的指导作用。高校教育也应采用"供给侧改革"思维，来探索思政课教学改革对策，为现阶段高校思政课教学改革提供创新性方式方法。

一、新时期教育改革和"供给侧改革"的联系

长期以来，高校课程教学的特点就是注重知识传授，忽视能力培养。教学科目较多，诸科目之间的资源整合不足，教育过程中主张接受式学习，注重强调死记硬背，教育评价关注甄别和选拔人才，教学管理模式传统，实行集中管理模式。新时期课改强调改革传统教育弊端，改变课程教育模式，改良课程结构，转变教育考核方式，以及创新课程管理手段。新时期课程改革的根本目的是改变教学育人模式。优化课程结构是新一轮课程改革的有效实施途径，从而令课程结构可以获得均衡性发展，深化课程内容和社会、科学发展以及大学生生活的联系，彰显思政课内容的先进性、针对性和实用性。教育过程中需要关注大学生需求与兴趣，并尊重大学生主体，教导大学生终身学习，引导大学生借助自主探究学习方式进行学习，从而培养大学生综合能力与素养。

供给侧改革的重点在于调整经济结构，和各经济要素互相联系使资源实现最优化配置，通过改革提高经济增长动力、数量以及质量。现阶段，我国国际经济形式不容乐观，在经济强势复苏无法预测的国际环境下，我国正处于经济转型期，国内还没有形成经济增长新动力，在这种背景下提出了供给侧改革理念，建立要素市场，改善过剩产能，突破行业垄断和强化产权保护是落实供给侧改革必经之路。

经济上的"供给侧改革"必然引领教育上的改革。思政课具有与其他课程不同的独特性，其教育的实质就是把一定社会的思想观念、政治意识等，通过有计划、有组织的影响与熏陶，转化为受教育者个体的思想品德的实践过程，即达到"润物无声"的效果。这个特殊性奠定了思政教育供给侧的特殊地位，要求思想政治教育的供给侧具有足够强大的引领力，向受教育者提供精准的"产品"，引领受教育者对"产品"的需求。通过上述分析可以得出，新一轮课改与供给侧改革具有相同点，即传统单调的教育模式已经难以满足大学生个性化发展的要求，而传统单调的的供给方式其结构方式也无法满足我国经济发展的创新要求。创新供给方式，释放新需求的供给侧理念可以为高校教育改革形成具有特色的校本课程体系，调整教育模式提供有益的借鉴。

二、供给侧背景下高校思政课教学改革对策

高校思政课程供给侧改革，需要将立德树人根本任务为目标，并遵循下面几点基本的实践路径。

1. 以学生为本的供给理念

高校思政课教学基于供给侧改革，应树立与学生为本的供给理念。教育者应认识到当代95后、00后大学生是自我主观能动性很强的接受主体，在学习过程中，学生具有鲜明的个性特质，具有自己独到的见解和思维。教师不应将学生视为理论知识的"容器"，不可以限制学生的思维认识，将学生的思维强制性地纳入到固定的供给思维模式中，不顾及学生实际情况，要求学生接收、学习书本所传授的理论知识，这种做法与思政课程供给侧改革需求不符，也与大学生实际情况不符。当前的大学生具有活跃的思维，强制要求他们学什么、做什么是无法达到预期教学目标的，甚至可能会引发学生逆反心理。所以，教师应根据学生思想情况，调动学生学习动力，引导学生积极参与到思政课程教学中，落实供给侧改革，从而确保学生主动接受有关内容，实现教育目标。

首先，"以人为本"的教学理念需要体现在师生心灵交流上。高校思政课具有其特殊的意义与功能，不仅承载着马克思主义理论知识体系的教学，更饱含这思想政治教育的价值引领。《学记》有云："亲其师而信其道"。如果教师在教学时只是习惯表演"独角戏"，那么将与学生的内心越来越疏远，缺少与学生心灵上的碰撞，如果能产生思维上的火花？因此，高校思想政治教学有必要建立相关沟通机制，心灵的交流是思政课教学的有效方式。

其次，"以人为本"的教学理念需要体现在师生行为交往上。面对西方社会危机，哈贝马斯对"理性"的关注从主客二分结构转变为了主体间性结构，同时认为"交往理性

概念的内涵最终还原为论证话语在不受强制的前提下达成共识的这样一种核心经验。"高校思想政治教学应该是"平等关系",而不是"上下关系"。思想政治教学主体应体现在主体间性上,而不是在主客体关系中不断迷失。上课率是学生出勤情况的一种表现,抬头率则是学生听课情况的一种体现,点头率是学生认同所教知识情况的一种体现。这三者间存在一定程度上的差异,高校思想政治教师应深入钻研与探索。

最后,"以人为本"的教学理念需要体现在师生思想交换上。思想政治教育的目标并不是用一种思想强制或洗脑学生,而是教师用科学的思想引导学生采用先进的思想武装自己。授人与鱼不如授之以渔,这个道理也应在高校思想政治教育中得到充分体现。高校思想政治教学的目标不是提高所有大学生思想政治课程成绩,而是应该让大学生掌握马克思主义理论的精神实质,也就是采用全面的、发展的、辩证的眼光去看待和解决问题。如果大学生掌握了马克思主义理论,其将会有极好的发展前景,马克思主义理论可以转化为物质力量,从而引导人类实现从必然王国到自由王国的超越。做好高校思想政治工作,要因事而化、因时而进、因势而新。要遵循思想政治工作规律,遵循教书育人规律,遵循学生成长规律,不断提高工作能力和水平。

2. 遵循课程供给规律

习近平总书记提到:"做好高校思想政治工作,要因事而化、因时而进、因势而新。要遵循思想政治工作规律,遵循教书育人规律,遵循学生成长规律,不断提高工作能力和水平。"基于供给侧,高校思政课进行教学改革,需要以习近平重要讲话精神为指导,遵循高校思想政治理论课程教学改革和大学生成长需求规律,促进高校思想政治理论课程教学供给侧改革。

首先,要将思政课供给侧改革纳入高校改革发展总规划中,教学团队培育、课程建设、实践教学设计等多项项目需要尊重思政课教学供给侧改革规律与大学生成长需求规律,促使课程更好发展,使课程成为对大学生进行思想政治教育的关键有效要素。当前高校在全要素育人过程中,确实都重视思想政治教育资源的投入,在高校建设了大量的教育"产品",比如课程建设中建设的各类教育素材、各类教育案例、各类新媒体作品等,但这些产品存在着同质化、低端化和脱离学生实际等问题,但是很多教育"产品"并未得到大学生的青睐和认可,因而真正并未增强思政课的吸引力和亲和力。

其次是应有效调动教师工作主动性与积极性,精准把握高校思政课教学供给侧特征,掌握教学供给侧规律与教学方式,在改革过程中,促使教学供给要求趋向大学生思想品德转变。思政课教师必须牢牢把握为谁培养人、培养什么样的人和怎样培养三个基本原则性问题,不断更新教育理念。一个思政课教师的教育理念就是其教学的态度,是其对思政课教学规律的深层思考所形成的理性认识，因而是其教学的灵魂，会支配其一切的教育教学活动，影响其教育教学实效。在面对新时代大学生这一特定需求群体，思政课教师应更新教育理念，立足供给侧改革，始终围绕大学生的实际需求，把握教育规律，提供给大学生富有吸引力的"产品"。同时一个思政课教师要不断推进教学模式改革、课程内容革新与学习方式变革，促进思政课教学有虚有实、有情有义、有滋有味，增强学生的获得感。

3. 加强课程供给思维的问题意识

高校思政课教学需要加强课程供给思维的问题意识，可以分析课程教学主要问题。思政课教师在教学中要注重强化问题意识、坚持问题导向，突破过去那种照本宣科、把教材观点作为教学全部内容的老套路，以学生感到困惑的问题、教材观点和结论背后隐藏的问题为起点，沿着解疑释惑的认知路径展开教学，深化教学。这样的教学模式，既能体现思政课教学的突出针对性，又能彰显理论逻辑的力量。

首先，从大学生关注的问题入手，进行课程攻击导入，把教学内容和学生关切的疑点、难点和热点紧密结合起来，通过供给导入，解决大学生关注的实际问题。教师需要有问题意识，在教学供给过程中，为学生答疑解惑。实践证明，带着问题的教学让教师教学具有突出的针对性，通过解答问题引导学生穿越理论障碍和思想迷雾，使教学从抽象走向具体、从概念走向事实；让学生感受深邃思想、深刻理论的魅力，从而调动学生学习的自觉性和主动性。而学生会在主动思考现实问题、解决现实困惑的的过程中增强学习的兴趣与信心，实现思政课教与学德良性互动，让广大师生拥有更多获得感和成就感。

其次，还需要采用科学的方法来引导学生。在保证供给过程中，应该刺激学生思考探究的积极性与创造性，和学生形成良好的互动，从而提高教学质量。思政课要解决"远离学生或迎合学生"的难题，让学生爱学、有收获，让老师乐教、有成就。身处互联网时代，面对大学生这群"网络原住民"，"无互动不传播"成为新时代的一种教学方式。思政课教师如果不改变话语表达方式，如果一味止步于"我说你听"的单向灌输，理论宣传就缺乏感染力、传播力和影响力，势必"自说自话"，而学生会势必就成为"低头族"，成为没有含金量的"水课"。

4. 应将知识供给有机结合实践供给

高校思想政治理论课程教学供给侧改革模式是影响供给侧改革成功与否的关键因素。思政供给内容对思想政治教育效果具有直接影响，思想政治理论课程设置的是一些基本原理和理论性的内容，这些内容可以为大学生的发展提供思维认识方面的参考。大学生通过学习思想政治理论课程教学涉及的理论、基本原理以及历史事件，为自身成长提供参考和借鉴。若高校思想政治理论教学供给侧改革仅仅是文本解读和解释理论，不注重实践内容，这种教学模式将学生视为了"单向度的人"，就忽视了学生的内在精神方面的需求，也就变成了罗列历史史实和纯粹的文本理论，不仅不利于大学生全面发展，也不利于培养大学生的实践素养与能力。所以，高校思想政治理论教学供给侧改革应转换文本话语，创新理论教育方式，可以实现理论供给结合实践供给，让学生将从书本中学得的理性思维、创新意识及进取精神和社会生活相联系，提高思想政治理论课程教学供给侧改革的亲和力与吸引力，让学生积极参与社会活动，并在实践中应用思想认识、进取精神及创新意识。知识供给需要和实践供给统一推进，在供给过程中，遵循实践性和主体性原则，转变单一的灌输式供给模式，互动结合引导，趣味结合严肃，知行统一，为学生提供体验机会，让学生感受到学习知识的乐趣，提高大学生整体素质。因此，高校思想政治教育中应实现理论供给结合实践供给，为学生提供更多的学习体验的机会，通过这种教育创新方式，有效培养学生全面素养。高校要搭建"思政主课堂+实践拓展课堂"的立体教学模式，推动主课堂与实践拓展课堂无缝对接。在实践课堂方面，以课堂实践为主体，以暑期实践和专业嵌入实践为两翼，创设"一主两翼"实践教学模式，推动教学向课外延伸拓展，形成全要素育人的良好教育氛围。

总而言之，在供给侧视域下，高校思政课教学改革只有进行时，没有完成时。在高校思想政治教学改革中，供给侧结构性的运用只是一种新视角和方法。站在供给侧角度高校进行思政课教学改革，并不是否定需求侧，而是以需求侧为导向，建立新的供需结构，实现教育供给端的转型升级，不断提升全要素供给的实效，才能提高高校思政课教学供给的精准性、引领性及有效性，推动思政课教学供给端进行改革，促使供给侧和需求侧实现良性互动和协调平衡，全面提高高校思想政治教育教学质量，为培育担当民族复兴大任的时代新人奠定坚实的思想基础。

参考文献：

［1］人民网．全面贯彻党的十八届五中全会落实发展理念推进经济结构性改革［EB/OL］．（2015-11-11）［2019-05-09］http：//politics. people. com. cn/n/2015/1111/c1024-27800651. html.

［2］侍旭．高校思政教育也应有"供给侧改革"思维［N］．光明日报，2016-03-16.

［3］中国社会科学网．办好思想政治理论课，解决好培养什么人、怎样培养人、为谁培养人这个根本问题［EB/OL］（2019-03-26）［2019-05-09］http：//socialism-center. cass. cn/yjzl/201903/t20190326_ 4853577. shtml.

［4］郭利，姜命珍．论高校学生思想政治工作的有效性［J］．零陵师范高等专科学校学报，2002（1）：93-94.

新时代大学生社会主义核心价值观教育话语体系探索

倡导社会主义核心价值观，既是对价值观多元、思想多变、观念多样的现实社会的理性引导，又是对国际意识形态渗透、强势霸权围剿、西化演变图谋的有力回击。面对高校社会主义核心价值观教育话语体系面临的种种挑战，真正使高校社会主义核心价值观教育能发挥感染人、滋养人、引领人的作用，就必须加强对大学生核心价值观话语体系的构建策略研究，不断深化对社会主义核心价值观的科学阐释，从而有利于促进大学生核心价值观的认同与践行，有利于高校担当起引领主流价值的形成和推广的社会示范作用。"意识形态话语权的争夺实质上就是核心价值观的争夺"，"牢牢掌握意识形态工作领导权和主导权，坚持正确导向，提高引导能力，壮大主流思想舆论"，因此高校对大学生社会主义核心价值观教育话语体系进行探索，找到适合大学生的社会主义核心价值观的引导方式，是新时代新形势下的大学生思想政治教育工作的主要任务，可以解决当前大学生群体中存在的突出的问题，从而更好的培育民族复兴大任的担当者、开拓者。新时代大学生社会主义核心价值观教育话语体系必须抓住新时代的特点，符合教育的规律以及大学生成长成才的现实环境，让大学生能够以社会主义核心价值观要求自己的思想和行为，使之成为自己的精神信仰和行为准则。

一、新时代探索大学生社会主义核心价值观教育话语体系的作用

1. 增强社会主义核心价值观教育的实效。新时代大学生社会主义核心价值观教育话语体系可以启蒙和解放大学生的思维，采用这种话语体系和内容，大学更加喜闻乐见，更加愿意接受，内心更加能够被触动。大学生处于多元化的社会，很容易被社会不良风气带偏，如形式主义、功利主义和个人主义等，要想让大学生从内心接受社会主义核心价值观，必须有大学生能够接受的话语体系，这样大学生才能够主动的接纳和自觉践行。

2. 适应新时代大学生成长成才的需要。大学生在新时代成长需要有适合他们的话题体系，这一话语体系可以帮助他们学习和成长，是他们学习和成长的需求。新时代大学生社会主义核心价值观教育话语体系必须适用于每个大学生个体，这样才能够更好的渗透在

大学生的日常学习和生活中，引领他们的思想，影响他们的行为，帮助他们克服思想困境，让他们的品格更加完善，对错误的价值取向有自己的判断，精神世界更加丰富，让他们能够在积极健康的精神家园中成长。

3. 拓展大学生思政教育的理论视域。新时代大学生社会主义核心价值观还可以推动大学生思政教育的创新，让社会主义核心价值观的教育理论更加丰富，让大学生思政教育理论视域更加广阔。这样的创新和尝试不仅适用于大学生思政教育，对其他开展社会主义核心价值观的领域也有一定的参考价值和实践意义。

二、新时代大学生社会主义核心价值观教育话语体系构建的切入点

1. 紧扣大学生个体的成长特点。新时代大学生社会主义核心价值观教育话语体系需要符合大学生个体的成长特点，了解大学生群体的成长环境，注重他们的差异性。充分的了解每个大学生个体的成长环境和背景，通过他们的生活方式了解他们的思维模式和价值观。大学生在大学阶段基本已经形成了自己的价值观，如果已经存在不良思想，可以通过社会主义核心价值观进行修正，但是这一过程应该符合大学生的个性和个点，考虑到他们不同的成长环境和规律，针对不同的背景和基本情况，构建完善的话语体系。

2. 反思社会主义核心价值观的教育现状。对新时代大学生社会主义核心价值观的教育现状进行反思可以发现，其最突出的问题是忽视教育效果，只注重形式，开展的教育活动也非常生硬，只强调了意识形态功能，无法吸引大学生群体。有的高校只采取了单一的灌输的方式，没有与大学生的生活相结合，话语也比较生硬，没有生活化的语言，让大学生接触融入式的教育。还有的高校的社会主义核心价值观的教育缺乏可持续性，非常的零散，没有系统化的教育，影响力很弱，起不到很好的效果。因此，在构建话语体系的过程中，大学生的思想和情感是非常重要的，教育的活动和方式一定要贴近大学生的生活，才能达到更好的教育效果，这样才能真正的起到作用，对每个大学生的价值观都能产生一定的影响。

3. 深刻剖析社会环境的影响因素。社会环境因素对大学生的影响是非常大的，需要引起足够的重视。多元思潮话语的深度冲击，普世价值思潮、新儒学思潮、历史虚无主义思潮、网络民粹主义思潮和新自由主义思潮等种种思潮，多层面、多领域、多维度地对社会主义核心价值观的话语体系不断对大学生进行着冲击、碰撞、消解甚至颠覆。享乐主义、拜金主义、个人主义思想的滋生与蔓延不断侵蚀、蚕食甚至吞噬着核心价值观的细胞内核，使核心价值观教育者话语权威走向式微。"网络推手""网络水军""网络暴力"等制造的网络舆情使新媒体舆论场表现出与主流意识形态越来越强烈的离心力，甚至对立性。传统媒体所代表的舆论场教条式、填鸭式的说教以及高高在上的姿态弱化了自身的舆

论引导力，也降低了人们对社会主义核心价值观话语的认知与认同。因此在构建新时代的大学生社会主义核心价值观的教育话语体系的过程中也要注意这些问题，不能回避这些问题，而是要引导大学生分析这些问题，找到其中的因果关系。

三、新时代大学生社会主义核心价值观教育话语体系的构建维度

1. 顶层设计科学化。新时代大学生社会主义核心价值观教育话语体系的顶层设计要科学，要结合不同学校的实际情况，把握好社会主义核心价值观的内涵，从横向上制定话语体系的主要内容，主要形式和核心理念，从纵向上规划好日常的教学和生活内容。大学生社会主义核心价值观教育话语体系人物设计要深刻凸显中国形象的动人篇章；内容设计要深入叙说中国故事的动心旋律；情感设计要深情涌动中国精神的动力源泉；方式设计要深味中国风格的同磁共振效应。新时代大学生社会主义核心价值观教育话语体系的构建和推动还应当发动党员干部、辅导员以及思政教师积极的参与其中，这些人员都需要有具体的职责和分工，这样才能促进新时代大学生社会主义核心价值观教育话语体系构建工作的开展。只有采用科学的顶层设计，才能有序的开展大学生社会主义核心价值观的教育，教育的内容才能够更加全面和具体，才不会变得过于零散，无法形成教育的系统。

2. 主体确立个性化。新时代大学生社会主义核心价值观教育话语体系的主体要明确，将大学生作为核心和根本，结合不同的教育目标，根据大学生主体的不同特点和需求入手，充分考虑到大学生的个性化，重视每个大学生的不同，多关注每个大学生的实际情况，按照不同的大学生群体进行分类，将思想状况和需求相同的大学生分为一组，有针对性的构建话语体系。大学生社会主义核心价值观教育话语体系的构建紧扣多元化文化态势，契合大学生的价值理念；紧扣大学生特质化思维态势，契合大学生的价值血脉；紧扣时代全球化社会态势，契合大学生的价值特性。充分了解大学生不同群体的爱好，价值观等，提供他们感兴趣的话语体系，达到教育的目的。站在大学生的角度看待问题，清楚大学生喜欢的教育方式和内容，从大学生感兴趣的话题切入，这样才能够充分的调动大学生学习社会主义核心价值观的兴趣，提高教育有效性。

3. 内容选择生活化。新时代大学生社会主义核心价值观教育话语体系内容的选择要结合实际，不能过于生涩难懂，需要结合大学生的日常学习和生活，这样大学生理解起来才会更加容易，更加便于认同其中的观点，让大学生不会感到陌生，有一种亲切感，这样才能够更好的促进学生学习社会主义核心价值观的思想，这也是话语体系内容的核心。新时代大学生社会主义核心价值观教育话语体系要将政治话语、学术话语与生活话语紧密融合，使大学生核心价值观的自我教育富有永恒的吸引力；要赋予时尚化、流行化、生活化的"微言博语"新的时代内涵，使大学生核心价值观的自我教育富有鲜活的生命力；大学生要将弘扬中华文化、讲好中国故事和传承中国精神的活动与校园文化活动、社会实践活

动紧密融合，使大学生核心价值观的自我教育富有强大的凝聚力。

参考文献

［1］李烨红．社会主义核心价值观在大学生中的话语权建构路径——基于话语历时性、共时性、即时性分析视角［J］．思想教育研究，2019．

［2］周艳琼．社会主义核心价值观话语体系的困境与消解［J］．思想教育研究，2018．

［3］张迪．社会主义核心价值体系视阈下的大学生价值观教育［J］．学校党建与思想教育，2012．

［4］肖国芳，杨颉．多元文化语境下大学生社会主义核心价值观培育话语转换［J］．学术论坛，2016．

掌握新时代网络意识形态话语主动权的时代价值与实践进路

随着网络信息技术的发展，开放多元的话语空间、异质的话语立场、扁平的话语信道、多元的话语形态，网络媒介已悄然改变了传统的话语传播路径、话语交锋方式、话语体系，多元文化、多种思潮和多维价值观在互联网中交流、交融、交锋，网络已经成为主流意识形态话语之争的主战场。习近平总书记高度重视意识形态话语权建设："要把意识形态工作的领导权和话语权牢牢掌握在手中，不断巩固马克思主义在意识形态领域的指导地位，巩固全党全国人民团结奋斗的共同基础""必须推进马克思主义中国化时代化大众化，建设具有强大凝聚力和引领力的社会主义意识形态"。这些重要论述丰富了信息时代马克思主义意识形态理论的内容，为进一步做好新时代网络意识形态工作提供了科学指引和根本遵循。采取积极有效的方式，牢牢把握意识形态话语主动权，把政治优势和综合实力转化为话语优势，进一步占领网络意识形态话语权的制高点，是新时代需要着力研究和重点解决的重大课题。

一、网络意识形态话语权的内涵

意识形态是与一定社会的经济、政治直接相联系的观念、观点等的总和，涵盖政治法律思想、道德、文学艺术、宗教（神秘特殊的意识形态）、哲学等在内的上层建筑。意识形态是社会的经济基础和政治制度和人与人的经济关系和政治关系的反映，具有价值导引、行动导航和思想导向的功能。马克思提出"经济基础指社会的生产方式，上层建筑在经济基础之上形成，并组成那社会的意识形态，或如它的法律体系、政治体系和宗教"。话语是一种价值性的工具，一种"现实意识的表现"，就必定会成为意识形态交锋争夺的对象。运用话语表达一定价值观的权利、权力和能力就是"话语权"。话语权利是法律赋予主体说话资格，即公民参与社会事务、行使言论自由的资格，是具备话语权的基础。话语权力是在政治上与国家权威、社会地位紧密联系的，并表现为利用网络媒体进行言论表达从而影响社会成员思想、行为带来的控制力与影响力，直接关系着话语权是否得到充分行使，权力支配话语，权力关系往往就渗透在话语关系中，人们通过创造、运用和传播话语，从而引导和支配思想和行为的影响力就是话语权力。话语权还是一种能力，它是话语主体运用话语技巧和水平、经验与方法，是话语能否产生影响力、感召力和吸引力的主体性因素。

总之，话语权是话语权利、话语权力与话语能力的有机结合。话语权利是基础，没有言论与思想自由的基本保障，话语权成为"无本之木"；话语权力是核心，是支配他人思维和行动的主导性力量，是话语权利的充分实现，也是话语能力的充分运用；而话语能力是话语权的要件，在话语能力作用下，话语权利与话语权力的享有和行使状况变得更为复杂和生动。网络意识形态话语权，是话语主体通过网络构建意识形态话语体系，表达、传播、宣传思想，从而影响社会大众。

二、掌握网络意识形态话语主动权的时代价值

党的十八大以来，主流思想舆论不断巩固，文化自信逐步彰显，网络意识形态工作取得显著成效。党的十九大报告高度肯定了这些重要成就，同时着重指出意识形态领域斗争依然复杂严峻。当今世界处在一个前所未有的大变局中，网络意识形态领域的交战进入白热化阶段，从引发热搜的话题、到吸粉无数的视频、到雷人眼球的标题，都以感性的形式承载抽象的意识形态内容，有网络的地方就有意识形态话语权的争夺。抢占意识形态建设制高点，培养党的舆论"喉舌"，牢牢掌握意识形态话语主动权，具有重要的时代价值。

1. 内在诉求：为培育时代新人"立心铸魂"

随着中国特色社会主义步入新时代，我们国家和民族迈入实现中华民族的伟大复兴的新征程，也必然面临着伟大斗争。因此，我们必须培育一批批能担当民族复兴大任的时代新人来进行一场伟大斗争，最终才能实现这一伟大目标。马克思在《政治经济学批判（1857-1858年手稿）》告诫我们："如果从观念上来考察，那么一定的意识形式的解体足以使整个时代覆灭。"意识形态话语权作为上层建筑是重要的国家"软实力"，深刻地影响着国家政权的稳定乃至社会发展的和谐。可见，意识形态是凝心聚力、强基固本的基础性工程，培育时代新人就必须发挥网络意识形态这一主阵地"为国家立心""为民族铸魂"的伟大作用。新时代"网络原住民"越来越多，他们对网络的信息感知更敏锐，受到的外来影响更广泛，人生目标更多样，价值追求更多元，思想行为更多变。网络思想舆论深刻地影响着他们看待现实问题的角度、认知社会的深度和实现自我的高度，进而影响他们的理想信念、道德观念和价值理念。因此为时代新人"立心铸魂"，必然是新时代掌握网络意识形态话语权的"时代之问"和"时代之思"。新时代掌握网络意识形态话语权，必须充分发挥网络意识形态话语权的指导作用、引领作用和凝聚作用，目的是培育一

个国家共同的思想基础，打造新时代主流意识形态"同心圆"，为中华民族实现伟大复兴梦坚固"压舱石"，钉牢"定盘星"。

2. 外生动能：应对主流意识形态话语生态危机

主流意识形态通过官方权力在移动网络空间中施加影响，虽然能在一定时空中产生价值，但随着网络中多元文化、多变思潮、多样价值观的渗透，不断冲击着人们对主流意识形态的认知与思考、认同与践行，使得主流意识形态在网络舆论场的吸引力和渗透力逐渐被削弱。一方面主流意识形态宣传过于依赖权威媒体，话语表达中宣教思维、生硬导向、强设议程、堆砌术语、方式呆板，影响话语效用；另一方面自由化、无序化、隐匿化的网络空间话语在带来大量的信息混淆和错误暗示，消解了主流意识形态的政治权威，带来"意识形态漂浮"，大众会在无形无意中产生心理排斥。例如"普世价值""宪政民主""新自由主义""民主社会主义"等西方价值观念隐性渗透在文化产品中，擅长抓住受众心理，吸引受众眼球，完成对人们无意识的影响和控制，非常巧妙而隐蔽地获得了受众的认可，从而减弱了否定和反抗的心理。正如以好莱坞、漫威电影为代表的西方文化产品，通过虚构舆论景观和影像世界，塑造被人类普遍认知、推崇为美德的英雄，来表达美国普世主义价值观，宣扬个人英雄主义，巧妙融合西方社会的政治理念、价值观念、生活方式和意识形态。这类文化产品深得国内受众的亲睐，他们在愉悦的审美中不自觉地接受了西方价值观念和思维理念。随之而来的是多元价值观念的交锋交战，交织着多元的群体利益关系，使得部分利益群体或集团对社会感知不平衡，出现被剥夺感或不平衡感，因而站在主流意识形态的对立面，从而影响主流意识形态话语的主体地位与主导地位。目前中国正处于社会转型期，错综复杂的民生问题和不均衡的阶层结构共同裹挟的网络舆情必然引发"多米诺骨牌效应"，进而引发主流意识形态话语权的多重风险，诱发功利主义和实用主义价值取向，社会主义主流意识形态的正当性被不断消解、弱化。与此同时，网络逐步成为不同国家各类意识形态输出、角力、碰撞的主战场，部分西方国家向中国采取越来越隐蔽化、多样化的意识形态渗透手段，西方国家制造的政治偏见和异见话语造成负面信息甚嚣尘上，主流意识形态话语密度和空间遭到大幅侵占。在社会剧烈变迁的情况下，意识形态猜忌、国家观念解构、价值层面真空和虚无主义的重重袭扰必然带来主流意识形态的话语生态危机。

三、掌握新时代网络意识形态话语主动权的实践进路

当前，网络已经成为意识形态争夺的"前哨"，只有牢牢把握网络意识形态话语主动权，才能牢牢把握网络意识形态的领导权，才能营造风清气正的的网络空间，才能真正提

升我国主流意识形态思想的号召力、引领力和公信力，达到有效维护国家政治安全、文化安全的目的。

1. 把握精度：创新网络意识形态话语内容

马克思主义是我们党的指导思想，在当代中国掌握意识形态话语权，就是要做到习主席在"8·19"讲话中提出的"两个巩固"，"巩固马克思主义在意识形态领域的指导地位"、"巩固全党全国人民团结奋斗的共同思想基础"[4]。要掌握新时代网络意识形态话语权，做好"两个巩固"，必须强基固本，构建深刻把握基本国情、深切理解人民需求、深入思考时代主题的意识形态话语体系，是新时代加强掌握网络意识形态话语权的基础性工程。

首先，深刻把握基本国情，把准主方向。建党百年来，党的意识形态工作一直紧密结合中国基本国情，紧密结合中国革命、改革和建设的生动实践，随具体国情和实践的变化而发展和创新。革命战争时期，针对民族受欺凌、人民受奴役的基本国情，党的意识形态工作的着力点是凝聚反抗压迫、抵御侵略的强大力量，激发广大人民争取民族独立解放、舍身为国的爱国热情，激发广大人民走向"站起来"的信心与决心，为新中国的诞生奠定坚实的思想基础。改革开放时期，党的意识形态工作着力点则聚焦于鼓舞和激励人民为国家富强、人民幸福和社会进步而艰苦创业、开拓创新的勇气与信念。

进入新时代，十九大报告明确我国仍处于并将长期处于社会主义初级阶段的基本国情没有变，这是新时代党的意识形态工作重要的国情依据，是新时代做好党的意识形态工作的基本指南。但是当前多元并存的意识形态对党一元坚守的意识形态依然冲击巨大，社会主义主流意识形态凝聚力和导向力还需要加强。在新时代研究网络意识形态问题就必须立足当前国情，必须立足鲜活的社会实践，真正贴近现实、回应实践、解答问题。在当前网络意识形态话语体系建设实践中，要立足新时代中国发展实际情况，以实现中华民族伟大复兴"中国梦"的生动实践为核心元素，着力解释、解答和解决"中国梦"伟大征程中的实践问题。结合中国的实际情况，一方面加强研究党所关注的改革、发展和稳定等重大现实问题，真正传达党的声音，使普通老百姓也可以接收、接受并认同党的创新理论，真正增强政治认同；一方面加强研究人民所关心的教育、医疗、就业等重要实际问题，始终关注新时代我国因人民日益增长的美好生活的需要与发展不平衡不充分之间的矛盾引发的现实问题，真正表达人民的心声，使党和国家在治国理政中可以解答人民对现实问题的思想困惑，真正增强思想认同。因此牢牢把握意识形态话语主动权，就要真正发挥"中国之治"的优势，聚焦改革、发展和稳定等重大现实问题，聚力经济、科技和教育等核心战略问题，创新发展讲述中国故事、传播中国声音、传承中国文化、塑造中国精神的方式，使之对现实问题具有强大实践指引力、对中国未来愿景具有强大引领力、对实现"中国梦"具有强大凝聚力，使党的意识形态工作成为建设现代化国家、实现中华民族伟大复兴的"推进器"。

其次，深切理解人民需求，激活正能量。社会主义意识形态的根本属性就是人民性，就是塑造服务人民的"扬声器"。坚持马克思主义的人民立场是新时代意识形态话语体系建构的基本原则和目标导向，关注人民利益诉求是其突出的理论特质，也是其吸引力、亲和力、感染力不断增强的逻辑旨归。马克思主义唯物史观深刻指出，人民群众是历史的创造者。"江山就是人民，人民就是江山"也是对我们党百年发展中执政理念和价值追求的历史经验与时代诠释。因此网络意识形态话语只有坚持与人民群众同呼吸共命运的价值取向，始终将满足人民对美好生活的需要作为根本立场，马克思主义理论才能真正成为"思想利器"。就像马克思阐述的："理论只要说服人，就能掌握群众；而理论只要彻底，就能说服人。"新时代意识形态话语体系建构的关键要素就是树立以人民为中心的发展理念，必须紧密结合广大民众的利益诉求和精神追求，力求新时代意识形态话语体系系统契合时代重大主题、贴近生活焦点话题、贴近人民需求问题，用现实生活中的具体实例、用人民群众熟知的话语内容来阐述理论，由人民发言，为人民代言、为人民立言。十九大报告中200多次提及"人民"，可见我党在治国理政中以"人民至上"为核心理念，党的一切工作始终深切关注人民，当人民面临思想的彷徨、精神的迷惘和理论的困惑，党的工作就是"解决好人民最关心、最直接、最现实的利益问题"，这需要新时代意识形态提升话语体系的针对性，从供给侧维度深刻思考，如何提供"入眼、悦耳、动心"的产品，激起强劲有力的正能量，这样新时代中国特色社会主义理论才能得到广大人民群众的认同并化为自觉行动。

最后，深入思考时代主题，弘扬主旋律。中国特色社会主义进入新时代，新时代产生新理论，新理论指导新实践，这是主流意识形态健康发展的根本逻辑。马克思主义与时俱进的理论品质，决定了网络意识形态话语体系建设要因时而变，乘势而变，与时代同行，积极应对新时代的新挑战，弘扬新时代主旋律，与新时代同频共振，才能真正创新发展马克思主义意识形态话语体系。网络虚拟世界不仅自由，有较强的开放性与多元性特点，现阶段要想增强我国网络意识形态话语权，就应该关注思想争锋与理论批判，确保更多人了解马克思主义意识形态，这样马克思主义大众化才能得到体现，让掌握网络意识形态话语权获得有利条件。在此背景下，不仅需要对"反马克思主义"网络思潮做出理论批判，还应该在非马克思主义思潮上做好网络舆论引导工作，让更多网民接受马克思主义意识形态教育，这样意识形态话语领主导权才能真正被掌握在我们手中。在掌握网络意识形话语权中，往往需要应对很多不确定性因素，需要我们跟上时代的潮流，以遵循马克思主义基本原理为前提，在话语实践与理论内容、形式等方面加强创新，在网络话语空间营造昂扬的、积极的、向上的时代主旋律，确保将意识形态话语的时代性、创造性以及可接受性等反映出来，牢牢把握话语主动权，使我国主流意识形态话语更具科学性、实效性与预见性，把网络空间成为主流意识形态建设的"思想圣地""理论高地"。

2. 增强效度：优化主流意识形态网络平台

大众网络时代，新时代中国特色社会主义意识形态传播的实然状态与大众传播的应然状态并非同步，各种复杂的传播方式没有有效整合传播渠道，线上线下以及传统媒介与新兴媒介未有较高的融合度，且主流意识形态话语的集群优势也需进一步发挥出来。由此可见，加强网络意识形态话语平台建设具有极端重要性和十分迫切性。针对这一情况，我们就一定要以立为本、立破并举，通过加快网络信息平台的发展，不断拓宽和完善网民发声的途径，有利于网民将自身诉求表达出来，有更多机会参与到公共事务中，让主流意识形态影响范围增加，渗透能力也能显著增强，这样网络意识形态话语权才能得到保障。科学认识并始终掌握网络传播规律，使网络话语内容科学，语言生动形象，传播手段有效，才能增强人们对主流意识形态的关注度、认同度和信任度。

一方面，要凝聚最大合力共建网络空间命运共同体。2016年11月16日，习近平在第三届世界互联网大会开幕式上的视频讲话中强调："互联网发展是无国界、无边界的，利用好、发展好、治理好互联网必须深化网络空间国际合作，携手构建网络空间命运共同体"。因此国家要从顶层设计入手，立足网络强国战略，着眼国际国内两个大局，谋求互联网这一"最大变量"转化为中国现代化建设的"最大增量"，共建共创网络空间命运共同体。一是必须加快新媒体与传统媒体的整合，加快话语主体队伍的建设，是掌握网络意识形态话语权的应然选择。把现有的意识形态建设阵地进行资源重组，适应大众化、差异化、碎片化、全球化和多元化传播趋势，加快构建主流舆论矩阵，全方位、全过程互联、互通、互享。话语主体是网络场域主流意识形态话语体系中的核心要素，不断提升话语主体的权威性、公信力，实现话语生产主体、话语传播主体和话语引导主体等多重话语主体的协同发力，才能在在网络场域博弈战中不缺位、不失语，真正做到掌握话语主动权。因此整合网络技术人员、管理人员、思想政治工作人员等，着重建设一支理论功底深厚的网路话语生产主体队伍，大力培育一支懂法尊法守法的网络话语传播队伍，用心打造一支善于引导网络舆情的网络话语引导主体队伍，切实提升网络话语主体的议题设置能力、话语叙事能力、理论宣传能力、网络舆情的研判能力和网络舆情掌控能力。二是鼓励支持多元主体的协同参与，推动网络意识形态话语主体由官方一元主导向党的领导与民众多元参与、多边参与共生转变，这是掌握网络意识形态话语权的必然选择。伴随着网络意识形态言主体多元化崛起，众说纷纭的传播形态成为常见景观，网民成为潜在的话语生产者和传播者，寻求话语分权和重建秩序。如果任由话语自由和主体自足性发挥，必然引发主流意识形态话语主体失衡，意识形态"主旋律"不可避免地被削弱。当前，我们要适应社会治理模式正在从单纯的政府监管，向更加注重社会协同治理转变的发展趋势，必须让广大人民群众亲自参与进来，这就迫切需要"把社会主义核心价值观融入社会发展各方面，转化为人们的情感认同和行为习惯"。进入网络时代以后，整合政府、企业、网民等多元主体，构建由政府主导、多元多边主体参与、多层次协同的建设体系，这样主流意识形态网络传播才能满足人们在主流意识形态领域真正的需求，才能真正走进人民群众心中。

另一方面，要凝合技术创新驱动网络治理。网络时代，从一定意义上说，谁掌控了新技术，谁就拥有网络话语主动权。正如习近平主席强调的"创新是引领发展的第一动力"。要赢得话语主动权，唯有坚持创新技术驱动发展，才能真正从根本上提升主流意识形态话语主动权。一是优化网络管理机制，建立跨系统的集成式的网络治理和监管机制。消除因多头管理带来的协调不顺畅的种种弊端，对网络意识形态进行协同治理。党和政府应该关注网络执政能力建设，在国家主流意识形态建设中发挥出应有的作用，只有自身执政能力得到了增强，才能为主流意识形态话语权的增强提供可靠保障。现阶段党组织与政府需要从广大网民的真实需求出发，尽快树立起网络微观执政理念，积极提供一站式电子信息服务，将网络监管等工作做到位。同时为保证网络话语平台运行的稳定性，需要在网络软硬件上作出改变，充分运用现代信息技术，确保建设的网络话语平台更具吸引力，也拥有鲜明的时代特色，能够有效传播马克思主义。二是掌控"中国速度"的关键点，坚持引领核心技术突破。坚持开放与自主结合，守正与创新结合，聚力于新一代互联网建设，利用国家政策着力引领第五代移动通讯技术 5G 的的突破，致力打造"中国智造"的新品牌，强力推进 IPv6 互联网基础应用资源改造与创新，助力推动"大智移云"产业链的提质升级。

3. 探索深度：创新主流意识形态话语传播模式

话语传播模式关系着对主流意识形态话语权权威的维护，"理论所发挥的作用除了与其独特价值与魅力有关以外，也与传播和扩散的广度、深度等密切相关。"进入网络时代以后，网络意识形态面对的是差异化、分众化的网民，只有在了解传播规律的基础上，才能更好地掌握网络意识形态话语权。要转变传统的自上而下的单向度传播模式，逐步形成多向度话语传播模式，目标导向是满足网民日益增长的美好需求。对话语传播机制而言，要充分考虑到网络信息交流自由、平等和多向等优势，给予网民主体自觉性以足够的关注，为此要加强对话交流，不能单方面强制灌输。要在网络议程设置上做到科学性，让公共舆论得到充分引导，通过互动交流在思想上形成共识。对话语传播形式来说，应让抽象理论实现通俗化与生活化的转变，确保理论能够达到说服人的目的，获得人们的充分认可，确保主流意识形态学术话语、政治话语以及网民生活话语等相结合。在 2016 年的新年贺词中，习近平总书记所言的"获得感""朋友圈""世界那么大"等网络语言，就获得了全世界人民的高度认同和赞许。因此，政治话语应该把沉稳庄重与幽默生动融合，主动结合网民生活话语的独特优势，吸收人民首创的一些大众化时代化的个性化话语，让有价值的民间话语也逐步融入政治话语体系，网络意识形态话语传播达到人民想听、愿听、能懂的效果，这是新时代意识形态话语建设取得实效的必然选择。同样，如果网络主流意识形态学术话语依然坚守"高冷"，不接"地气"，也只会陷入"有理说不清""说了无人信"等的话语困境。在网络主流意识形态传播过程中，既需诉诸逻辑论证的"理性传播"，也需诉诸情感交流的"感性传播"，这就要求网络主流意识形态学术话语严谨规范的理性表达必须深入浅出、情理兼容，且应当尽可能将情感话语与理性话语两种话语方式融合融通，才能真正实现传播主客体在认知和情感上的交融统一。

4. 提升高度：增强意识形态话语权的国际影响力

网络意识形态话语权的争夺已成为大国间"软实力"较量的重要途径。在全球思想舆论较量中，提高国际话语权，就必须争夺意识形态话语主导权和领导权。习近平指出："要加强提炼和阐释，拓展对外传播平台和载体，把当代中国价值观念贯穿于国际交流和传播方方面面。"要想保证政治利益与意识形态的安全，无论哪个国家都不可能独善其身，这让国际网络话语权的博弈变得越来越激烈。要增强网络意识形态话语权的国际影响力，首先要守正创新，坚持国际化视野，增强国际话语主导权。习近平指出："要善于提炼标识性概念，打造易于为国际社会所理解和接受的新概念、新范畴、新表述，引导国际学术界展开研究和讨论。这项工作要从学科建设做起，每个学科都要构建成体系的学科理论和概念"。创新对外话语体系，要构建既能真正代表中国立场、彰显中国担当、昭示中国自信又能融通世界的话语体系，着力打造彰显人类价值共识的价值话语体系，诸如处理人与自然关系的"天人合一"思想，处理国际关系的"协和万邦"、"和而不同"的原则，勾画未来愿景的"人类命运共同体"理念等，不仅可以深刻展现新时代中国人民的思想面貌、价值取向和精神追求，也能升华为全人类共有的价值话语体系。随着这种能汇聚共同思想、彰显人类共识理念的广泛传播且深入人心，就会极大增强新时代我国意识形态在国际层面的吸引力、说服力。其次，因势利导，拓宽主流意识形态话语空间。在面对意识形态话语竞争格局复杂化、多元化的情况下，要积极加强对话合作与网络外交，关注网络意识形态话语交锋与理论构建，防止敌对势力带来的文化入侵与意识形态渗透，促使我国主流意识形态网络空间得到拓宽。要做好对外传播，用西方学者和民众能够理解、乐于接受的话语体系阐释中国道路，让世界听懂中国声音，增进国际社会对我国基本国情、价值理念、发展道路、内外政策的认识和认同，增信释疑。再次，兼收并蓄，充分吸收中华文化的精髓。在"争取国际场域"方面，从中华优秀传统文化中挖掘具有国际化的思想，力求冲破西方话语霸权围攻的尴尬境地，形成"中国特色、中国风格、中国气派""中国叙事"风格，进一步增强我国意识形态话语理论在世界范围的感染力和影响力。确保广大网民对世界有更为全面的认识，也要为全球信息发布、链接、传播、接收以及扩散创造有利条件，这样在国际上才能实现我国主流话语的连通与共享，也让主流意识形态更具民族自信，国家影响力也能显著增强。

参考文献：

[1] 中共中央宣传部. 习近平总书记系列重要讲话读本［M］. 学习出版社、人民出版社，2016.

[2] 习近平. 决胜全面建成小康社会 夺取新时代中国特色社会主义伟大胜利—在中国共产党第十九次全国代表大会上的报告［N］. 人民日报，2017-10-28.

[3] 中共中央编译局. 马克思恩格斯文集（第8卷）［M］. 人民出版社，2009.

[4] 倪光辉. 习近平：胸怀大局把握大势着眼大事 努力把宣传思想工作做得更好［J］. 共产党月刊，2013（9）.

[5] ［德］弗里德里希·恩格斯，［德］卡尔·马克思. 马克思恩格斯选集（第1卷）［M］. 人民出版社，1972.

[6] 习近平. 决胜全面建成小康社会夺取新时代中国特色社会主义伟大胜利—在中国共产党第十九次全国代表大会上的报告［M］. 人民出版社，2017.

[7] 习近平. 决胜全面建成小康社会夺取新时代中国特色社会主义伟大胜利［M］. 人民出版社，2017.

[8] 秦艳平，王楠，芮晓华. 大数据背景下我国网络空间意识形态话语权建设面临的挑战及对策［J］. 决策探索，2018（11）.

[9] 习近平. 国家主席习近平发表二〇一六年新年贺词［N］. 人民日报，2016-01-01.

[10] 习近平. 建设社会主义文化强国 着力提高国家文化软实力［N］. 人民日报，2014-01-01.

[11] 中共中央宣传部. 习近平总书记系列重要讲话读本［M］. 人民出版社，2016年版.

[12] 习近平. 在哲学社会科学工作座谈会上的讲话［N］. 人民日报，2016-05-17.

参考文献

［1］孙惠敏．当代环境文化与新闻传播研究［M］．杭州：浙江大学出版社，2017.12.

［2］拜合提亚尔·帕尔哈提．新媒体时代下高校思想政治教育的重塑与创新［M］．青岛：中国海洋大学出版社，2017.06.

［3］张晔．新媒体的崛起与高校思想政治课程改革［M］．成都：电子科技大学出版社，2017.05.

［4］方秀丽，张琳琳，耿向娟．当代大学生思想政治教育创新研究［M］．延吉：延边大学出版社，2017.05.

［5］黄慧琳．高校大学生思想政治教育与创新能力培养探索［M］．成都：电子科技大学出版社，2017.08.

［6］刘晓娟．高校网络文化研究［M］．长春：吉林大学出版社，2017.04.

［7］刘德安．理论·实践·创新·西安科技大学思想政治教育研究成果汇编［M］．西安：西北大学出版社，2017.12.

［8］曾洁．"互联网＋"背景下高校思政教育模式探究［M］．北京/西安：世界图书出版公司，2017.11.

［9］兰亦青．网络时代大学生人际交往问题研究［M］．北京：国家行政学院出版社，2017.06.

［10］杨务林，王婧淳，蒋素琴．思想政治教育多维视角探究［M］．延吉：延边大学出版社，2018.11.

［11］左柏州．新媒体时代下的高校思想政治教育研究［M］．北京：经济管理出版社，2019.11.

［12］刘镭．网络环境下的大学生思想教育研究［M］．北京：九州出版社，2018.06.

［13］温淑窈，欧阳焱．现代传播学视域下高校辅导员团队创建创新研究［M］．北京：九州出版社，2018.08.

［14］尹新，杨平展．融合与创新·高校教育信息化探索与实践［M］．长沙：湖南科学技术出版社，2018.12.

［15］宁钢，冯浩．人才培养与教学改革［M］．南昌：江西高校出版社，2018.10.

[19] 陈述. 新媒体时代大学生思想政治教育探索 [M]. 北京：九州出版社, 2018.06.

[17] 王丹, 韩刚, 薛茂男. 新媒体时代高校思想政治教育研究 [M]. 哈尔滨：黑龙江科学技术出版社, 2018.12.

[18] 罗仁贵. 新媒体时代大学生思想政治教育新论 [M]. 成都：四川大学出版社, 2018.05.

[19] 张玲, 赵鸣. 新时代高校大学生思想政治工作体系构建与质量提升 [M]. 天津：南开大学出版社, 2019.12.

[20] 李雅茹. 新时代高校思想政治理论课教学改革与创新 [M]. 上海：上海远东出版社, 2019.12.

[21] 代金平, 郑兴刚. 现代信息技术助推思想政治理论教育改革研究 [M]. 重庆：西南师范大学出版社, 2019.09.

[22] 陈冬梅. 融媒时代下高校校报发展途径的创新研究 [M]. 吉林出版集团股份有限公司, 2019.05.

[23] 傅莹. 新媒体时代高校思政工作创新 [M]. 汕头：汕头大学出版社, 2019.01.

[24] 宋阔. 微时代背景下高校思想政治模式研究 [M]. 长春：吉林出版集团有限责任公司, 2020.04.

[25] 陈金平. 多媒体时代高校的思政教育研究 [M]. 北京：北京工业大学出版社, 2020.04.

[26] 陈莉. 新时代高校思想政治教育教学改革与实践研究 [M]. 西安：西北大学出版社, 2020.09.

[27] 宋丽萍. 新媒体环境下高校学生教育管理工作创新研究 [M]. 长春：吉林大学出版社, 2020.07.

[28] 彭宗祥. 新时代高校工程德育理论与实践 [M]. 上海：上海财经大学出版社, 2020.11.

[29] 史逸君, 朱放敏, 余友情. 大学生思想政治教育与校园文化建设 [M]. 吉林出版集团股份有限公司, 2020.03.

[30] 黄瑞宇. 新时代高校学生工作的创新研究与实践探索 [M]. 北京：中国政法大学出版社, 2020.09.

[31] 陈莹峰, 贾秀清. 改革新时代·传媒新变革 [M]. 北京：中国传媒大学出版社, 2020.02.

[32] 王英姿, 周达疆. 新媒体时代下高校思想政治教育研究 [M]. 北京：九州出版社, 2021.06.

［33］韩振峰．新时代思想政治理论课改革创新研究［M］．北京：中央编译出版社，2021.04.

［34］徐玉钦．新媒体时代高校思想政治教学模式研究［M］．长春：北方妇女儿童出版社，2021.08.

［35］神彦飞．新媒体时代高校思想政治教育范式转换与实践［M］．济南：山东大学出版社，2021.

［36］吴跃东．高校马克思主义理论宣传资源整合机制研究［M］．上海三联文化传播有限公司，2021.01.

［37］李秀云．Rong 聚法大·新闻宣传中的思政实践创新［M］．北京：中国政法大学出版社，2021.09.

［38］邓喜英．新时代高校大学生思想政治教育创新研究［M］．北京：中国华侨出版社，2021.11.

［39］高丽英，郝端勇．新媒体视域下思想政治教育探析［M］．北京：中国华侨出版社，2021.07.

［40］杨新莹．融媒体环境下高校思政课改革创新研究［M］．北京：经济日报出版社，2021.07.